# OGGI IN ITALIA

*a first course in Italian*

FERDINANDO MERLONGHI

FRANCA MERLONGHI
*Pine Manor College*

JOSEPH A. TURSI
*State University of New York at Stony Brook*

**Houghton Mifflin Company / Boston**

*Atlanta   Dallas   Geneva, Illinois
Hopewell, New Jersey   Palo Alto   London*

## Acknowledgments

The publishers would like to thank Professor Robert J. Rodini, Department of French and Italian, University of Wisconsin at Madison; Professor Zina Tillona, Department of Italian, University of Massachusetts at Amherst, Massachusetts; Professor Pablo Valencia, Professor of Spanish and Italian at Wooster College, Wooster, Ohio; Profesor Robert J. Di Pietro, Georgetown University, Washington, D.C.; Mr. Carmen Trubiano, Newton North High School, Newton, Massachusetts; Mr. Benjamin Pizzi, Waltham High School, Waltham, Massachusetts; and Mr. Aldo P. Biagiotti, Stamford High School, Stamford, Connecticut, for reviewing substantial portions of the manuscript during the developmental stages. Many of their suggestions have been incorporated in the published version of the student text.

Printed in the U.S.A.

Library of Congress Catalog Card Number: 77-83330

Student's Edition ISBN: 0-395-26244-5
Instructor's Edition ISBN: 0-395-26243-7

# Contents

# Introduction

*Oggi in Italia* is an introductory course in Italian designed for use in both two-year and four-year colleges and universities. It is also suitable for use over a two-year period of time at the secondary school level. The program consists of a student text, an Instructor's Annotated Edition, a workbook, and a set of reel-to-reel recordings.

The primary aim of *Oggi in Italia* is to provide students with a sound basis for learning Italian as it is spoken and written today. Practice in all four basic skills — listening, speaking, reading, and writing — is given, and every effort is made to provide students with opportunities for self-expression in concrete situations. By the end of the course, students should have mastered many of the basic features of the sound system, be able to use actively many of the basic structures in everyday conversation and writing, and be able to handle an active vocabulary of approximately 1200 words, as well as recognize many more in speech or in writing.

A secondary aim of *Oggi in Italia* is to introduce students to contemporary, non-touristic Italian life and culture. The themes of the dialogs and readings, the cultural notes, the photographs and realia, help convey to students what life is like in Italy today.

The student text is divided into 2 preliminary lessons and 28 regular lessons. The preliminary lessons contain dialog material with questions, explanations of some important features of the sound system of Italian, cultural notes, a list of common first names, and a full-page politico-geographical map of Italy.

Each of the regular lessons is built around a cultural theme such as sports, leisure activities, politics, and food. A typical lesson is divided into the following sections:

1) *Dialogo or Lettura* (a dialogue, narrative, or combination dialog-narrative which serves as the core material of the lesson); *Domande* (comprehension questions); *Nota culturale* (brief cultural note related to the theme of the core material); *Vocabolario* (new vocabulary presented in the core material); *Modificazioni* (simple substitution drills); and *Pratica* (varied types of oral and written work).

2) *Pronuncia* (brief explanations of certain pronunciation drills, and sentences in which the sounds are presented in context). This section drops out after *Lezione 17ª*.

3) *Ampliamento del vocabolario* (word sets and vocabulary expansion exercises).

4) *Struttura ed uso* (grammar explanations with examples and related exercises).

In even-numbered lessons there is a *Ripasso* which includes exercises that review basic structures and vocabulary.

*Oggi in Italia* provides a sufficient variety of materials to make it easily adaptable to different learning/teaching situations. The flexibility of the organization and the great variety of activities allow teachers working under diverse teaching situations to adapt the program to their individual needs and goals.

# Scope-and-Sequence Chart

# Lezione Preliminare A

## COME SI CHIAMA LEI?

*Listen and repeat after your instructor:*

Mi chiamo Anna Paolini.
Sono studentessa.
Sono italiana.
Abito a Milano, in corso Vittorio.

Mi chiamo Roberto Dini.
Sono studente.
Sono italiano.
Abito a Milano, in via Manzoni.

*English equivalent*

My name is Anna Paolini.
I'm a student.
I'm Italian.
I live in Milan, on Vittorio Avenue.

*English equivalent*

My name is Roberto Dini.
I'm a student.
I'm Italian.
I live in Milan, on Manzoni Street.

**Domande personali**

1 Come si chiama lei, signor/signorina/signora ...?     Mi chiamo ...

2 È studente o professore, signor ...?     Sono ...

3 È studentessa o professoressa, signorina/signora ...? Sono ...

1

4  È italiano o americano, signor ...?          Sono ...
5  È italiana o americana, signorina/signora ...?   Sono ...
6  Dove abita, signor/signorina/signora ...?     Abito ...

**Pratica**  Pretend that you are in Milan and that you have just met a young woman at the university. Find out what her name is, whether she is a student or a teacher, whether she is Italian or American, and where she lives.

## Nota culturale: *Speakers of Italian*

Italian is the language of more than 56 million people in Italy. It is also spoken by residents of the Canton Ticino in Switzerland and by Italians living in many parts of the world. In the United States and Canada there are thousands of Italians who not only speak the language, but also read Italian newspapers that are locally published.

## Pronuncia: *Syllabication and stress*

Most Italian syllables end in a vowel sound. A syllable usually contains at least one vowel.

Ca·ro·li·na     par·la     i·ta·lia·no.
Ro·ber·to      a·bi·ta     a     Mi·la·no.

In Italian, most words are stressed on the second-to-last syllable. Many others are stressed on the third-to-last syllable.

stu·den·te′s·sa     dia′·lo·go
a·me·ri·ca′·no      a′·bi·to
cul·tu·ra′·le

Italian words that are stressed on the last syllable bear a written accent on the final vowel.

u·ni·ver·si·tà     fa·col·tà     ma·tu·ri·tà

A small group of words (mostly verb forms) are stressed on the fourth-from-last syllable.

te·le′·fo·na·no     a′·bi·ta·no     de·si′·de·ra·no

**Pratica**

**A** Read the following sentences aloud. Notice that most of the syllables end in a vowel sound.

1 Mi chia·mo An·na Pa·o·li·ni.
2 A·bi·to a Mi·la·no, in cor·so Vit·to·rio.

**B** Listen and repeat after your instructor. Be sure you stress the correct syllable.

| | | | |
|---|---|---|---|
| co'r·so | au·to·mo'·bi·le | u·ni·ver·si·tà | te·le'·fo·na·no |
| so'·no | sim·pa'·ti·co | co·sì | a'·bi·ta·no |
| do'·ve | e·ne'r·gi·co | ven·ti·tré | de·si'·de·ra·no |
| stu·de'n·te | mec·ca'·ni·co | cit·tà | ca'·pi·ta·no |
| Mi·la'·no | fa'b·bri·ca | e·tà | a·do'·pe·ra·no |

## Dialogo

*Roberto is walking hurriedly down Via Manzoni, when he suddenly sees Anna.*
*They greet each other, shake hands, and continue on their way.*

| | | |
|---|---|---|
| ROBERTO | Ciao, Anna, come stai? | Hi, Anna, how are you? |
| ANNA | Bene, grazie, e tu? | Fine, thanks, and you? |
| ROBERTO | Abbastanza bene, grazie ... Ciao! | Pretty well, thanks... Good-by! |
| ANNA | Arrivederci! | By! |

**Pratica**

Role-play the dialogue above with another student. Substitute your own names for those of Roberto and Anna, or choose an Italian name from the list below.

## Nomi italiani

*Nomi di ragazze*

| | |
|---|---|
| Anna | Gianna |
| Antonella | Luisa |
| Carla | Maria |
| Caterina | Marisa |
| Elena | Paola |
| Franca | Silvia |
| Francesca | Teresa |

*Nomi di ragazzi*

| | |
|---|---|
| Antonio | Luigi |
| Alberto | Mario |
| Carlo | Michele |
| Enrico | Paolo |
| Franco | Piero |
| Giorgio | Roberto |
| Giovanni | Stefano |

## Nota culturale: *Levels of formality*

In Italian, as in English, speakers use different levels of formality in the language, depending on the situation and the person or persons to whom they are speaking. For example, Roberto uses *ciao* to say both hello and good-by to his friend Anna. If he were in a more formal situation, he would probably use *buon giorno* as a greeting and *arrivederla* as a farewell expression.

In English, speakers use the pronoun *you* when they address anyone: a child, an adult, a stranger; or two or more children, adults, relatives, etc. In Italian, there are four ways of expressing *you: tu, lei, voi,* and *loro.* You will learn when it is appropriate to use each pronoun as you continue your study of Italian.

In Italy it is customary to shake hands much more frequently than in the United States. When an Italian shakes hands, he or she is likely to use one short up-and-down shake, not a series of up-and-down pumping movements, as an American might.

Una ragazza incontra un'amica di famiglia.

# Lezione Preliminare B

## CHI È LEI?

*Listen and repeat after your instructor:*

Sono la signora Paolini, la madre di Anna.
Sono dottoressa.
Lavoro in un ospedale.

Sono il signor Dini, il padre di Roberto.
Sono meccanico.
Lavoro in una fabbrica di automobili.

*English equivalent*

I'm Mrs. Paolini, Anna's mother.
I'm a doctor.
I work in a hospital.

*English equivalent*

I'm Mr. Dini, Roberto's father.
I'm a mechanic.
I work in an automobile factory.

**Domande**

1 Chi è la signora Paolini?    È la madre di ...
2 È dottoressa?    Sì, ...
3 Dove lavora?    Lavora in ...
4 Chi è il signor Dini?    È il padre di ...
5 È dottore?    No, è ...
6 Dove lavora?    Lavora in ...

**Pratica**     Pretend you are at a party and are speaking with Anna's mother and Roberto's father. Find out who they are, where they live, where they work, and if they are American or Italian.

## Nota culturale: *Italian, a Romance language*

Italian is a Romance language, for it derives from Latin, the tongue spoken by the ancient Romans. Other Romance or neo-Latin languages are French, Spanish, Portuguese, and Rumanian.

English is a Germanic language, along with German, Swedish, Danish, Norwegian, and Dutch or Flemish. English does, however, contain thousands of words derived from Latin that resemble their Italian equivalents. These words are called *cognates*. Some are close cognates and are easily recognizable in print, though their pronunciation may be very different; for example, *student*/**studente;** *mechanic*/**meccanico;** *doctor*/**dottore.** Others are a little more difficult to recognize, such as *hospital*/**ospedale,** and *stadium*/**stadio.** Still other cognates share a meaning, though the term may no longer be used in current English; for example, *to labor*/**lavorare.**

Aeroporto Internazionale Leonardo da Vinci, Roma.

## Accent marks

In written Italian, accent marks occur only on vowels, and they are in most cases grave ('). They are acute (') on a few words ending in **e,** such as **perché** (*why*), **sé** (*oneself*), and **né** (*neither*).

Accent marks are used on certain monosyllabic words such as **più** (*plus*) and **già** (*already*). They are also used to distinguish between some words that are spelled alike but have different meanings; for instance:

| | |
|---|---|
| **e** = and | **è** = is |
| **si** = himself/herself | **sì** = yes |
| **se** = if | **sé** = oneself |

## Dialogo

*Mr. Dini is walking along a street in Milan and sees Mrs. Paolini. They shake hands and chat a minute before going on their way.*

| | | |
|---|---|---|
| SIG. DINI | Buon giorno, dottoressa, come sta? | Good morning, doctor, how are you? |
| SIG.<sup>ra</sup> PAOLINI | Molto bene, grazie, e lei? | Very well, thanks, and you? |
| SIG. DINI | Non c'è male, grazie. | Not too bad, thanks. |
| SIG.<sup>ra</sup> PAOLINI | Stanno tutti bene a casa? | Is everyone well at home? |
| SIG. DINI | Sì, grazie ... Arrivederla, signora! | Yes, thanks ... Good-by, (Mrs. Paolini)! |
| SIG.<sup>ra</sup> PAOLINI | Arrivederla, signor Dini. | Good-by, Mr. Dini. |

**Pratica**  Role-play the dialogue above with another student. Then substitute the names of *professoressa Morini* and *professor Boni* for *signor Dini* and *signora Paolini.*

## Nota culturale: *Use of titles*

The use of first names among adults is less frequent in Italy than in the United States. Often the courtesy titles *signore, signorina,* and *signora* are used in place of a name. Unlike English, professional titles such as *dottore, avvocato* (lawyer) and *ingegnere* (engineer) are commonly used with, or as substitutes for, names. Notice that the titles ending in *-re* (*signore, dottore, professore,* and *ingegnere*) drop the final *e* when they precede a name:

Buon giorno, *signore.*   Buon giorno, *signor* Dini.
Buon giorno, *dottore.*   Buon giorno, *dottor* Paolini.

*Signore, signora,* and *signorina* are usually not capitalized in Italian. They are abbreviated *Sig., Sig.<sup>ra</sup>* and *Sig.<sup>na</sup>*.

Particolare di una porta.

Italia

# Lezione 1ᵃ

## UN INCONTRO CASUALE

*Stefano incontra un'amica in piazza Colonna.*

STEFANO   Ciao, Luciana. Come stai?

LUCIANA   Bene, grazie, e tu?

STEFANO   Benissimo, grazie!

LUCIANA   Dove vai così in fretta?

5 STEFANO   Allo stadio. E tu, che cosa fai qui?

LUCIANA   Aspetto Mario. Andiamo ai Musei Vaticani.

**Domande**

1 Chi incontra Stefano? Dove?
2 Come sta Luciana?
3 Come sta Stefano?
4 Dove va Stefano?
5 Chi aspetta Luciana?
6 Dove va Luciana?

## Nota culturale: Piazze *in Italy*

Almost all Italian cities and towns have one or more squares (*piazze*), often adorned with famous monuments and spectacular fountains. The *piazza* has been a feature of Italian cities from ancient times, and used to be the focal point of civic life. The Romans used their *piazze* for many purposes. One of them was to erect in their center honorary columns or arches to commemorate great national events. In Piazza Colonna, for instance, a column was erected between 180 and 192 A.D. to honor the victory of the Emperor Marcus Aurelius against the Germans.

Unfortunately, the *piazze* of contemporary cities and towns have lost their original meaning and have been transformed into convenient but unattractive parking lots. Through ecological awareness and fear of air pollution, however, many famous *piazze* have recently been closed to traffic and have been turned into pedestrian's plazas (*piazze pedonali*).

Piazza Navona.

## Vocabolario

*Nomi*

un' **amica**   friend (*female*)
un **incontro**   meeting
una **piazza**   plaza, square

*Verbi*

**andiamo**   we're going
**incontra**   he meets
**aspetto**   I'm waiting for

*Altre parole ed espressioni*

**benissimo**   just fine, very well
**casuale**   casual, chance
**che cosa fai qui?**   what are you doing here?
**dove vai così in fretta?**   where are you going in such a hurry?
**allo stadio**   to the stadium
**ai Musei Vaticani**   to the Vatican Museums

**Modificazioni**  Repeat the model sentences after your instructor. Then substitute the words indicated.

1  Ciao, **Luciana.** Come stai?
>   Franco
>   Teresa
>   Giuseppe
>   Francesca

2  **Benissimo,** e tu?
>   Abbastanza bene
>   Molto bene
>   Non c'è male
>   Non troppo bene (*not too well*)

3  Dove vai **così in fretta?**
>   adesso (*now*)
>   più tardi (*later*)
>   oggi (*today*)
>   domani (*tomorrow*)

4  Aspetto **Mario.**
>   un amico (*male friend*)
>   un'amica
>   uno studente
>   una studentessa

**Pratica**  A  Role-play the dialogue on page 9 with another student. Then substitute your own names for those of Stefano and Luciana and *un amico* or *un'amica* for that of Mario.

B  Give Italian equivalents of the following phrases: *How are you? Where are you going? What are you doing here? Where is Stefano going? I'm waiting for Mario.*

## *Pronuncia: Vowel Sounds*

In the pronunciation sections in this text, special symbols set within slanted lines are used to represent certain Italian sounds. Each symbol represents only one sound.

There are five basic vowel sounds in Italian. The sounds /a/, /i/, and /u/ are stable; they are always pronounced the same. The sounds /e/ and /o/ may vary slightly.

**A** Listen and repeat after your instructor:

| /a/ | /e/ | /i/ | /o/ | /u/ |
|-----|-----|-----|-----|-----|
| amica | bene | di | dove | uno |
| Anna | fretta | incontro | come | studente |
| aspetto | arrivederla | signore | abito | tu |

**B** Read the following sentences aloud. Pay particular attention to the way you pronounce the vowels.

1  Stefano incontra un'amica.
2  Come sta Anna?
3  Dove va adesso?
4  Aspetto un amico.
5  Arrivederla, signore.

**C** Write the words or sentences dictated by your instructor.

## Ampliamento del vocabolario

**Che cosa è?**

un libro
un quaderno
un pezzo di gesso
un cancellino
un cestino
un calendario
un foglio di carta
un giornale
un dizionario
una penna
una matita
una gomma
una rivista

**A** Ask another student to identify the objects you point to.

▶ S¹: Che cosa è?    S²: *È un libro.*

**B** Ask another student if he or she has one of the classroom objects listed below. Use the sentence patterns indicated in the model.

▶ S¹: Hai un libro?    S²: *Sì, ho un libro.*
                       */or/*
                       *No, non ho un libro.*

| | | |
|---|---|---|
| 1   un cancellino | 4   una penna | 7   un giornale |
| 2   un quaderno | 5   una matita | 8   una rivista |
| 3   un pezzo di gesso | 6   una gomma | 9   un foglio di carta |

## Un'aula

| | | |
|---|---|---|
| 1   un banco | 4   una sedia | 7   una porta |
| 2   una cattedra | 5   una parete | 8   una finestra |
| 3   un orologio | 6   una lavagna | 9   una carta geografica |

**C** Ask another student to identify as many objects in the picture above as he or she can.

▶ S¹: È una cattedra?    S²: *Sì, è una cattedra.*
▶ S¹: È una rivista?    S²: *No, non è una rivista; è un giornale.*

## Numeri da 0 a 10

| | | |
|---|---|---|
| 0 = zero | 4 = quattro | 8 = otto |
| 1 = uno | 5 = cinque | 9 = nove |
| 2 = due | 6 = sei | 10 = dieci |
| 3 = tre | 7 = sette | |

**D** Add one to each of the following numbers.

▶ zero     *uno*

| | | | | | |
|---|---|---|---|---|---|
| 1 | tre | 4 | sette | 7 | nove |
| 2 | quattro | 5 | sei | 8 | otto |
| 3 | due | 6 | cinque | 9 | uno |

**E** Subtract one from each of the numbers in Exercise D.

**F** Name the numbers that your instructor or another student writes on the board in series of three.

▶ 2   0   3     *due, zero, tre*

## *Struttura ed uso*

### I   Singular forms of nouns

Italian nouns are either masculine or feminine in gender, even those that refer to objects such as notebooks, pencils, and pens. There are no neuter nouns.

| | | | |
|---|---|---|---|
| *persons* | amico *m.* | amica *f.* | professore *m.* |
| *objects* | quaderno *m.* | rivista *f.* | parete *f.* |

Nouns are classified by their final vowel ending. Most nouns fit into one of the following categories:

1) Nouns that end in **-o** are usually masculine.
2) Nouns that end in **-a** are usually feminine.
3) Nouns that end in **-e** may be either masculine or feminine. The gender should be memorized.

   giornale *m.*     parete *f.*

**A** Identify the following nouns as masculine or feminine.

▶ giornale    *masculine*

| 1 | orologio | 3 | sedia | 5 | rivista | 7 | studente |
|---|----------|---|-------|---|---------|---|----------|
| 2 | parete | 4 | professoressa | 6 | giornale | 8 | cancellino |

## II  The indefinite article

The indefinite article in Italian has four forms. It agrees in number and gender with the noun it modifies.

*masculine:* **un, uno**        *feminine:* **una, un'**

**un** libro            **una** lavagna
**un** orologio        **un'** aula
**uno** studente
**uno** zero

1) **Un** is used with a masculine noun beginning with most consonants or with a vowel.
   **Uno** is used with a masculine noun beginning with **s** + consonant or with **z**.
2) **Una** is used with a feminine noun beginning with a consonant.
   **Un'** is used with a feminine noun beginning with a vowel.

**B** Repeat each noun with its correct indefinite article.

▶ penna    *una penna*

| 1 | quaderno | 4 | finestra | 7 | studentessa |
|---|----------|---|----------|---|-------------|
| 2 | cestino | 5 | foglio di carta | 8 | professore |
| 3 | studente | 6 | orologio | 9 | aula |

**C** Say that you have the following objects. Use the correct indefinite article.

▶ matita e penna    *Ho una matita e una penna.*

| 1 | libro e quaderno | 3 | gomma e dizionario |
|---|------------------|---|--------------------|
| 2 | cancellino e pezzo di gesso | 4 | giornale e rivista |

**D** Say that you don't have the following items.

▶ foglio di carta    *Non ho un foglio di carta.*

| 1 | rivista | 3 | dizionario | 5 | calendario |
|---|---------|---|------------|---|------------|
| 2 | giornale | 4 | quaderno | 6 | carta geografica |

## III  Plural forms of nouns

In Italian, noun endings commonly change in the plural forms as indicated below:

1) A noun whose singular ends in **-o** generally changes **-o** to **-i.**

      un libr**o**         due libr**i**
      un quadern**o**    due quadern**i**

2) A noun whose singular ends in **-a** generally changes **-a** to **-e.**

      una studentess**a**    tre studentess**e**
      una finestr**a**      tre finestr**e**

3) A noun whose singular ends in **-e** generally changes **-e** to **-i.**

      uno student**e**     quattro student**i**
      una paret**e**      quattro paret**i**

4) A noun whose singular ends in **-io** usually drops the **-o** in the plural.

      un calendar**io**    due calendar**i**
      un orolog**io**      due orolog**i**

**E**  Repeat each noun with the number *due.*

  ▶ una parete    *due pareti*

| | |
|---|---|
| 1  una porta | 4  un orologio |
| 2  un quaderno | 5  una sedia |
| 3  una cattedra | 6  un giornale |

**F**  Ask another student how many of the following classroom objects he or she has.

  ▶ S[1]: Hai uno o due orologi?    S[2]: *Ho due orologi.*

| | |
|---|---|
| 1  Hai due o tre dizionari? | 4  Hai cinque o sei penne? |
| 2  Hai tre o quattro gomme? | 5  Hai sei o sette quaderni? |
| 3  Hai quattro o cinque libri? | 6  Hai sette o otto matite? |

**G**  Add-an-element. Repeat the pattern started by your instructor, and add an item of your own choice. Increase the number by one.

  ▶ T:  Io ho un libro.
     S[1]:  Io ho un libro e due matite.
     S[2]:  Io ho un libro, due matite e tre quaderni.
     S[3]:  Io ho ...

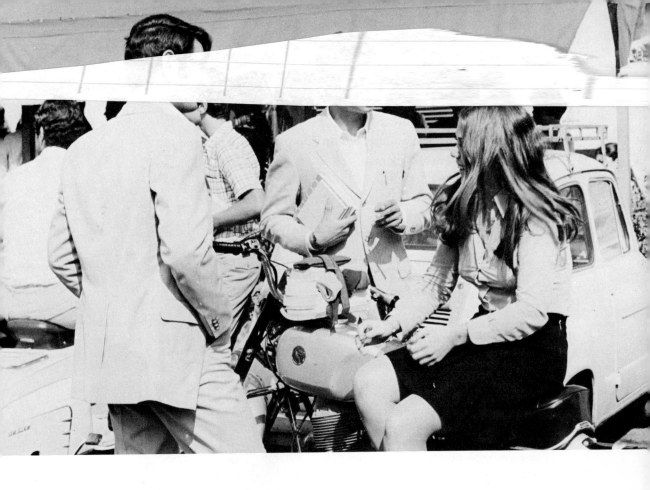

## CHE COSA C'È DI NUOVO?

*Franco Benotti, uno studente dell'Università di Roma, parla con Marisa Martinelli, una studentessa del liceo scientifico. Franco ha venti anni e Marisa ha diciotto anni.*

MARISA   Ciao, Franco, che cosa c'è di nuovo?

FRANCO   Adesso frequento l'università.

MARISA   Ah, sì? Quale facoltà?

FRANCO   La facoltà di Legge. E tu, frequenti ancora il liceo?

5  MARISA   Sì, l'ultimo anno.

FRANCO   Abiti sempre in via Nazionale?

MARISA   No, ora abito in corso Italia...... Scusa, che ora è, per favore?

FRANCO    Sono le undici e mezzo.

MARISA   Oh, è tardi! Devo andare. Ho un appuntamento importante.

10  FRANCO   Bene, arrivederci, allora.

MARISA   Ciao.


**Domande**

1  Chi frequenta l'università? Quale facoltà?
2  Chi frequenta il liceo? Quale anno?
3  Dove abita Marisa?
4  Che ora è?
5  Chi ha un appuntamento importante?


### Nota culturale: *Education in Italy*

In Italy, education is obligatory for eight years. Children must spend five years in elementary school (*la scuola elementare*) and three years in junior high school (*la scuola media unica*). They may then choose to continue their education for five years in a *liceo* or in an *istituto*.

A *liceo* is equivalent to the last three years of an American senior high school and the first two years of an American college. The *liceo classico* offers classical courses while the *liceo scientifico* offers scientific courses. An *istituto* prepares students for specific careers (technical, commercial, industrial, agricultural, etc.) in five years' time. An *istituto magistrale* is a secondary school that prepares students in five years for elementary school teaching.

Students who graduate from a *liceo* or an *istituto* may be admitted to a university. They must choose their major subject when they register and they must enroll in a specific department (*facoltà*) in which they will be required to take all their courses.

Studenti d'università.

## Vocabolario

**Nomi**

un **anno**   year
un **appuntamento**   appointment,
  date
una **facoltà**   university department;
  **la facoltà di Legge**   law school
un **liceo**   high school
un'**università**   university

**Verbi**

**andare**   to go, to leave
**devo**   I must; **devo andare**   I have
  to leave
**frequento**   I attend, I go to
**frequenti?**   do you attend?
**parla**   (he) speaks, (he) is speaking

**Altre parole ed espressioni**

**adesso**   now
**ah**   oh
**allora**   then
**ancora**   still
**con**   with
**del (della)**   of the, at the
**importante**   important
**ora**   now
**quale?**   which?
**scusa**   excuse me, pardon me
**sempre**   still

**che cosa c'è di nuovo**   what's new?
**che ora è?**   what time is it?
**ha venti (diciotto) anni**   he/she is 20
  (18) years old
**per favore**   please
**è tardi**   it's late
**sono le undici e mezzo**   it's
  eleven-thirty

**Modificazioni**   1   Frequento l'Università di **Roma.**
          Firenze
          Bologna
          Napoli
          Padova

2   Frequenti la facoltà di **Legge?**
    Chimica
    Medicina
    Lettere e Filosofia (*Humanities*)
    Scienze Politiche (*Political Science*)
    Lingue Moderne (*Modern Languages*)

3   Sono le **undici.**
      due
      quattro
      dieci
      sette

**Pratica**  Make up a dialogue between Stefano and Teresa. Teresa attends the University of Florence and is a student in the Department of Political Science. Stefano attends the *Istituto Magistrale* in Naples. Stefano interrupts the conversation because it's four o'clock and he has an important date.

## Pronuncia: Single and Double Consonants

When a consonant is doubled in Italian, the sound is usually lengthened or held slightly, or it is pronounced more forcefully.

**A** Listen and repeat the following pairs of words after your instructor:

contesa / contessa   copia / coppia   cadi / caddi
tufo / tuffo         fato / fatto     soma / somma
sono / sonno         sera / serra     pala / palla

**B** Read aloud the following words. Pay particular attention to the way you pronounce the double consonants.

piazza   Colonna   Vittorio   legge   appuntamento
penna    mezzo     oggi       allora  quattro

**C** Read the following sentences aloud:

1  Frequento la facoltà di Legge.
2  Sono le quattro e mezzo.
3  Abiti in piazza Colonna?
4  Dove vai allora?

**D** Write the words or sentences dictated by your instructor.

## Ampliamento del vocabolario

### Numeri da 11 a 30

| | | | |
|---|---|---|---|
| 11 = undici | 16 = sedici | 21 = ventuno | 26 = ventisei |
| 12 = dodici | 17 = diciassette | 22 = ventidue | 27 = ventisette |
| 13 = tredici | 18 = diciotto | 23 = ventitré | 28 = ventotto |
| 14 = quattordici | 19 = diciannove | 24 = ventiquattro | 29 = ventinove |
| 15 = quindici | 20 = venti | 25 = venticinque | 30 = trenta |

## Quanto fa ... ?

Quanto fa 2 + 3 (due più tre)?    —Due più tre fa cinque.
Quanto fa 5 − 1 (cinque meno uno)?   —Cinque meno uno fa quattro.
Quanto fa 2 × 2 (due per due)?     —Due per due fa quattro.
Quanto fa 6 ÷ 2 (sei diviso due)?   —Sei diviso due fa tre.

**A** Read aloud the following pairs of numbers:

▶ 6 / 16    *sei / sedici*

| | | | | |
|---|---|---|---|---|
| 1 / 11 | 2 / 12 | 3 / 13 | 4 / 14 | 5 / 15 |
| 11 / 21 | 12 / 22 | 13 / 23 | 14 / 24 | 15 / 25 |

**B** Ask another student or your instructor to answer the following arithmetic problems:

▶ Quanto fa 3 + 6?    *Tre più sei fa nove.*

| | | |
|---|---|---|
| 5 + 7 = ? | 12 + 5 = ? | 21 + 9 = ? |
| 9 − 3 = ? | 20 − 3 = ? | 30 − 3 = ? |
| 8 × 2 = ? | 6 × 4 = ? | 8 × 3 = ? |
| 10 ÷ 2 = ? | 12 ÷ 6 = ? | 28 ÷ 7 = ? |

**C** Chain drill. Ask another student how old he or she is.

▶ S[1]: Quanti anni hai?    S[2]: *Ho [diciannove] anni.*

▶ S[2]: Quanti anni hai?    S[3]: *Ho [venti] anni.*

Studentesse
di liceo.

# Struttura ed uso

## I Che ora è? / Che ore sono?

È l'una.

Sono le tre.

Sono le dieci.

È l'una e un quarto.
È l'una e quindici.

Sono le quattro e venti.

Sono le undici e mezzo.
Sono le undici e trenta.

Sono le sette meno
un quarto.

Sono le otto meno
dieci.

È mezzogiorno.
È mezzanotte.
Sono le dodici.

1) **Che ora è?** and **Che ore sono?** can be used interchangeably. Both mean *What time is it?*

2) **È** is used with **l'una, mezzogiorno,** and **mezzanotte** to express *It's one o'clock, It's noon, It's midnight.* **Sono** + **le** is used with all other hours.

|  |  |
|---|---|
| **Sono le quattro di mattina.** | It's four A.M. |
| **Sono le quattro del pomeriggio.** | It's four P.M. |
| **Sono le dieci di sera.** | It's ten P.M. |

The expressions **di mattina, del pomeriggio,** and **di sera** are used to make clear whether one is referring to A.M. or P.M.

**A** Tell what time it is in the following digital clocks.

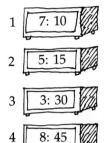

1 7: 10

2 5: 15

3 3: 30

4 8: 45

5 1: 10

6 1: 30

7 1: 15

8 1: 20

9 12: 00

10 12: 00

**B** Franco and Marisa disagree about the time. Franco says that it's a certain hour, and Marisa says no, it's one hour later. Take Marisa's role in responding to Franco's statements.

▶ Franco: Sono le nove.     *Marisa: No, sono le dieci!*

1 Sono le undici.
2 È mezzogiorno.
3 Sono le sette.
4 Sono le tre.

5 È l'una.
6 Sono le dodici.
7 Sono le sei.
8 Sono le otto.

**C** There is a six-hour difference in time between New York and Rome. Tell what time it is in Rome, according to the hours given for New York.

▶ New York: Sono le tre e mezzo.     *Rome: Sono le nove e mezzo.*

1 È l'una e venticinque.
2 Sono le quattro e un quarto.
3 È mezzogiorno e cinque.

4 Sono le tre meno venti.
5 Sono le dodici e venti.
6 Sono le due e un quarto.

## II C'è, ci sono, and ecco

**C'è** (*there is*) and **ci sono** (*there are*) are used to say that objects or people are located or present in a place.

Qui **c'è** un ospedale.     *There is* a hospital here.
Qui **ci sono** tre studenti.     *There are* three students here.

**Ecco** (*here is, here are, there is, there are*) is used when pointing to objects or people.

**Ecco** un giornale.     *Here is* (*There is*) a newspaper.
**Ecco** Mario e Carlo.     *Here are* (*There are*) Mario and Carlo.

**D** Restate the following sentences, using *ecco* in place of *c'è* or *ci sono*.

▶ C'è un libro.     *Ecco un libro.*

1  Ci sono quattro matite.
2  C'è una gomma.
3  Ci sono tre penne.
4  C'è uno studente.
5  Ci sono due professori.

**E** Point to various objects and students in your classroom. Use the expression *ecco* as you identify them.

▶ Ecco una matita (un quaderno, due finestre, etc.)
▶ Ecco Antonio (Maria e Luigi, Stefano, etc.)

**Ripasso**

**A** Write out in Italian the following number-noun combinations:

| | | | |
|---|---|---|---|
| 1 | nineteen years | 6 | eleven chairs |
| 2 | three streets | 7 | twenty-one students (*m.*) |
| 3 | four walls | 8 | sixteen students (*f.*) |
| 4 | thirty notebooks | 9 | ten classrooms |
| 5 | two lessons | 10 | seventeen books |

**B** Match the following Italian and English expressions. There is one extra English expression.

| | | |
|---|---|---|
| 1 | Che cosa c'è di nuovo? | *How are you?* |
| 2 | Per favore. | *Good-by.* |
| 3 | Scusa. | *What time is it?* |
| 4 | Arrivederci. | *What's new?* |
| 5 | È tardi. | *Please.* |
| 6 | Non troppo bene. | *Thank you.* |
| 7 | Grazie. | *It's late.* |
| 8 | Come stai? | *Very well.* |
| 9 | Molto bene. | *Not too well.* |
| | | *Excuse me.* |

**C** Ask another student the following arithmetic problems.

▶ S[1]: Quanto fa 2 − 2?     S[2]: *Due meno due fa zero.*

| | | | |
|---|---|---|---|
| 1 | $10 \times 3 = ?$ | 6 | $21 \div 7 = ?$ |
| 2 | $20 - 11 = ?$ | 7 | $16 - 1 = ?$ |
| 3 | $8 + 2 = ?$ | 8 | $7 \times 2 = ?$ |
| 4 | $9 + 3 = ?$ | 9 | $16 + 5 = ?$ |
| 5 | $5 \times 5 = ?$ | 10 | $27 + 3 = ?$ |

**D** Complete the following dialogue with appropriate words or expressions.

ANTONELLA  Frequenti l'Università ... Firenze?
GIUSEPPE  Sì, ... facoltà di Lingue Moderne. E tu?
ANTONELLA  Frequento la ... media.
GIUSEPPE  ... sempre in via Garibaldi?
ANTONELLA  No, ora abito ... via Nazionale.
GIUSEPPE  Scusa, ... ora è, ... favore?
ANTONELLA  ... l'una.

**E** Complete the following crossword puzzle with the Italian equivalents of the words indicated.

Cruciverba

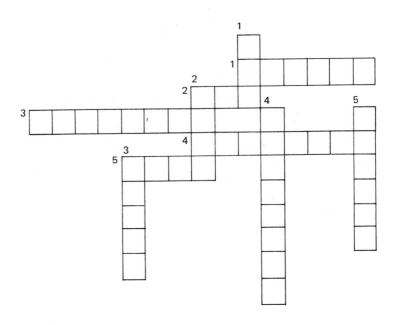

*Orizzontali:*

1  last
2  who
3  meeting
4  medicine
5  well

*Verticali:*

1  here
2  how
3  (student's) desk
4  newspaper
5  wall

**F** Tell what class Marisa is in, according to the times indicated in her schedule (*orario scolastico*) for Monday (*lunedì*).

| L'orario scolastico di Marisa per lunedì | |
|---|---|
| 8:30 | matematica |
| 9:30 | fisica |
| 10:30 | inglese |
| 11:30 | chimica |
| 12:30 | geografia |

▶ Sono le nove e dieci. *Marisa ha lezione di matematica.*

1  Sono le undici.
2  È l'una.
3  Sono le dieci e un quarto.
4  È mezzogiorno e cinque.
5  Sono le nove.
6  Sono le dieci meno venti.

**G** Tell how many things and people there are in Signor Boni's class.

▶ due ragazze    *Ci sono due ragazze.*
▶ un professore    *C'è un professore.*

1  tre studenti
2  quattro finestre
3  un orologio
4  una cattedra
5  sette libri
6  una porta

# Lezione 3ᵃ

## UN QUESTIONARIO

Marisa abita con la famiglia a Roma in corso Italia 28. Il padre di Marisa è dottore e lavora in un ospedale della città. La madre è professoressa ed insegna l'italiano in una scuola media.

Una sera il padre torna a casa e trova un questionario per il nuovo censimento. Il capofamiglia deve rispondere alle domande e rimandare il questionario al comune della città.

# QUESTIONARIO

              *Cognome*     *Nome*

CAPOFAMIGLIA: _____

MOGLIE/MARITO: _____

FIGLI: _____

_____

_____

_____

1   Lavora lei?  Sì ☐  No ☐    Dove? _____

2   Chi altro lavora nella famiglia?

      Moglie / Marito      Sì ☐  No ☐

      Un figlio?           Sì ☐  No ☐

      Più di un figlio?    Sì ☐  No ☐

3   Abitano con lei i genitori?   Sì ☐  No ☐

4   Ha la radio?             Sì ☐  No ☐

5   Ha il televisore?        Sì ☐  No ☐

6   Ha altri elettrodomestici?   Sì ☐  No ☐

7   Usa l'automobile per andare a lavorare?   Sì ☐  No ☐

8   Quante automobili ci sono in famiglia?

      Una ☐  Più di una ☐

Indirizzo:    Via _____Numero_____

            Città _____Telefono_____

Data_____         Firma_____

## Vocabolario

### Nomi

il **capofamiglia**   head of family
il **censimento**   census
la **città**   city
il **cognome**   last name
la **data**   date
gli **elettrodomestici** *pl.*   electrical
   household appliances
la **famiglia**   family
il **figlio**   son
la **firma**   signature
i **genitori** *pl.*   parents
l'**indirizzo**   address
il **marito**   husband
la **moglie**   wife
il **questionario**   questionnaire
la **radio**   radio
il **telefono**   the telephone
il **televisore**   television set

### Verbi

**deve**   (he) must
**insegnare**   to teach
**lavorare**   to work
**rimandare**   to return (something)
**rispondere**   to answer, to respond
**tornare (a casa)**   to return (home)
**trovare**   to find
**usare**   to use

### Altre parole ed espressioni

**al**   to the
**alle**   to the
**ed=e**   *(before a vowel)*
**in**   in, at
**per**   for

**chi altro?**   who else?
**il comune della città**   city hall
**più di**   more than

## Domande

1   Con chi abita Marisa? Dove?
2   Dove lavora il padre di Marisa?
3   Dove lavora la madre?
4   Che cosa insegna la madre?
5   Che cosa trova una sera il padre di Marisa?
6   Chi deve rispondere al questionario?

## Nota culturale: *Family ties in Italy*

Generally speaking, the "extended family" (which includes near relatives as well as mother, father, and children) is very important in Italian society. Because of strong family ties, and at times owing to economic necessity, two or three generations may live in the same household. It is relatively common to find grandparents living with their children and grandchildren, and unmarried aunts and uncles living with the family of one of their brothers or sisters. Large family gatherings are often held for important occasions such as weddings and for special holidays such as Christmas and Easter.

**Modificazioni**　　1　Lei **lavora** la sera?
　　　　　　　　　　　　　studia (*study*)
　　　　　　　　　　　　　guarda la televisione (*watch television*)
　　　　　　　　　　　　　ascolta la radio (*listen to the radio*)

　　　　　　　　　2　Usa **l'automobile** per andare a lavorare?
　　　　　　　　　　　　　i mezzi pubblici (*public means of transportation*)
　　　　　　　　　　　　　la macchina (*car*)
　　　　　　　　　　　　　la motocicletta (*motorcycle*)

　　　　　　　　　3　Ha **la radio?**
　　　　　　　　　　　　il televisore
　　　　　　　　　　　　il frigorifero (*refrigerator*)
　　　　　　　　　　　　altri elettrodomestici

　　　　　　　　　4　Il padre trova **un questionario.**
　　　　　　　　　　　　　una lettera (*letter*)
　　　　　　　　　　　　　un giornale
　　　　　　　　　　　　　una rivista

**Pratica**　　　　**A**　Imagine that you are a census-taker and that you have to go from house to house to gather necessary information about people living in a certain area. Ask several heads of household questions 1 to 8 on the census form.

　　　　　　　　**B**　Give an English cognate of *numero, rispondere, automobile, data, lettera, famiglia, nome, pubblici, città.*

## *Pronuncia: The sounds /r/ and /rr/*

Italian /r/ is very different from English /r/ as pronounced in the United States. Italian /r/ is "trilled"; a single flap with the tip of the tongue against the gum ridge behind the upper front teeth produces a sound similar to the *tt* in bi*tt*er, be*tt*er, bu*tt*er, when pronounced rapidly. The sound /rr/ (spelled with a double *rr*) is produced with a multiple flap of the tip of the tongue.

**A** Listen and repeat the following words after your instructor:

| /r/ | | | /rr/ |
|---|---|---|---|
| radio | trova | Marisa | arrivederci |
| ragazza | grazie | lettera | carro |
| rivista | Franco | televisore | marrone |
| Roma | frequento | altro | arrivare |

**B** Read aloud the following sentences. Pay particular attention to the way you pronounce *r* or *rr*.

1 Franco telefona a Marisa Martinelli.
2 Compro un televisore.
3 Buon giorno, signor Rossi.
4 Arrivederci, signorina.

**C** Write the words or sentences dictated by your instructor.

In cucina.

## *Ampliamento del vocabolario*

### La famiglia e i parenti

| | | |
|---|---|---|
| **il padre** father | **lo zio** uncle | **la moglie** wife |
| **la madre** mother | **la zia** aunt | **il marito** husband |
| | | |
| **il fratello** brother | **il nonno** grandfather | **il figlio** son |
| **la sorella** sister | **la nonna** grandmother | **la figlia** daughter |
| | | |
| **il cugino** cousin (*m.*) | **i genitori** parents | |
| **la cugina** cousin (*f.*) | **i parenti** relatives | |

**A** Answer the following questions.

1 Ha lei un fratello? Come si chiama?
1 Ha lei un cugino? Quanti anni ha?
3 Ha lei uno zio? Dove abita?
4 Quanti fratelli ha? Quanti cugini?

## La famiglia Martinelli

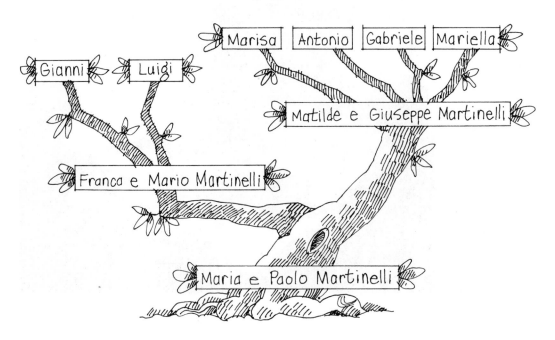

**B** Read the following paragraph, then answer the questions based on it.

Giuseppe Martinelli è il padre di Marisa. La madre di Marisa si chiama Matilde. Marisa ha due fratelli, Antonio e Gabriele, e una sorella, Mariella. Il nonno e la nonna di Marisa abitano con la famiglia Martinelli. Lo zio e la zia e due cugini abitano a Padova.

1 Qual è il cognome di Marisa?
2 Qual è il nome della signora Martinelli?
3 Quanti fratelli ha Marisa? Quante sorelle?
4 Chi abita con la famiglia Martinelli?
5 Dove abitano lo zio e la zia di Marisa?

## Struttura ed uso

### I Singular forms of the definite article

In Italian, the definite article changes to agree in number and gender with the noun it modifies. The singular forms of the definite article are:

*Masculine:* **il, lo, l'**      *Feminine:* **la, l'**

**il** liceo                **la** lettera
**lo** studente         **l'**aula
**lo** zio
**l'**anno

1) **Il** is used with masculine nouns beginning with most consonants.
**Lo** is used with masculine nouns beginning with **s** + consonant or with **z**.
**L'** is used with masculine nouns beginning with a vowel.
2) **La** is used with feminine nouns beginning with a consonant.
**L'** is used with feminine nouns beginning with a vowel.

**A** Repeat each noun with the *definite* article.

▶ un frigorifero      *il frigorifero*

| | | |
|---|---|---|
| 1  un questionario | 4  una macchina | 7  un'amica |
| 2  un televisore | 5  una motocicletta | 8  una zia |
| 3  uno studente | 6  una figlia | 9  un appuntamento |

### II The preposition *di* + name

The preposition **di** plus a proper name is used to express possession or a relationship of some kind.

Dov'è **la macchina di Gabriele?**      Where is Gabriele's car?
Qual è **il cognome di Marisa?**        What is Marisa's last name?
Sono **la madre di Anna.**              I'm Anna's mother.
È **il padre di Roberto.**              He's Roberto's father.

The interrogative expression **di chi** means *whose.*

**Di chi** è la macchina?      Whose car is it?

**B** Form questions and answers with the following cues.

▶ matita: Paola      *Di chi è la matita? È di Paola.*

| | |
|---|---|
| 1  dizionario: Enrico | 3  penna: Matilde |
| 2  giornale: Giuseppe | 4  quaderno: Carla |

**C** Roberto and Anna disagree about who is a relative of whom. Take Anna's role in responding to Roberto's statements. You may need to refer to the family tree on page 32.

▶ Roberto: Mario Martinelli è      *Anna: No. Mario Martinelli*
         il padre di Antonio.         *è lo zio di Antonio.*

1. Gianni è il cugino di Luigi.
2. Mariella è la sorella di Gianni.
3. Il signor Paolo Martinelli è lo zio di Giuseppe Martinelli.
4. La signora Matilde Martinelli è la zia di Giuseppe Martinelli.
5. Luigi è il figlio di Antonio.

## III Subject pronouns

Here are the subject pronouns in Italian.

| Singular | | Plural | |
|---|---|---|---|
| **io** | I | **noi** | we |
| **tu** | you (*familiar*) | **voi** | you (*familiar*) |
| **egli/lui** | he | **essi/loro** | they (*m.*) |
| **ella/lei** | she | **esse/loro** | they (*f.*) |
| **lei** | you (*formal*) | **loro** | you (*formal*) |

1) The pronouns **lui** (*he*), **lei** (*she*) and **loro** (*they*) are commonly used in conversation. **Egli, ella, essi,** and **esse** are used in formal writing.
2) The pronoun **lei** may mean either *she* or *you* (*sg. formal*); the pronoun **loro** may mean either *they* or *you* (*pl. formal*). Context usually makes the meaning clear.
3) There are four ways to express *you:* **tu, voi, lei,** and **loro.**
   **Tu** is used to address a member of one's family, a close friend or relative, or a child. The plural of **tu** is **voi.**
   **Lei** is used to address a person with whom one wishes to be somewhat formal or show respect. The plural of **lei** is **loro.**

**D** Which subject pronoun would you use in addressing the following persons: *tu, voi, lei,* or *loro?*

1. your friend Mario
2. your uncle and aunt
3. a policeman
4. the president of Italy
5. two strangers
6. your younger cousin

## IV The infinitive form

The basic form of an Italian verb (the form listed in dictionaries and vocabularies) is the infinitive. An infinitive is made up of a stem and an ending. Some infinitives end in **-are,** some in **-ere** and some in **-ire.** Infinitives in **-are** are by far the most numerous.

| Infinitive | Stem + ending | English equivalent |
|---|---|---|
| **comprare** | **compr** + **are** | to buy |
| **rispondere** | **rispond** + **ere** | to respond |
| **finire** | **fin** + **ire** | to finish |

## V The present tense of regular *-are* verbs

The present tense of regular **-are** verbs is formed by adding the endings **-o, -i, -a, -iamo, -ate,** and **-ano** to the infinitive stem (the infinitive minus the **-are** ending).

Here is the present tense of the regular verb **comprare,** *to buy:*

*Singular*

io compr**o**   I buy
tu compr**i**   you (*fam.*) buy
lui ⎱ compr**a** ⎰ he buys
lei ⎰        ⎱ she buys, you (*formal*) buy

*Plural*

noi compr**iamo**   we buy
voi compr**ate**   you (*fam.*) buy
loro compr**ano**   they/you (*formal*) buy

1) In Italian, verb endings change according to the subject of the sentence. Since the verb endings indicate person and number, subject pronouns are often omitted except when necessary for emphasis or to avoid ambiguity.
2) A single verb form may be used to express an action which requires a form of the verb *to be* + *ing* in English.

Paola **compra** una rivista.          Paola *buys/is buying* a magazine.

Il signor Martinelli **lavora** in          Mr. Martinelli *works/is working*
   un ospedale.                in a hospital.

3) Negative sentences are formed by using **non** before the verb.

Io **non trovo** la lettera.          *I don't* find the letter.

4) There is no equivalent of *do* or *does* in Italian negative or interrogative sentences.

Roberto **non compra** il giornale.          Roberto *doesn't* buy the
                newspaper.

Paola **compra** un libro?          *Does* Paola *buy* a book?

Here is a list of common regular -are verbs. You already know many of them.

| | | |
|---|---|---|
| **abitare**  to live | **entrare**  to enter | **parlare**  to speak |
| **arrivare**  to arrive | **frequentare**  to attend | **portare**  to bring |
| **ascoltare**  to listen (to) | **guardare**  to look (at) | **rimandare**  to return (something) |
| **aspettare**  to wait (for) | **incontrare**  to meet | **telefonare**  to telephone |
| **chiamare**  to call | **insegnare**  to teach | **tornare**  to return |
| **comprare**  to buy | **lavorare**  to work | **trovare**  to find |
| | **mandare**  to send | |

Verbs ending in **-care** and **-gare** (like **cercare** *to look for* and **pagare** *to pay for*) are regular except that they add an **h** in the **tu-** and **noi-** forms.

| | |
|---|---|
| tu **cerchi** | tu **paghi** |
| noi **cerchiamo** | noi **paghiamo** |

**E** Tell what each person buys. Use the cues indicated.

▶ Franco/televisore    *Franco compra un televisore.*

1   io/radio
2   Maria/frigorifero
3   voi/rivista
4   loro/orologio
5   lui/quaderno

6   tu/penna
7   lei/matita
8   Enrico e Francesca/casa
9   lei/automobile
10  lui/motocicletta

Giancarlo Strologo

Valeriana Celli

annunciano il loro matrimonio che
sarà celebrato in Civitanova Marche
nella Chiesa di S. Marone il giorno
31 luglio 1977, alle ore 11.

Civitanova Marche
Via G. Pascoli, 6

Cascinare
Via D. Alighieri, 125

Un annuncio di matrimonio.

**F** Begin each of the following sentences with an appropriate subject pronoun, for emphasis.

▶ Parlo italiano.    *Io parlo italiano.*

1  Ascoltate la radio.
2  Aspettano lo studente.
3  Parliamo con Carlo.
4  Guardi la televisione.

5  Entrate in aula.
6  Incontro un amico.
7  Comprano due quaderni.
8  Chiama il dottore.

**G** Change each verb to agree with the new subject.

▶ Maria telefona a Giuseppe. (io)    *Io telefono a Giuseppe.*

1  Tu porti un libro. (voi)
2  Noi aspettiamo la professoressa. (lui)
3  Teresa chiama un'amica. (tu)

▶ Abita lei in via Mazzini? (loro)    *Abitano loro in via Mazzini?*

4  Che cosa trova Marisa? (Marisa e Gabriele)
5  Lavorate in un ospedale? (tu)
6  Insegna lui l'italiano? (loro)

**H** Complete with an appropriate verb form.

1  Luigi ... una lettera.
2  Io non ... italiano.
3  Noi ... la televisione.
4  Loro ... a Roma.
5  Il padre ... il questionario.
6  Lei non ... a casa.

**I** Form sentences with the cues provided.

▶ voi / chiamare / fratello / Giovanni    *Voi chiamate il fratello di Giovanni.*

1  lui / incontrare / madre / Paola
2  io / parlare / con / amico / Giuseppe
3  lei / ascoltare / nonna / Margherita
4  noi / aspettare / zio / Giorgio

# Lezione 4ª

### CHE COSA FAI STASERA?

*Franco desidera telefonare a Marisa. Entra in un bar, compra un gettone e fa il numero. Marisa risponde al telefono.*

MARISA   Pronto? Chi parla?

FRANCO   Ciao, Marisa. Sono Franco. Che cosa fai oggi pomeriggio?

MARISA   I compiti, purtroppo. Devo anche studiare le lezioni per domani.

5  FRANCO   E stasera?

| | |
|---|---|
| MARISA | Non ho niente da fare. |
| FRANCO | Vuoi venire a prendere un caffè con me? |
| MARISA | È una buona idea. A che ora? |
| FRANCO | Alle sette. |
| 10  MARISA | Dove? |
| FRANCO | Al bar "Gli Sportivi" vicino alla stazione. |
| MARISA | Va bene. A stasera. |

**Domande**

1 A chi desidera telefonare Franco?
2 Dove compra il gettone?
3 Chi risponde al telefono?
4 Che cosa fa Marisa oggi pomeriggio?
5 A che ora è l'appuntamento?
6 Dove vanno Franco e Marisa stasera?

## Nota culturale: *Public telephoning in Italy*

In Italy, a special token (*gettone*) is used in public telephones instead of a coin. These tokens, which cost 50 *lire* (less than ten cents) may be purchased at newsstands, stores, or bars, or from machines called *gettoniere* (that always require correct change). It is sometimes necessary to walk several blocks to purchase a *gettone* to use in an outside telephone booth, if one forgets to purchase some tokens in advance.

**Vocabolario**

*Nomi*

il **bar**  type of café where one can get coffee, etc. as well as alcoholic beverages
il **caffè**  (cup of) coffee
i **compiti** *pl.*  homework
il **gettone**  token
la **stazione**  (train) station

*Verbi*

**desiderare**  to wish, to want
**fare**  to do; **fa il numero**  he dials the number
**prendere**  to have (in the sense of *to drink, to eat*)
**vanno**  they go
**venire**  to come
**vuoi?**  do you (*fam.*) want?

*Altre parole ed espressioni*

**anche**  also
**buono, -a**  good
**purtroppo**  unfortunately
**pronto?**  hello? (*on telephone*)
**vicino (a)**  next (to), near

**a che ora?**  (at) what time?
**alle sette**  at seven o'clock
**a stasera**  till this evening, see you tonight
**con me**  with me
**è una buona idea**  it's a good idea
**non ho niente da fare**  I have nothing to do
**oggi pomeriggio**  this afternoon
**va bene**  fine, OK

| **Modificazioni** | 1 | Che cosa fai **oggi pomeriggio?** |
|---|---|---|
| | | stamattina (*this morning*) |
| | | stasera |
| | | domani mattina |
| | | domani pomeriggio |
| | | domani sera |

2  Vuoi venire a prendere **un caffè?**

un cappuccino (*coffee with cream*)
un aperitivo
una limonata (*lemonade*)
un' aranciata (*orange soda*)

3  Devo **studiare la lezione.**
aspettare un amico
comprare un gettone
chiamare Giorgio
incontrare Maria

4  Non ho niente da **fare.**
comprare
leggere
studiare
portare

**Pratica**

**A** Role-play the dialogue on page 38, substituting alternate words or expressions from the variations where possible.

**B** Exchange the roles of Franco and Marisa. Marisa phones Franco and asks him what he's doing that evening. Franco says he has to do his homework, but that he has nothing to do the following evening. They make plans to meet at the Bar Giuliani on Via Mazzini for a lemonade or an orange soda.

## *Pronuncia: The sounds /k/ and /č/*

The sounds /k/ as in **che** and /č/ as in **liceo** are easy for English speakers to pronounce, but they create problems for the reader.

/k/ $\begin{cases} = \textbf{ch} \text{ before } \textbf{e} \text{ and } \textbf{i} \\ = \textbf{c} \text{ before } \textbf{a, o,} \text{ and } \textbf{u} \end{cases}$     /č/ = **c** before **e** and **i**

**A** Listen and repeat the following words after your instructor:

| /k/ | | /č/ | |
|---|---|---|---|
| che | amica | cestino | dieci |
| perché | amico | censimento | undici |
| politiche | Franco | liceo | vicino |
| Michele | cugina | cinque | arrivederci |
| chi | curioso | | |
| chiama | culturale | | |

**B** Read the following sentences aloud. Pay particular attention to the way you pronounce *c* and *ch*.

1  Chi chiama Michele?
2  Arrivederci alle undici!
3  Sono al liceo alle dieci.
4  Perché chiama adesso?

**C** Write the words and sentences dictated by your instructor.


## Ampliamento del vocabolario

### La città

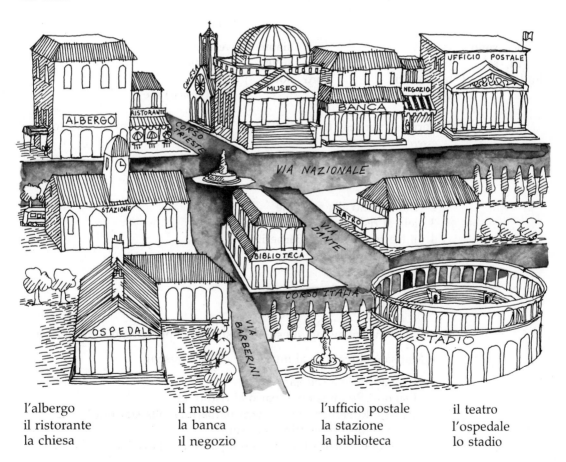

| | | | |
|---|---|---|---|
| l'albergo | il museo | l'ufficio postale | il teatro |
| il ristorante | la banca | la stazione | l'ospedale |
| la chiesa | il negozio | la biblioteca | lo stadio |

**A** Ask another student to tell you on which street or avenue each building listed above is located, and whether the building is close to the (*vicino alla*) or far from the (*lontano dalla*) library.

▶ S¹: Dov'è il ristorante?     S²: *È in via Nazionale.*
                                     *È vicino alla biblioteca.*


## *Struttura ed uso*


### I  Present tense of *essere*

**Essere** is irregular in the present tense, as is its English counterpart, *to be*. You have already had all the forms except **siamo** and **siete**.

|  | **essere** | to be |  |  |  |
|---|---|---|---|---|---|

| *Singular* | | | *Plural* | | |
|---|---|---|---|---|---|
| io | **sono** | I am | noi | **siamo** | we are |
| tu | **sei** | you (*fam.*) are | voi | **siete** | you (*fam.*) are |
| lui/lei | **è** | { he/she/it is<br>{ you (*formal*) are | loro | **sono** | { they are<br>{ you (*formal*) are |

**A** Form sentences, using the cued words and the appropriate form of *essere*.

▶ io / in casa     *Io sono in casa.*

1  voi / al bar
2  noi / vicino alla stazione
3  lei / al ristorante
4  il teatro / in piazza Barberini
5  la signora Ruffini / in chiesa
6  tu / in classe
7  loro / al museo
8  i signori Cristini / in banca

**B** Answer the following questions, using the appropriate form of *essere*.

▶ Marisa è al teatro o al museo?     È [al museo].

1  È lei a casa o a scuola?
2  I signori Rendi sono al bar o al ristorante?
3  Paolo e Roberto sono a piazza Barberini o alla stazione?
4  Sono le dieci di mattina o di sera?
5  Giuseppe Martinelli è lo zio o il padre di Marisa?

## II  Plural forms of the definite article

*masculine:* **i, gli**     *feminine:* **le**

| | |
|---|---|
| **i** numeri | **le** lezioni |
| **gli** anni | **le** aule |
| **gli** studenti | |
| **gli** zeri | |

1) **I** is used with masculine plural nouns beginning with most consonants. **Gli** is used with masculine plural nouns beginning with a vowel, **s** + consonant or **z.**
2) **Le** is used with all feminine plural nouns.

Here is a summary of the forms of the definite article:

| *masculine* | | *feminine* | |
|---|---|---|---|
| *singular* | *plural* | *singular* | *plural* |
| il | i | la | le |
| lo | gli | l' | |
| l' | | | |

**C** Restate in the plural.

▶ Dov'è il ristorante?     *Dove sono i ristoranti?*

1  Dov'è la chiesa?
2  Dov'è la ragazza?
3  Dov'è il teatro?
4  Dov'è lo studente?

5  Dov'è l'ospedale?
6  Dov'è il negozio?
7  Dov'è la scuola?
8  Dov'è il museo?

**D** Use *ecco* and the correct form of the definite article (singular or plural) to point out the following objects or persons.

▶ albergo     *Ecco l'albergo.*

1  gettoni
2  studenti
3  aranciata

4  ristorante
5  telefono
6  aula

7  stazione
8  studentesse
9  ufficio postale

## III  Use of the definite article with titles

The definite article is required before titles, except in direct address.

Ecco **la signorina** Marini.     *but*     Buon giorno, **signorina** Marini.
Ecco **il dottor** Pieroni.              Buona sera, **dottor** Pieroni.

**E** Point out the following people to another student and then say good morning to the individuals named.

▶ signor Rodini    *Ecco il signor Rodini.*
                   *Buon giorno, signor Rodini!*

1  avvocato Rusconi          4  signora Gardini
2  professoressa Neroni      5  professor Palumbo
3  ingegner Manzoni          6  dottor Antonelli


## IV  Irregular nouns

Some nouns ending in **-a** in the singular are masculine. The plural form ends in **-i**.

il problem**a**    i problem**i**
il dramm**a**      i dramm**i**

Some nouns do not change in the plural. They are mainly one-syllable nouns or nouns accented on the last syllable.

| il **bar**   | i **bar**    | l'**università** | le **università** |
|--------------|--------------|------------------|-------------------|
| il **film**  | i **film**   | la **città**     | le **città**      |
| lo **sport** | gli **sport**| il **cinema**    | i **cinema**      |
| il **caffè** | i **caffè**  | la **radio**     | le **radio**      |

You will not be expected to use these nouns actively in this lesson, but you should recognize the plural forms when you see them.


**Ripasso**    **A** Paola meets Anna Benedetti in Piazza di Spagna. Complete the following conversation with appropriate words.

PAOLA   Ciao, Anna. ... stai?
ANNA    Non c'è ... E tu?
PAOLA   Benissimo, grazie. Dove vai ... in fretta?
ANNA    ... museo.
PAOLA   ... prendere ... aranciata ... me stasera?
ANNA    Sì, grazie. Scusa, che ... è, per favore?
PAOLA   Sono le tre ... dieci.
ANNA    Oh, ... tardi! Devo andare. Il museo chiude (*closes*) ... cinque.
PAOLA   ...
ANNA    Arrivederci.

**B** Find out the following information from another student. Make up questions using the *tu-* form.

1 his or her name
2 how many brothers and sisters he/she has
3 where he/she lives
4 if he/she uses public transportation to go to school
5 if he/she speaks Italian at home

**C** Complete the crossword puzzle with the Italian equivalents of the words indicated.

Cruciverba

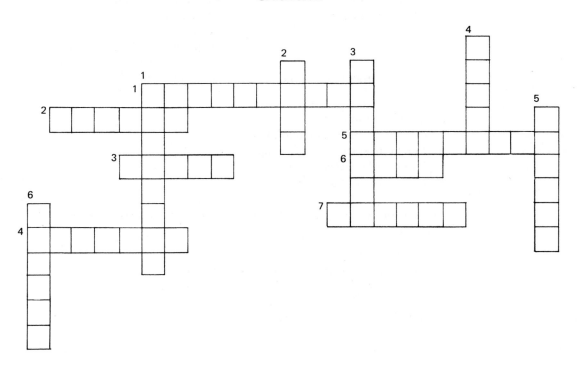

*Orizzontali:*

1 afternoon
2 to come
3 also
4 this evening
5 unfortunately
6 idea
7 nothing

*Verticali:*

1 to have (eat, drink)
2 today
3 homework (*pl.*)
4 museum
5 tomorrow
6 to be

**D** Complete the partial sentences in Column A with an appropriate ending from Column B. There are two extra items.

| A | B |
|---|---|
| 1  Franco ha ... | risponde al telefono |
| 2  Abitano con lei ... | l'ultimo anno di liceo |
| 3  Frequento ... | fa undici |
| 4  Dove vai ... | di nuovo? |
| 5  Non ho niente ... | e compra un gettone |
| 6  Che ora è, ... | venti anni |
| 7  Che cosa c'è ... | i nonni? |
| 8  Abiti sempre ... | così in fretta? |
| 9  Due più nove ... | in via delle Grazie? |
| 10  Entra in un bar ... | da fare |
| | per favore? |
| | si chiama Giuseppe Martinelli |

**E** Rewrite the following sentences, changing the italicized words to the plural.

1  *Il signore è* in casa.
2  *Compro il gettone* per telefonare.
3  Perché non *studi la lezione* oggi?
4  *Il libro dello studente è* qui.
5  *La signora aspetta il figlio.*

**F** Rewrite the following sentences, changing the italicized words to the singular.

1  *Le città sono belle.*
2  *Rimandiamo i questionari* per il censimento.
3  *Studiate* con *le sorelle* di Mario?
4  *Gli amici* di Paolo *sono* in aula.
5  *Mandano le lettere* ai genitori.

# *Lezione 5ª*

## CHE COSA PRENDONO I SIGNORI?

*Franco e Marisa sono al bar "Gli Sportivi".*

| | |
|---|---|
| CAMERIERE | I signori prendono qualcosa? |
| MARISA | Sì, un'aranciata, per favore. |
| CAMERIERE | E lei, signore? |
| FRANCO | Un cappuccino, con molto latte. |
| 5 CAMERIERE | Va bene, subito. |
| FRANCO | Allora, Marisa, che cosa fai di bello? |

| | |
|---|---|
| MARISA | Niente di speciale. Ogni giorno a scuola, la sera leggo, e qualche volta esco con le amiche. |
| FRANCO | Io invece ho abbastanza tempo libero. Sai, all'università non ho la frequenza obbligatoria. |
| MARISA | E che cosa fai allora? |
| FRANCO | Spesso vado al cinema, al teatro, o faccio gite con gli amici. |
| MARISA | Sei proprio fortunato! |

**Domande**

1 Dove sono Franco e Marisa?
2 Prende Marisa un'aranciata o un cappuccino?
3 Che cosa prende Franco?
4 Dove va ogni giorno Marisa?
5 Quando legge Marisa?
6 Con chi esce Marisa la sera?
7 Perché ha abbastanza tempo libero Franco? (Perché non ha...)
8 Dove va spesso Franco?
9 Secondo Marisa, chi è fortunato?

## Nota culturale: *The Italian bar*

An Italian bar (unlike most American bars) is a place where one can buy a cup of *espresso* coffee, a *cappuccino,* a sandwich, candy, and mineral water, as well as beer and other alcoholic beverages. Generally, a customer stands at the counter to drink or eat, since it is less expensive to do so than to sit at a table.

In fashionable sections of town, chairs and tables are placed outside the bar in good weather. A favorite pastime of many Italians is to sit there and enjoy an iced *cappucino* or an apéritif as they watch passers-by.

Un bar del centro.

**Vocabolario**

*Nomi*

il **cameriere**   waiter
il **latte**   milk
il **tempo**   time

*Verbi*

**esco**   I go out
**esce**   he/she goes out
**leggere**   to read
**sai**   you know
**vado**   I go

*Aggettivi*

**fortunato, -a**   lucky
**libero, -a**   free
**obbligatorio, -a**   required
**ogni**   each, every

*Altre parole ed espressioni*

**abbastanza**   quite a lot
**allora**   well
**invece**   instead, on the other hand
**perché**   because
**qualcosa**   something
**secondo**   according to
**spesso**   often
**subito**   right away, immediately

**che cosa fai di bello?**   what's new?
**con molto latte**   with lots of milk
**faccio gite**   I take trips
**niente di speciale**   nothing special
**non ho la frequenza obbligatoria**
   I'm not required to attend class
**ogni giorno**   every day
**qualche volta**   sometimes
**sei proprio fortunato!**   you're really
   lucky!

**Modificazioni**

1   **Un'aranciata,** per favore.
    Un tè freddo (*iced tea*)
    Una spremuta d'arancia (*orange juice*)
    Un bicchiere d'acqua (*glass of water*)
    Un panino al prosciutto (*ham sandwich*)
    Un gelato (*ice cream*)
    Lo zucchero (*sugar*)

2   La sera **leggo un libro.**
        prendo il caffè
        scrivo (*I write*) lettere
        vedo la televisione
        discuto di politica (*discuss politics*)

3   Sei proprio **fortunato!**
        gentile (*kind*)
        curioso (*curious*)
        elegante (*elegant*)
        simpatico (*nice, likable*)
        antipatico (*disagreeable*)

**Pratica**

Role-play the dialogue on page 47, substituting alternate words and expressions from tne variations where possible.

## *Pronuncia:* The sounds /s/ and /z/

The sound /s/ (unvoiced) is represented by the letters **s** and **ss**. The sound /z/ (voiced) is represented by the letter **s**. In standard Italian, intervocalic **s** is usually pronounced /z/.

**A** Listen and repeat the following words after your instructor:

| /s/ | /s/ | /z/ |
|---|---|---|
| sei | adesso | cose |
| sera | benissimo | così |
| signora | classe | curioso |
| studente | professore | desidera |
| simpatico | studentessa | scusa |

**B** Read the following sentences aloud. Pay particular attention to the way you pronounce *s* and *ss*.

1  Il professore è simpatico.
2  La studentessa è in classe.
3  Marisa desidera studiare stamattina.
4  Adesso chiamo la signora.
5  Scusa, che cos'è?

## *Ampliamento del vocabolario*

### Caratteristiche personali

alto     basso          grande     piccolo          stanca     energico

grassa    magra    ricca    povera    allegra    triste

buono    cattivo    giovane    vecchio    bello    brutto

Note that an adjective that ends in **-o** refers to a male and an adjective that ends in **-a** refers to a female. An adjective that ends in **-e** may refer to either a male or a female.

**A** Answer the following questions.

1 Qual è il contrario (*opposite*) di *ricco? vecchio? basso? brutto?*
2 Qual è il contrario di *povera? cattiva? grassa? alta?*
3 Il professore / la professoressa è simpatico / simpatica? buono / buona? cattivo / cattiva?
4 Secondo lei, è alto o basso Franco Benotti? È grassa o magra Marisa Martinelli?
5 Secondo lei, è giovane o vecchia la signora Paolini? È stanco o energico il signor Dini?
6 Ha uno zio ricco? una zia gentile? un nonno giovane? una nonna antipatica?
7 Ha un fratello alto? una sorella bassa?
8 Chi è allegro / allegra in classe oggi? Chi è triste?

**B** Describe one of the persons in the drawing on the following page. Use at least four adjectives in your description.

## *Struttura ed uso*

### I   Present tense of regular *-ere* verbs

Regular **-ere** verbs add the endings **-o, -i, -e, -iamo, -ete,** and **-ono** to the infinitive stem.

| **vendere** | to sell |
|---|---|
| *Singular* | *Plural* |
| vend**o** | vend**iamo** |
| vend**i** | vend**ete** |
| vend**e** | vend**ono** |

The following **-ere** verbs are regular in the present tense.

| | | |
|---|---|---|
| chiudere (*to close*) | perdere (*to lose*) | scrivere (*to write*) |
| discutere (*to discuss*) | prendere (*to take*) | spendere (*to spend*) |
| leggere (*to read*) | ricevere (*to receive*) | vedere (*to see*) |
| mettere (*to put, place*) | rispondere (*to answer*) | vendere (*to sell*) |

**A** Tell what the following persons drink or eat. Use the verb *prendere*.

▶ noi / un caffè     *Noi prendiamo un caffè.*

1  lo studente / un'aranciata
2  io / un panino al prosciutto
3  i signori / un tè freddo
4  voi / una spremuta d'arancia
5  Susanna e Pietro / un gelato

**B** Tell what the following persons read.

▶ noi / il giornale     *Noi leggiamo il giornale.*

1  la professoressa / il libro          4  io / la lettera
2  tu / il questionario                 5  voi / i giornali
3  il cugino di Laura / la rivista

**C** Form sentences, using the cues given.

1  tu / vendere / molti libri
2  noi / prendere / matite di Giorgio
3  voi / ricevere / lettera
4  lei / non rispondere / alle domande
5  signorine / spendere / molto
6  Luisa / scrivere / alla zia
7  Enrico / discutere di sport / con Paolo

## II  Agreement of descriptive adjectives

In Italian, adjectives agree in number and gender with the nouns they modify. There are two main classes of adjectives.

1) Adjectives whose masculine singular ends in **-o** have four forms.

| | |
|---|---|
| Il signore è **alto**. | I signori sono **alti**. |
| Marisa è **alta**. | Marisa e Paola sono **alte**. |
| Il professore è **italiano**. | I professori sono **italiani**. |
| Gianna è **italiana**. | Rosa e Maria sono **italiane**. |

2) Adjectives whose masculine singular ends in **-e** have two forms.

| | |
|---|---|
| Il signore è **triste**. | I signori sono **tristi**. |
| Marisa è **triste**. | Marisa e Paola sono **tristi**. |
| Il professore è **inglese** (*English*). | I professori sono **inglesi**. |
| Gianna è **inglese**. | Rosa e Maria sono **inglesi**. |

Due signore s'incontrano.

Notice that an adjective whose masculine singular ends in **-io** simply drops the **-o** in the masculine plural:

Il signore è **vecchio.**    I signori sono **vecchi.**

When an adjective modifies two or more nouns of different gender, the masculine form is always used:

Stefano e Antonella sono **italiani.**

Notice that adjectives of nationality are not capitalized in Italian.

**D** Say that the following persons and things are beautiful.

▶ macchina    *La macchina è bella.*
▶ ragazzo e ragazza    *Il ragazzo e la ragazza sono belli.*

1  orologio
2  studentessa
3  albergo
4  biblioteca

5  chiese
6  fratello e sorella
7  museo
8  piazza Navona

**E** Say that the following things and people are old.

▶ macchina    *La macchina è vecchia.*

1  ospedale
2  teatro
3  zia
4  giornale e rivista

5  Maurizio e Luigi
6  Maria
7  case
8  negozio

**F** Say that the following persons are Canadian.

▶ Mary Brown     *Mary Brown è canadese.*

1  Donald Brown                    3  Mrs. Brown
2  Mary e Donald Brown             4  Mr. e Mrs. Brown

## III  Position of descriptive adjectives in noun phrases

In English, descriptive adjectives precede the noun. In Italian, most descriptive adjectives follow the noun.

| | |
|---|---|
| Ho abbastanza **tempo libero**. | I have quite a lot of *free time*. |
| Luigi e Stefano sono **ragazzi fortunati**. | Luigi and Stefano are *lucky boys*. |
| Vorrei un **tè freddo**, per favore. | I'd like a glass of *iced tea*, please. |
| Ecco due **ragazze eleganti**. | There are two *elegant (well-dressed) girls*. |

Certain common adjectives, such as **bello, brutto, buono, cattivo, grande, piccolo, giovane,** and **vecchio** usually come before the noun. When they follow, it is usually for emphasis or contrast.

È una **bella ragazza**.        È una **ragazza bella**.
È un **giovane professore**.    È un **professore giovane**.

**G** Complete each sentence with the correct form of the cued adjective.

▶ (allegro) Maria è una ragazza …     *Maria è una ragazza allegra.*

1  (alto)  Giorgio è un ragazzo …
2  (inglese)  Ecco due signore …
3  (americano)  Jane e Kathy sono studentesse …
4  (italiano)  Ecco una professoressa …
5  (scientifico)  Vado al liceo …
6  (simpatico)  Ho un'amica …
7  (magro)  Franca è una ragazza molto …
8  (canadese)  Maria ha due amici …

**H** Make the following noun phrases plural.

▶ la signora elegante     *le signore eleganti*

1  il nonno simpatico          5  la grande piazza
2  la famiglia americana       6  la signora grassa
3  la bella signora            7  l'ospedale nuovo
4  lo studente canadese        8  la studentessa gentile

## SPETTACOLI IN ABBONAMENTO

**novembre**    **IL CEDRO DEL LIBANO**
di Diego Fabbri   regia Nello Rossati
con Anna Miserocchi e Paolo Carlini

**novembre**
**dicembre**    **LA CAMERIERA BRILLANTE**
di Carlo Goldoni   regia Fulvio Tolusso e Alberto Gagnarli
Cooperativa teatrale Friuli Venezia Giulia
con Marina Dolfin e Carlo Bagno

**gennaio**    **LA FANTESCA**
di Giovan Battista Della Porta   regia Alessandro Fersen
Teatro Stabile di Bolzano

**gennaio**
**febbraio**    **VESTIRE GLI IGNUDI**
di Luigi Pirandello   regia Massimo Castri
Compagnia della Loggetta di Brescia

# Lezione 6ª

## UN APPUNTAMENTO PER DOMENICA SERA

*Marisa e Franco continuano la conversazione al bar "Gli Sportivi".*

FRANCO   Sei libera domenica prossima?

MARISA   Credo di sì. Perché?

FRANCO   Ho due biglietti per il Teatro Eliseo. Vorresti venire con me?

MARISA   Sì, volentieri. Che cos'è in programma?

5    FRANCO   Un dramma di Pirandello. È molto interessante.

MARISA   A che ora incomincia lo spettacolo?

FRANCO   Alle nove.

MARISA   D'accordo. Adesso però devo tornare a casa.

FRANCO   Cameriere, il conto, per piacere.

10 CAMERIERE   Subito, signore. Eccolo!


**Domande**

1   È libera Marisa domenica prossima?
2   Che cosa ha Franco?
3   Cos'è (= Che cos'è) in programma al teatro?
4   A che ora incomincia lo spettacolo?
5   Dove deve andare Marisa adesso?
6   Che cosa porta il cameriere?


## Nota culturale: *Luigi Pirandello*

Luigi Pirandello, the well-known Italian play-wright, was born in Sicily in 1867 and died in Rome in 1936. He wrote poetry, novels, and short stories, but his literary fame is due mostly to his plays. Pirandello was the recipient of the 1934 Nobel Prize for Literature. Among his best-known plays are *Sei personaggi in cerca d'autore* (*Six Characters in Search of an Author*), *Come tu mi vuoi* (*As You Desire Me*), and *Il gioco delle parti* (*The Rules of the Game*).

**Vocabolario**

*Nomi*

il **biglietto**   ticket
la **conversazione**   conversation
il **conto**   bill, check
la **domenica**   Sunday
il **dramma**   drama, play
il **programma**   program
lo **spettacolo**   show, performance

*Verbi*

**continuare**   to continue
**incominciare**   to begin, to start
**vorresti?**   would you (*fam.*) like?

*Aggettivi*

**interessante**   interesting
**prossimo, -a**   next

*Altre parole ed espressioni*

**però**   however
**volentieri**   I'd love to, with pleasure

**che cos'è in programma?**   what's playing?
**credo di sì**   I think so, I believe so
**d'accordo**   fine, agreed
**eccolo**   here it is
**per piacere**   please
**vorresti venire con me?**   would you (*fam.*) like to come with me?

| **Modificazioni** | 1 | Vorresti **venire** con me? |
|---|---|---|
| | | ballare (*to dance*) |
| | | uscire (*to go out*) |
| | | parlare |
| | | partire (*to leave*) |
| | | discutere di politica |

2 È molto **interessante.**
       divertente (*amusing*)
       noioso (*annoying*)
       importante
       facile (*easy*)
       difficile (*difficult*)

3 A che ora incomincia **lo spettacolo?**
       la commedia (*play*)
       la lezione d'inglese
       la partita di calcio (*soccer game*)

**Pratica**

**A** Role-play the dialogue on page 56, substituting alternate words and expressions from the variations where possible.

**B** Rewrite the dialogue, changing Marisa to Marco and Franco to Carlo. Marco has two tickets to a soccer game for the following Sunday, and invites Carlo to go with him.

## Pronuncia: The sound /t/

In English, the sound /t/ is aspirated; that is, it is pronounced with a little puff of air, which you can feel on the back of your hand as you say /t/. In Italian, /t/ is never aspirated. The tip of the tongue is pressed against the back of the upper front teeth. Compare the /t/ in the English and Italian words *too* and **tu,** *telephone* and **telefonare.**

**A** Listen and repeat the following words after your instructor.

| | | |
|---|---|---|
| teatro | limonata | biglietto |
| telefono | subito | sette |
| tempo | matita | otto |
| tornare | parete | mattina |
| tu | politica | dottore |
| televisione | fratello | latte |

**B** Read the following sentences aloud. Pay particular attention to the way you pronounce *t* and *tt*.

1  Ho sette biglietti per il teatro.
2  Il dottore risponde al telefono.
3  Sono le otto di mattina.
4  Il fratello di Tonino scrive una lettera.

## Ampliamento del vocabolario

### I giorni della settimana e le date del mese

#### GENNAIO

| | | |
|---|---|---|
| 1 S | M. Madre D. | |
| 2 D | S. Basilio v. | |
| 3 L | S. Genoveffa v. | |
| 4 M | S. Ermete m. | |
| 5 M | S. Amelia v. | |
| 6 G | Epif. di N. S. | |
| 7 V | S. Raimondo | |
| 8 S | S. Massimo m. | |
| 9 D | Batt. di Gesù | |
| 10 L | S. Aldo | |
| 11 M | S. Igino papa | |
| 12 M | S. Modesto m. | |
| 13 G | S. Leonzio | |
| 14 V | S. Dazio | |
| 15 S | S. Mauro abate | |
| 16 D | S. Marcello papa | |
| 17 L | S. Antonio abate |
| 18 M | S. Liberata v. |
| 19 M | S. Mario m. |
| 20 G | S. Sebastiano |
| 21 V | S. Agnese v. |
| 22 S | S. Gaudenzio |
| 23 D | S. Emerenziana v. |
| 24 L | S. Francesco S. |
| 25 M | Conv. S. Paolo |
| 26 M | SS. Tito e Timoteo |
| 27 G | S. Angela Merici |
| 28 V | S. Valerio v. |
| 29 S | S. Costanzo |
| 30 D | S. Martina v. |
| 31 L | S. Giov. Bosco |

lunedì    martedì    mercoledì    giovedì    venerdì    sabato    domenica

Note that:

1) Monday (not Sunday) is the first day of the week on Italian calendars.

2) The days of the week are not capitalized in Italian.

3) All the days of the week except **domenica** are masculine.

4) The definite article is used with days of the week to express *on*, as *on Mondays, on Tuesdays,* etc. The definite article is omitted when only one day is meant.

> **Il lunedì** vado al cinema.     *On Mondays* I go to the movies.
> **Lunedì** vado al cinema.     *This Monday* I'm going to the movies.

5) The first day of the month is expressed with an ordinal number:

> **il primo di novembre**

The other days are expressed with cardinal numbers:

> **il due (tre, quattro, etc.) di novembre**

**A** Answer the following questions, using the calendar on page 59.

▶ Che giorno è il primo di gennaio?    *È sabato.*

1 Che giorno è il quattro di gennaio?
2 Che giorno è il ventuno di gennaio?
3 Che giorno è il tredici di gennaio?
4 Che giorno è il tre di gennaio?
5 Che giorno è il trenta di gennaio?

**B** Answer the following questions.

1 Che giorno è oggi?
2 Che giorno è domani?
3 Che giorno è dopodomani (*the day after tomorrow*)?
4 Che giorno era ieri (*was it yesterday*)?
5 Qual è l'ultimo giorno della settimana?
6 Qual è il primo giorno della settimana?

**C** Ask another student to tell you one activity he or she does every Monday, Tuesday, etc. Use one of the *-are* or *-ere* verbs listed below.

▶ Che cosa fai il lunedì?    *Il lunedì leggo il giornale.*

| | | |
|---|---|---|
| 1 ascoltare | 3 comprare | 5 ricevere |
| 2 chiamare | 4 discutere | 6 rispondere |

**D** Ask another student to tell you one activity he or she is going to do this coming Monday, Tuesday, etc. Use one of the *-are* or *-ere* verbs listed below.

▶ Che cosa fai lunedì?    *Lunedì leggo il giornale.*

| | | |
|---|---|---|
| 1 guardare | 3 parlare | 5 scrivere |
| 2 lavorare | 4 vendere | 6 prendere |

## I mesi dell'anno

| | | | |
|---|---|---|---|
| gennaio | aprile | luglio | ottobre |
| febbraio | maggio | agosto | novembre |
| marzo | giugno | settembre | dicembre |

Note that:

1) The months of the year are not capitalized in Italian.
2) The preposition **a** is used with the names of the months to express *in*, as *in February, in March*, etc.

**A** febbraio vado in Italia.    *In* February I go to Italy.

**E** Name the month that precedes and the month that follows the ones listed below.

▶ aprile     *marzo e maggio*

| | | | | | |
|---|---|---|---|---|---|
| 1 | maggio | 3 | marzo | 5 | novembre |
| 2 | ottobre | 4 | luglio | 6 | agosto |

**F** Answer the following questions, using the names of the months.

1  Qual è la data di oggi?
2  Qual è il primo mese dell'anno?
3  Qual è l'ultimo mese dell'anno?
4  In quale mese siamo?

**G** Give the Italian equivalents of the following dates.

1  August 21
2  December 27
3  March 1
4  June 8
5  May 9
6  January 1
7  July 24
8  September 11

## *Struttura ed uso*

### I  Present tense of *avere*

**Avere** is irregular in the present tense, like its English counterpart *to have.* You have had all the forms except **abbiamo, avete,** and **hanno.**

| *Singular* | | | *Plural* | | |
|---|---|---|---|---|---|
| io | **ho** | I have | noi | **abbiamo** | we have |
| tu | **hai** | you have | voi | **avete** | you have |
| lui/lei | **ha** | { he/she/it has / you have | loro | **hanno** | they have, you have |

**A** Form sentences, using the cued words and the appropriate form of *avere*.

▶ io / due biglietti     *Io ho due biglietti.*

1  voi / abbastanza tempo libero
2  gli studenti americani / la frequenza obbligatoria
3  il signor Martini / una casa grande
4  noi / uno zio ricco
5  loro / molti amici
6  Marcello e Gianni / una sorella simpatica
7  il professore / molti libri
8  tu / una macchina vecchia

**B** Answer the following questions, using the appropriate form of *avere*.

▶ Noi abbiamo molti libri. E tu?     *Anch'io ho molti libri.*

1  Noi abbiamo una casa vecchia. E voi?
2  Noi abbiamo un professore intelligente. E tu?
3  Tu hai uno zio simpatico. E lui?
4  Io ho cinque quaderni. E loro?
5  Maria ha due riviste. E Sara?
6  Io ho due fratelli. E tu?
7  Tommaso e Francesca hanno tre cugini. E Luisa?
8  Io ho un televisore nuovo. E tu?

## II  Asking questions in Italian

*1  Specific questions*

Interrogative sentences that ask for specific information are introduced
by interrogative words such as **come, quando, dove** and **che cosa.** If
there is an expressed subject, it comes after the verb.

| | |
|---|---|
| **Come** sta Marisa? | **Dove** abita Pietro? |
| **Quando** leggi tu? | **Che cosa** prendono i signori? |

**C** Make questions to which the following statements would be answers.
Use the interrogative words provided.

▶ Marco va al cinema. (dove)     *Dove va Marco?*

1  Gli studenti scrivono bene.  (come)
2  Gino e Mario sono al museo.  (dove)
3  Loro studiano di pomeriggio.  (quando)
4  Vendiamo la macchina.  (che cosa)
5  Lei compra un libro.  (che cosa)
6  Telefonate a Luisa.  (perché)

## 2  General questions

Interrogative sentences that may be answered by *yes* or *no* are formed in several ways:

a) by using rising intonation at the end of a sentence.

> Filippo è in casa?
> L'italiano è difficile?
> Gli studenti parlano italiano?

b) by adding a tag phrase like **non è vero?** at the end of a sentence.

> L'italiano è difficile, **non è vero?**

c) by using rising intonation and shifting the subject to the end of a sentence.

> È in casa **Filippo?**
> È difficile **l'italiano?**
> Parlano italiano **gli studenti?**

When a subject pronoun is used, it comes right after the verb.

> Parla **lei** italiano?
> Guardano **loro** la televisione?

**D**  Change each of the following statements into three questions, using the patterns indicated.

> ▶ Marisa è libera oggi.     *Marisa è libera oggi?*
> *Marisa è libera oggi, non è vero?*
> *È libera oggi Marisa?*

1  Franco parla con la cugina.
2  Ornella è simpatica.
3  Lei legge ogni sera.
4  I signori prendono un gelato.
5  Paola è libera stasera.
6  L'italiano è facile.

## Ripasso

**A**  Supply the correct present-tense form of the *-are* or *-ere* verb indicated in parentheses.

1  Lui (abitare) a Roma.
2  Loro (frequentare) il liceo.
3  Noi (chiamare) la signora Ruffini.
4  Tu (guardare) la televisione.

5 Io (ascoltare) la radio.
6 Giacomo (parlare) con me.
7 I nonni (discutere) di politica.
8 Voi (vendere) la casa.
9 Tu ed io (prendere) un'aranciata.
10 I signori Rotini (leggere) molti libri.
11 Lei (pagare) il conto.
12 Noi (cercare) il giornale.

**B** Restate the following sentences, making the italicized words plural. Make any other necessary changes in agreement.

▶ *Lo studente* frequenta l'università.    *Gli studenti frequentano l'università.*

1 *Il signore* rimanda il questionario.
2 Io compro *l'ultimo biglietto.*
3 *La sorella* di Anna Maria è alta.
4 *Lo spettacolo* incomincia alle nove.
5 *Io* credo di sì. (Noi...)
6 *Il signore* risponde al telefono.
7 *Il libro è* interessante, non è vero?
8 Dov'è *la macchina nuova?*

**C** Complete the partial sentences in Column A with the appropriate ending from Column B. There is one extra item in Column B.

| A | B |
|---|---|
| 1 A che ora ... | ·porta il conto |
| 2 Noi abitiamo ... | sono francesi |
| 3 Il cameriere ... | il primo giorno della settimana? |
| 4 Vorresti venire ... | incomincia lo spettacolo? |
| 5 La sorella di Pietro ... | è molto divertente |
| 6 Spesso faccio gite con ... | domenica prossima? |
| 7 Sei libero ... | con me domani pomeriggio? |
| 8 La commedia ... | in via Margutta |
| 9 Qual è ... | scrive una lettera |
| 10 Le cugine di Tommaso ... | gli amici |
|  | sono alti e belli |

**D** Complete each sentence with an appropriate word.

1 Dove vai così in fretta?
2 Io frequento ... ultimo anno di liceo.
3 ... le undici e mezzo.

4 Franco compra … gettone.
5 … giorno, signor Martinelli.
6 Il padre di Marisa risponde … telefono.
7 … una buona idea.
8 … che ora incomincia lo spettacolo?
9 … cosa fai domenica prossima?
10 Scusa, che ora è, … favore?

**E** Write at least ten sentences about the following illustration. Include information about who the people are, what time of day it is, what the people are doing, and where they are at the moment.

**F** Learn the following poem about the months of the year.

Trenta giorni ha novembre,
con april, giugno e settembre,
di ventotto ce n'è uno,
tutti gli altri ne han trentuno.

Thirty days has November
April, June, and September.
Of twenty-eight there's only one
All the rest have thirty-one.

# *Lezione 7ª*

## A PORTA PORTESE

*Marisa e la sua amica Paola sono al mercato di Porta Portese e passano da una bancarella all'altra.*

MARISA  Che cosa hai intenzione di comprare?

PAOLA  Non ho un'idea precisa. Vorrei abbellire la mia stanza con alcuni quadri originali.

MARISA  Io invece vorrei trovare un vestito a buon mercato.

5  PAOLA  Allora guardiamo in giro con attenzione.

| MARISA | Va bene. Tra l'altro, è una splendida giornata e non abbiamo fretta. |
|---|---|
| PAOLA | Hai in mente un colore particolare per il tuo vestito? |
| MARISA | Sì, vorrei una gonna di lana rossa o verde e una giacca di velluto blu. Se è possibile, anche una maglia bianca con il collo alto. |
| PAOLA | Uhm, è proprio un insieme elegante! |
| MARISA | Sì, ma non voglio spendere molti soldi. Per questo motivo siamo qui a Porta Portese. |

10

**Domande**

1 Dove sono Paola e Marisa?
2 Che cosa ha intenzione di comprare Paola?
3 Che cosa vuole trovare Marisa?
4 Com'è la giornata?
5 Vuole spendere molto Marisa?
6 Secondo Marisa, perché sono a Porta Portese le due amiche?

## Nota culturale: *Shopping at* **Porta Portese**

Porta Portese is one of the many gates along the walls that surrounded ancient Rome. It is located along the Tiber River and faces the district of Testaccio. Today Porta Portese is famous for its flea market, which takes place every Sunday. The flea market is an attraction not only for the present-day Romans, but also for tourists looking for a bargain.

In giro per Porta Portese.

**Vocabolario**

*Nomi*

la **bancarella**   stall, booth
il **colore**   color
la **giacca**   jacket
la **giornata**   day
la **gonna**   skirt
l'**insieme**   outfit
la **lana**   wool
la **maglia**   sweater
il **mercato**   market
il **quadro**   picture
i **soldi** *pl.*   money
la **stanza**   room, bedroom
il **velluto**   velvet
il **vestito**   dress, suit

*Verbi*

**abbellire**   to decorate
**passare**   to pass, to go
**voglio**   I want
**vorrei**   I'd like
**vuole**   she wants

*Aggettivi*

**alcuni** *pl.*   some, a few
**bianco, -a**   white

**blu** (*invariable*)   blue
**mio, -a**   my
**originale**   original
**particolare**   particular, special
**possibile**   possible
**preciso, -a**   precise, exact
**rosso, -a**   red
**splendido, -a**   splendid
**suo, -a**   her, his, its
**tuo, -a**   your
**verde**   green

*Altre parole ed espressioni*

**uhm**   hmm
**ma**   but

**a buon mercato**   inexpensive, cheap
**avere in mente**   to have in mind
**avere intenzione di**   to intend to
**avere fretta**   to be in a hurry
**con attenzione**   carefully
**con il collo alto**   with a turtle neck
**guardare in giro**   to look around
**per questo motivo**   for this reason,
   that's why
**tra l'altro**   besides

**Modificazioni**

1   Vorrei abbellire **la mia stanza.**

la mia camera da letto (*bedroom*)
il mio studio (*study*)
il mio salotto (*living room*)
la mia sala da pranzo (*dining room*)
la mia cucina (*kitchen*)

2   È una **splendida** giornata.
bella
magnifica (*magnificent*)
brutta
triste

3   Vorrei una gonna **rossa.**

> gialla (*yellow*)
> bianca
> blu
> grigia (*grey*)
> verde
> marrone

**Pratica**

**A** Pretend that you want to go to Porta Portese to buy a new picture for one of the rooms in your house. Call up a friend and ask him or her to go with you.

**B** Write a diaiogue in which Gabriele and his friend Stefano are at the flea market. Each is looking for a bargain. Gabriele wants to buy a record player (*un giradischi*) and Stefano wants to buy some records (*alcuni dischi*).

## Pronuncia: The sound /l/

English /l/ is pronounced further back in the mouth than Italian /l/. Italian /l/ is made with the tip of the tongue pressed against the gum ridge behind the upper front teeth. The back of the tongue is lowered somewhat.

**A** Listen and repeat the following words after your instructor.

| la | altra | bancarella |
| latte | splendido | abbellire |
| lavagna | salotto | allora |
| leggere | colore | velluto |
| lettera | elegante | collo |

**B** Read the following sentences aloud. Pay particular attention to how you pronounce *l* and *ll*.

1   Antonella legge la lettera.
2   Paola compra una gonna di velluto blu.
3   Vorrei abbellire il mio salotto.
4   L'insieme è bello.

**C** Write the words and sentences dictated by your instructor.

## Ampliamento del vocabolario

### Il vestiario

| | | | |
|---|---|---|---|
| 1 la gonna | 5 il cappello | 9 la maglia | 13 i pantaloni |
| 2 la giacca | 6 l'impermeabile *m.* | 10 la cravatta | 14 le calze *f. pl.* |
| 3 il vestito | 7 la camicia | 11 i guanti | 15 i calzini |
| 4 il cappotto | 8 la camicetta | 12 le scarpe *f. pl.* | 16 la borsa |

**A** Identify the clothing worn by the four individuals in the photograph on page 67.

▶ Il signore porta (*is wearing*) la giacca e i pantaloni.

**B** Identify the clothing you and the student sitting next to you are wearing.

▶ Io porto la gonna e la camicetta.
▶ [Stefano] porta la camicia, i pantaloni e la giacca.

## I colori

arancione (*orange*)
azzurro, -a (*sky-blue*)
bianco, -a
blu

giallo, -a
grigio, -a
marrone
nero, -a (*black*)
rosa (*pink*)

rosso, -a (*red*)
verde
verde scuro (*dark green*)
verde chiaro (*light green*)

Note that the adjectives **arancione, blu, marrone,** and **rosa** are invariable.

**C** Read the following paragraph and then answer the questions based on it.

### Al centro della città

La signora Cercato e sua figlia Francesca vanno in centro. La signora porta un cappotto grigio, le scarpe nere e una borsa rossa. Francesca invece porta una gonna verde scuro, una camicetta bianca ed una giacca marrone. Anche le scarpe e la borsa di Francesca sono marrone. La signora Cercato e sua figlia entrano in un negozio elegante del centro e comprano un paio di pantaloni verdi, due maglie gialle, una camicetta azzurra ed un vestito rosa.

1  Dove vanno la signora Cercato e sua figlia?
2  Che cosa porta la signora Cercato?
3  Di che colore sono le scarpe della signora?
4  Che cosa porta Francesca?
5  Di che colore è la borsa di Francesca?
6  Dove entrano la signora e sua figlia?
7  Che cosa comprano?

## Struttura ed uso

## I Possessive adjectives

In the responses below, the words in boldface are possessive adjectives that refer to Marisa's belongings. Note that the possessive adjectives agree in gender and number with the object possessed, not with the possessor (Marisa). Note also that the possessive adjectives are preceded by definite articles.

| | | |
|---|---|---|
| È la giacca di Marisa? | — Sì, è la **sua** giacca. | Yes, it's *her* jacket. |
| È il vestito di Marisa? | — Sì, è il **suo** vestito. | Yes, it's *her* dress. |
| Sono le gonne di Marisa? | — Sì, sono le **sue** gonne. | Yes, they're *her* skirts. |
| Sono i guanti di Marisa? | — Sì, sono i **suoi** guanti. | Yes, they're *her* gloves. |

Here is a complete chart showing all the forms of the possessive adjectives. Note that **loro** (*their*) is invariable.

|  | *m. sg.* | *m. pl.* | *f. sg.* | *f. pl.* |
|---|---|---|---|---|
| my | il **mio** vestito | i **miei** vestiti | la **mia** maglia | le **mie** maglie |
| your (*fam.*) | il **tuo** vestito | i **tuoi** vestiti | la **tua** maglia | le **tue** maglie |
| his, her, its, your (*formal*) | il **suo** vestito | i **suoi** vestiti | la **sua** maglia | le **sue** maglie |
| our | il **nostro** vestito | i **nostri** vestiti | la **nostra** maglia | le **nostre** maglie |
| your (*fam.*) | il **vostro** vestito | i **vostri** vestiti | la **vostra** maglia | le **vostre** maglie |
| their, your (*formal*) | il **loro** vestito | i **loro** vestiti | la **loro** maglia | le **loro** maglie |

**A** Paola wants to buy some new clothes. She doesn't have much money, so she tries to sell some of her belongings to Marisa, who refuses to buy them. Take Paola or Marisa's role.

▶ la giacca    *Paola: Vuoi la mia giacca?*
    *Marisa: No, non voglio la tua giacca.*

1  la borsa marrone
2  l'impermeabile
3  il cappotto
4  le scarpe nere
5  la camicetta rosa
6  la gonna
7  il vestito blu
8  i pantaloni verdi
9  il cappello
10  la maglia azzurra

**B** Restate each sentence according to the cue.

▶ È il suo cappotto. (giacca)    *È la sua giacca.*
▶ Sono i nostri questionari. (lettere)    *Sono le nostre lettere.*

1  Ecco il tuo dizionario.  (penna)
2  Dove sono le vostre maglie?  (pantaloni)
3  Silvia prende la sua rivista.  (fogli di carta)
4  Cerchi la tua camicia?  (cravatte)
5  Qual è la sua giacca?  (cappello)
6  La mia bicicletta è qui.  (televisore)
7  Signorine, ecco le loro aranciate.  (gelati)
8  Signore, dov'è il suo impermeabile?  (cravatta)

**C** Make up simple sentences, using the cued words and including a possessive adjective.

▶ io / chiudere / libro     *Io chiudo il mio libro.*

1  lui / chiamare / amica
2  lei / parlare / con / professoressa
3  tu / prendere / quaderno
4  noi / abbellire / stanza
5  lui / cercare / maglia bianca
6  voi / leggere / rivista

## II  Possessive adjectives with nouns referring to relatives

Possessive adjectives are not preceded by definite articles when they occur before *singular unmodified* nouns referring to relatives. Exceptions: **mamma** (*Mom*), **papà** (*Dad*) and sometimes **nonno** and **nonna.**

| | |
|---|---|
| **Mia madre** è a casa oggi. | **La mia mamma** è a casa oggi. |
| **Tuo padre** lavora a Napoli. *but:* | **Il tuo papà** lavora a Napoli. |
| **Sua sorella** non va a Roma. | **Le sue sorelle** non vanno a Roma. |
| **Nostra zia** è vecchia. | **La nostra vecchia zia** è simpatica. |

The definite article is *always* used with **loro,** whether the singular noun is modified or not.

**La loro sorella** si chiama Marta.
**Il loro vecchio zio** abita a Palermo.

**D** Ask other students where their relatives live. If they don't have the relatives named, they can supply fictitious information.

▶ lo zio     S¹: *Dove abita tuo zio?*
            S²: *Mio zio abita a Roma.*

| | | |
|---|---|---|
| 1  il padre | 4  le cugine | 7  le sorelle |
| 2  i nonni | 5  il cugino | 8  la nonna |
| 3  la zia | 6  i fratelli | 9  la mamma |

**E** Say that the following persons are visiting their grandparents.

▶ Gino     *Gino visita i suoi nonni.*

| | | |
|---|---|---|
| 1  Gabriele | 4  Carlo e Tommaso | 7  Elena e Tina |
| 2  noi | 5  tu | 8  mio fratello ed io |
| 3  voi | 6  io | 9  tu e tuo fratello |

**F** Free replacement. Replace the italicized words with a suitable possessive adjective and noun. Make any other necessary changes.

▸ Vado a visitare *mio zio*.    *Vado a visitare tua sorella.*

1  Paola non è *una mia amica*.
2  *Sua moglie* è molto bella.
3  *Il loro professore* parla troppo.
4  *Tua nonna* è energica.
5  Andiamo al cinema con *le nostre cugine*.
6  *La loro macchina* è vecchia.
7  Quanti anni ha *vostra cugina*?
8  *I nostri genitori* sono in Italia.

**G** Replace the italicized nouns with the words in parentheses, and make any other necessary changes.

▸ Ecco mio *fratello*. (sorelle)    *Ecco le mie sorelle.*
▸ *Pina* telefona a sua sorella. (io)    *Io telefono a mia sorella.*

1  Ecco Michele e suo *zio*.   (zia)
2  Ecco *Alberto* e sua cugina.   (Enrico e Riccardo)
3  Parli con il tuo amico *Franco*?   (Laura)
4  *Caterina* arriva con il suo amico.   (Enzo e Francesco)
5  Barbara visita la sua *amica*.   (amici)

**H** Personalized questions

1  Signorina, quanti anni ha sua sorella? Quanti anni ha suo fratello?
2  Signorina, ha lei una macchina? La sua macchina è vecchia o nuova?
3  Signore, ha lei una motocicletta? Di che colore è la sua motocicletta?
4  Signore, va lei al cinema la domenica? Va con i suoi amici?
5  Signorina, dove va lei il sabato? Va con suo padre o con suo fratello?
6  Signore, vuole abbellire la sua stanza? il suo studio?
7  Signorina, di che colore è la sua giacca? il suo cappotto?

# *Lezione 8ᵃ*

## MI PUOI DARE UN PASSAGGIO?

*Franco parla con Enrico, suo fratello.*

FRANCO  Enrico, dove vai questa mattina?

ENRICO  A lavorare, come ogni giorno, naturalmente. Non lo sai, forse?

FRANCO  Sì, lo so, non era mia intenzione fare dello spirito.

ENRICO  E allora che cosa vuoi?

5  FRANCO  Mi puoi dare un passaggio con la tua motocicletta?

ENRICO  E dov'è la tua macchina?

| FRANCO | Dal meccanico. È in quel garage di fronte alla fermata del tram. |
| ENRICO | Dove devi andare? |
| FRANCO | Dal medico. Ho un appuntamento per le nove. |
| 10 ENRICO | Va bene, ma fa' in fretta. Non voglio essere in ritardo. |
| FRANCO | Sono quasi pronto. Prendo la giacca e vengo. |

**Domande**

1 Con chi parla Franco?
2 Dove va Enrico?
3 Che cosa vuole Franco?
4 Dov'è la macchina di Franco?
5 Dove deve andare Franco?
6 A che ora ha l'appuntamento?
7 È pronto Franco?
8 Che cosa deve prendere Franco?

## Nota culturale: *Getting a driver's license*

In the United States, each state has jurisdiction over the issuing of a driver's license. In Italy, the Department of Transportation has jurisdiction. Six types of licenses are issued, and each is assigned a letter of the alphabet from A to F. The B type of license, the one used to drive a car, is the most common.

The minimum age for obtaining a driver's license is eighteen. Drivers are tested not only on their ability to handle a car and their knowledge of traffic signals and regulations, but also on their understanding of the basic mechanics of a car motor.

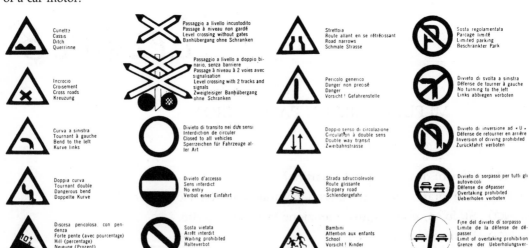

Segnali stradali

**Vocabolario**

*Nomi*

la **fermata**   stop
il **garage**   garage
il **medico**   doctor
il **passaggio**   ride
il **tram**   trolley

*Verbi*

**dare**   to give
**devi**   you have to
**puoi**   you can
**vengo**   I'm coming

*Altre parole ed espressioni*

**come**   like
**forse**   perhaps
**naturalmente**   of course
**pronto**   ready
**quasi**   almost
**quello,-a**   that
**questo,-a**   this

**dal meccanico (medico)**   at the
   mechanic's (doctor's)
**fa' in fretta**   hurry up
**essere in ritardo**   to be late
**fare dello spirito**   to be witty
**lo so**   I know (it)
**mi puoi dare un passaggio?**   can
   you give me a ride?
**non era mia intenzione**   I didn't
   intend to
**non lo sai?**   don't you know (it)?
**questa mattina**   this morning
**di fronte a**   in front of

**Modificazioni**

1  Dove vai **questa mattina?**
      questa sera
      questo pomeriggio
      quest'anno

2  Dov'è **la tua macchina?**
      la tua automobile
      la tua motocicletta
      la tua bicicletta

3  Mi puoi dare **un passaggio?**
      un libro
      una sedia
      un giornale
      una rivista

4  Devo andare **dal medico.**
      dall'avvocato
      dal dentista
      dalla mia amica
      da mia madre

**Pratica**

A  Pierluigi has a ten o'clock appointment at the dentist's. He's late and asks his sister Sandra to give him a ride. Write the dialogue that takes place between the two.

B  Your motorcycle is at the mechanic's for repairs. Call up your friend Marco and ask him to give you a ride in his car to the garage.

## Pronuncia: The sound /d/

Italian /d/ is pronounced differently from English /d/. The tip of the tongue touches the edge of the gum ridge just behind the upper front teeth, instead of being pressed against the back of the upper front teeth.

**A** Listen and repeat the following words after your instructor.

| | | |
|---|---|---|
| **d**ove | an**d**are | a**dd**io |
| **d**ieci | pren**d**ere | a**dd**izione |
| **d**are | lune**d**ì | a**dd**omesticare |
| **d**ue | qua**d**erno | a**dd**ominale |
| **d**odici | un**d**ici | |
| **d**esiderare | pa**d**re | |

**B** Read the following sentences aloud. Pay particular attention to the way you pronounce the letters *d* or *dd*.

1  Dove desidera andare?
2  Devo prendere due quaderni.
3  Telefona lunedì alle dodici.
4  Addio, Donatella.

## Ampliamento del vocabolario

### Guida lei?

The following words and expressions will be useful to you in talking about driving a car.

la **macchina** } car, automobile
l'**automobile** *f.* }
la **benzina**   gasoline
la **marca**   make (of car)
il **parcheggio**   parking
la **patente di guida**   driver's license
la **stazione di servizio**   gas station
**andare in macchina**   to ride in a car
**guidare**   to drive
**guidare velocemente/lentamente**   to drive fast/slowly
**parcheggiare**   to park

**A** Answer the following questions, using expressions from the list above.

1 Guida lei? Ha lei la patente?
2 Ha la macchina lei? Che marca è? È una marca italiana, francese, inglese o americana?
3 Di che colore è la sua macchina? È grande o piccola?
4 Spende molto per la benzina?
5 Guida lei velocemente o lentamente? Guida molto bene?
6 Dove parcheggia lei? In un garage o nella strada (*street*)?
7 Usa l'automobile ogni giorno? il sabato? la domenica?

**B** Read the following paragraph, then answer the questions based on it.

*Paola non ha la patente*

Paola non guida perché non ha la patente. È ancora troppo giovane. Ha quindici anni. Spesso chiede° un passaggio a Piero, suo vicino di casa? Piero ha diciotto anni, ha una bella macchina e guida molto bene. Oggi però Piero non può° dare un passaggio a Paola perché la sua macchina è dal meccanico.

she asks for

neighbor

can't

1 Perché non guida Paola?
2 A chi chiede spesso un passaggio?
3 Ha la patente Piero?
4 Dov'è oggi la macchina di Piero?

## *Struttura ed uso*

### I Prepositional contractions

In Italian, five of the most commonly used prepositions contract with definite articles. These prepositions are: **a** *to, at;* **di** *of, about, from;* **in** *in, into;* **su** *on;* **da** *from, by.*

| | | |
|---|---|---|
| Vado **ai** Musei Vaticani con Marco. | **a + i** | **= ai** |
| I cappotti **dei** ragazzi sono blu. | **di + i** | **= dei** |
| Metto la lettera **nella** borsa. | **in + la** | **= nella** |
| I fogli di carta sono **sul** banco. | **su + il** | **= sul** |
| Io vengo **dallo** stadio. | **da + lo** | **= dallo** |

Here is a chart of the most common prepositional contractions.

| *prep.* | *m. sg.* + il + lo +l' | | | *m. pl.* + i + gli | | *f. sg.* + la + l' | | *f. pl.* + le |
|---|---|---|---|---|---|---|---|---|
| **a** | al | allo | all' | ai | agli | alla | all' | alle |
| **di** | del | dello | dell' | dei | degli | della | dell' | delle |
| **in** | nel | nello | nell' | nei | negli | nella | nell' | nelle |
| **su** | sul | sullo | sull' | sui | sugli | sulla | sull' | sulle |
| **da** | dal | dallo | dall' | dai | dagli | dalla | dall' | dalle |

The preposition **con** sometimes contracts with the masculine definite articles **il** and **i**.

Giovanni parla $\begin{cases} \textbf{con il} \\ \textbf{col} \end{cases}$ fratello.

Marisa parla $\begin{cases} \textbf{con i} \\ \textbf{coi} \end{cases}$ ragazzi.

**A** Say that you are going to the following places. Use *vado* and the appropriate contractions of *a* plus the definite article.

▶ il museo    *Vado al museo.*

1  la stazione
2  il ristorante
3  l'albergo
4  l'ospedale

5  l'università
6  l'ufficio postale
7  la banca
8  lo stadio

**B** Complete each sentence with the appropriate contraction of the preposition indicated.

▶ (a) Mio fratello è ... università.    *Mio fratello è all'università.*

1  (in)  Mario entra ... bar.
2  (di)  Ecco il dizionario ... studente.
3  (su)  Perché metti i libri ... cattedra?
4  (a)   Ho un appuntamento importante ... otto.
5  (da)  Torniamo ... ufficio postale.
6  (di)  Dov'è la macchina ... amico di Giorgio?
7  (in)  Ora gli studenti sono ... aula.
8  (a)   Domani i miei genitori vanno ... cinema.
9  (su)  Metto i quaderni ... banco.

**C** Respond to each question in the negative. Substitute the cued word for the italicized word or expressions, and make the necessary contractions.

▶ Torna lei dal *teatro?* (stadio)  *No, torno dallo stadio.*

1 La sua macchina è di fronte alla *fermata del tram?*  (teatro)
2 Carlo ha lezione di francese alle *undici?*  (una)
3 Parlano bene del *professore?*  (studente)
4 Entra nel *negozio?*  (stazione)
5 Va dall'*avvocato?*  (dentista)

## II Special meaning of *da*

**Da** may mean *at* or *to someone's place of business or house* when it is followed by a noun referring to a person.

Sono **dal dottore.**  I'm at the doctor's (office).
Andiamo **da Rosa.**  We're going to Rosa's (house).

**D** Tell where you're going. Use *da* or a contraction of *da* plus the noun.

▶ meccanico  *Vado dal meccanico.*

1 dottore
2 avvocato
3 zia
4 nonni
5 Giorgio
6 signori Cristini

## III The demonstrative adjectives *questo* and *quello*

The demonstrative adjective **questo** (*this*) agrees in gender and number with the noun it modifies. The form **quest'** is usually used with singular nouns of either gender that begin with a vowel.

**Questo** cappotto è di Maria Pia.  *This* coat belongs to Maria Pia.
**Questa** giacca è di Teresa.  *This* jacket belongs to Teresa.
**Questi** guanti sono neri.  *These* gloves are black.
**Queste** cravatte sono rosse e blu.  *These* ties are red and blue.
**Quest'**orologio è di Giorgio.  *This* watch belongs to Giorgio.
**Quest'**automobile è nuova.  *This* car is new.

Here is a summary of the forms of **questo**.

| *m. sg.* | *m. pl.* | *f. sg.* | *f. pl.* |
|---|---|---|---|
| questo<br>quest' | questi | questa<br>quest' | queste |

The demonstrative adjective **quello** follows a pattern similar to that of prepositional contractions with definite articles. (See p. 80)

La macchina è in **quel** garage. — The car is in *that* garage.
**Quell'**orologio è bello. — *That* clock is beautiful.
Entrano in **quella** banca. — They enter *that* bank.
**Quell'**aula è grande. — *That* classroom is large.
Anna compra le scarpe e i vestiti in **quei** negozi. — Anna buys shoes and dresses in *those* stores.
Ci sono molti negozi in **quelle** strade. — There are many stores on *those* streets.

Here is a summary of the forms of **quello.**

| m. sg. | m. pl. | f. sg. | f. pl. |
|---|---|---|---|
| quel<br>quello<br>quell' | quei<br>quegli | quella<br>quell' | quelle |

**E** Ask another student who the following people are. Use the appropriate form of *quello.*

▶ la signorina — *Chi è quella signorina?*
▶ i professori — *Chi sono quei professori?*

1  *lo studente*    3  *i ragazzi*     5  *la signora*
2  *la studentessa*  4  *gli studenti*  6  *i signori*

**F** Caterina and Mirella are walking along Via Nazionale, windowshopping. They are discussing which items they would like to buy. Take Mirella's role.

▶ Caterina: Io vorrei quella gonna.    *Mirella: Io invece vorrei questa gonna.*

1  Io vorrei quell'orologio.        5  Io vorrei quelle scarpe.
2  Io vorrei quella maglia.         6  Io vorrei quel vestito.
3  Io vorrei quel televisore.       7  Io vorrei quella giacca.
4  Io vorrei quel quadro.           8  Io vorrei quell'insieme.

**G** Make up sentences with the cued nouns and the appropriate forms of *questo* or *quello.*

▶ sedia    *Questa sedia è nuova.*

1  università    4  motocicletta    7  garage
2  cappuccino   5  meccanico       8  spettacolo
3  dentista      6  stanza          9  programma

# IV The adjective *bello*

**Bello** has four forms when it follows a noun or is used after the verb
**essere**. It follows a pattern similar to **quello** when it *precedes* a noun.

| | |
|---|---|
| Che **bel** museo! | What a beautiful museum! |
| Che **bella** signorina! | What a beautiful young lady! |
| Che **bei** quadri! | What beautiful paintings! |

**H** Teresa and Pia are standing in the middle of a large *piazza* in Rome. Teresa points out some of the beautiful things she sees. Take Teresa's role.

▶ ristorante    *Che bel ristorante!*

| | | | | | | | |
|---|---|---|---|---|---|---|---|
| 1 | teatro | 3 | motociclette | 5 | automobile | 7 | orologi |
| 2 | albergo | 4 | chiesa | 6 | bar | 8 | negozi |

**Ripasso**

**A** Complete each sentence with an appropriate word. There is one extra item in the second column.

| | |
|---|---|
| 1  Le sue scarpe sono ... . | fa |
| 2  La ... di Pino è dal meccanico. | leggono |
| 3  Quanto ... 3 + 25? | bella |
| 4  Oggi è il ... marzo. | sono |
| 5  È una ... giornata. | quel |
| 6  Sua sorella ... un appuntamento alle nove. | nere |
| 7  Che ore ... ? | primo |
| 8  Gli studenti ... una rivista italiana. | professor |
| 9  ... dizionario è di Marcello. | ha |
| 10 Buon giorno, ... Santilli. | macchina |
| | quello |

**B** Match the opposites. There is one extra item in the right-hand column.

| | | | |
|---|---|---|---|
| 1 | bene | (a) | basso |
| 2 | ultimo | (b) | piccolo |
| 3 | alto | (c) | finire |
| 4 | chiamare | (d) | qualche volta |
| 5 | mattina | (e) | brutto |
| 6 | entrare | (f) | male |
| 7 | spesso | (g) | rispondere |
| 8 | incominciare | (h) | sera |
| 9 | bello | (i) | allora |
| 10 | grande | (j) | uscire |
| | | (k) | primo |

**C** Say that the items shown in the drawings belong to you. Use the correct form of the possessive adjective.

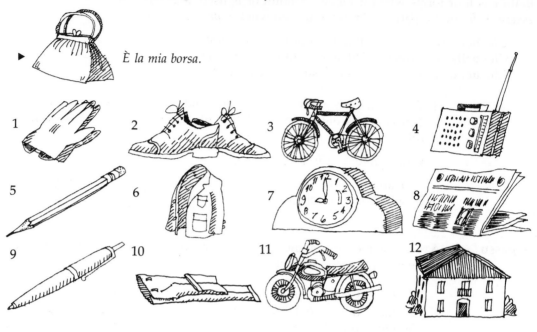

▶  *È la mia borsa.*

1
2
3
4
5
6
7
8
9
10
11
12

**D** Caterina has a very busy schedule this week. Ask another student to supply the answers to the following questions about her schedule.

| lunedì | Musei Vaticani |
|---|---|
| martedì | avvocato Benedetti |
| mercoledì | teatro con Gianni |
| giovedì | banca |
| venerdì | bar ''Gli Sportivi'' con Enrico |
| sabato | Porta Portese con Paola |
| domenica | Perugia con papà |

1  Quando va dall'avvocato?
2  Dove va lunedì?
3  Ha un appuntamento importante sabato?
4  Con chi va al teatro mercoledì?
5  Va alla stazione giovedì?
6  Dove va venerdì?
7  Domenica va a Perugia con le sue amiche?

**E** Examine carefully Giuseppe's driver's license to obtain the information requested.

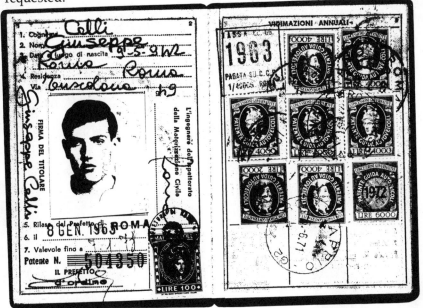

Patente di guida.

1 Quanti anni ha Giuseppe Celli?
2 Qual è il suo cognome?
3 Qual è il suo indirizzo?
4 Qual è il numero della patente?

**F** Rewrite the following sentences, changing the indicated words to the singular or the plural, as necessary.

1 *Quell'orologio è* a buon mercato.
2 *Quella borsa è* marrone.
3 Compro *queste riviste* per gli amici di Laura.
4 *La gonna* di quella ragazza *è bella.*
5 *Quei quadri sono* di Valeria.

# Lezione 9ᵃ

## LA SOLITA BUROCRAZIA!

*Stefano è nella segreteria dell'università di Roma.*

| | | |
|---|---|---|
| STEFANO | Scusi, devo richiedere un certificato d'iscrizione° all'università. | registration certificate |
| IMPIEGATO | Per che cosa le serve° il certificato? | per ... why do you need |
| STEFANO | Per rinviare di un anno il servizio militare. | |
| 5 IMPIEGATO | Deve presentare una domanda scritta su un foglio di carta bollata.° | government-stamped paper |

| STEFANO | Quando posso venire a ritirare il certificato? |
|---|---|
| IMPIEGATO | Alla fine del mese. |
| STEFANO | Ma, scusi, perché così tardi? Non capisco proprio. |
| 10 IMPIEGATO | In questo periodo abbiamo molto lavoro da svolgere e molte pratiche da finire. |
| STEFANO | Capisco. Non c'è niente da fare, è la solita burocrazia. Arrivederci. |

**Domande**

1 Che cosa deve richiedere Stefano? Perché?
2 Su che cosa deve presentare la domanda?
3 Quando può venire a ritirare il certificato?
4 Perché così tardi?
5 Perché non c'è niente da fare?

## Nota culturale: *The* carta bollata

The Italian government uses indirect taxes to supplement its revenues from direct taxation. One of the most common means of indirect taxation is the sale of government-stamped paper (*carta bollata*) and government stamps (*marche da bollo*). Anyone who applies for a job or enrolls in a public school or university must present his/her application with at times as many as ten certificates indicating birth date, residence, marriage status, etc. Each of these certificates must be written on government-stamped paper or carry one or more government stamps. The cost of these two items increases from time to time, depending on the government's monetary and fiscal policy.

Un certificato.

**Vocabolario**

*Nomi*

la **burocrazia**  bureaucracy
la **domanda**  petition, request
l'**impiegato**  clerk
il **lavoro**  work
il **periodo**  period
la **pratica**  paper work

la **segreteria**  registrar's office
il **servizio**  service

*Aggettivi*

**militare**  military
**scritto, -a**  written

| *Verbi* | *Altre parole ed espressioni* |
|---|---|
| **capire**   to understand | **così**   so |
| **finire**   to finish | |
| **posso**   I can | **alla fine del mese**   at the end of the month |
| **presentare**   to submit | |
| **richiedere**   to request | **la solita burocrazia**   the same old bureaucracy |
| **rinviare**   to postpone | |
| **ritirare**   to pick up | **non capisco proprio**   I just don't understand |
| **servire**   to serve, to be of use | |
| **svolgere**   to do, to develop | **non c'è niente da fare**   there is nothing that can be done |
| | **scusi**   excuse me (*formal*) |

**Modificazioni**   1   Scusi, devo **richiedere un certificato.**
     tornare a casa
     fare una telefonata (*to make a phone call*)
     rispondere al telefono
     comprare un giornale

2   Per che cosa le serve **il certificato?**
     il foglio di carta
     la carta bollata
     questa rivista

3   Posso venire alla fine **del mese.**
     dell'anno
     della settimana
     di luglio

**Pratica**   **A**   Make up a dialogue similar to the one on page 86, but change the setting to City Hall (*in Municipio*). Luciana needs a birth certificate (*certificato di nascita*) in order to apply for a job (*presentare una domanda d'impiego*).

**B**   Complete the sentences with appropriate words used in the dialogue on page 86.

1   Devo richiedere … certificato.
2   Ecco un foglio … carta.
3   Quando posso … a … il certificato?
4   Devo tornare alla fine … mese.
5   Non … proprio.
6   Perché … tardi?
7   In questo periodo … molto lavoro … svolgere.
8   Non c'è … da fare.

## *Pronuncia:* The sound /p/

Italian /p/ is unaspirated (not accompanied by a puff of air), in contrast to English /p/.

**A** Listen and repeat the following words after your instructor.

| | | |
|---|---|---|
| presentare | capire | appuntamento |
| perché | proprio | cappuccino |
| periodo | aperitivo | purtroppo |
| passaggio | sempre | |
| posso | comprare | |
| pratica | rispondere | |

**B** Read the following sentences aloud. Pay particular attention to the way you pronounce *p* or *pp*.

1 Prendo sempre un cappuccino.
2 Ho un appuntamento importante.
3 Mi puoi dare un passaggio?
4 Compriamo un aperitivo.

## *Ampliamento del vocabolario*

### I numeri da 31 a 100

| | | | |
|---|---|---|---|
| 31 = trentuno | 35 = trentacinque | 40 = quaranta | 70 = settanta |
| 32 = trentadue | 36 = trentasei | 41 = quarantuno | 80 = ottanta |
| 33 = trentatré | 37 = trentasette | 48 = quarantotto | 90 = novanta |
| 34 = trentaquattro | 38 = trentotto | 50 = cinquanta | 100 = cento |
| | 39 = trentanove | 60 = sessanta | |

Notice that the numbers **trenta, quaranta,** etc. drop the final **-a** when combined with **uno** and **otto.**

**A** Read the following pairs of numbers aloud.

▶ 2/20     *due/venti*

1) 3/30    3) 5/50    5) 7/70    7) 9/90
2) 4/40    4) 6/60    6) 8/80    8) 10/100

**B** Add one to each of the following numbers and state the result.

▶ 37     *Trentasette più uno fa trentotto.*

1) 35    3) 61    5) 54    7) 91    9) 99    11) 83
2) 39    4) 70    6) 87    8) 65    10) 47    12) 50

**C** Subtract one from each of the numbers in Exercise B and state the result.

▶ 37     *Trentasette meno uno fa trentasei.*

**D** Ask another student or your instructor to answer the following arithmetic problems.

▶ 20 + 31 = ?     *Quanto fa venti più trentuno?*

| | | |
|---|---|---|
| 1) 55 + 40 = ? | 5) 40 × 2 = ? | 9) 48 + 32 = ? |
| 2) 100 ÷ 2 = ? | 6) 64 ÷ 2 = ? | 10) 30 × 3 = ? |
| 3) 30 + 60 = ? | 7) 80 − 28 = ? | 11) 88 − 24 = ? |
| 4) 90 − 60 = ? | 8) 100 − 35 = ? | 12) 60 ÷ 2 = ? |

**E** Enrico and Piero are discussing how old some of their relatives and acquaintances are. Piero says that the individuals named are five years older than the age indicated by Enrico.

▶ Enrico: Tuo padre ha     Franco: *No, mio padre ha*
quarantadue anni.         *quarantasette anni.*

1 Mia madre ha 38 anni.
2 Tuo cugino Alfredo ha 25 anni.
3 Mio fratello Giorgio ha 15 anni.
4 Il dottor Benati ha 63 anni.
5 Tua zia Anna ha 33 anni.
6 Il nostro amico Giuseppe ha 21 anni.
7 Tua nonna ha 73 anni.
8 Il nostro professore ha 40 anni.

## *Struttura ed uso*

### I Present tense of regular -ire verbs

Verbs ending in **-ire** are divided into two categories, those that follow the pattern of **servire** (*to serve*) and those that follow the pattern of **capire** (*to understand*). The endings are the same for both groups, but verbs like **capire** insert **isc** between the stem and the ending in all singular forms and the third person plural.

**servire**  to serve        **capire**  to understand

| *Singular* | *Plural* | *Singular* | *Plural* |
|---|---|---|---|
| servo | serviamo | capisco | capiamo |
| servi | servite | capisci | capite |
| serve | servono | capisce | capiscono |

Verbs like **servire**:

**aprire**   to open
**dormire**   to sleep
**offrire**   to offer
**partire**   to leave, depart
**seguire**   to follow
**sentire**   to hear; to feel
**soffrire**   to suffer

Verbs like **capire**:

**finire**   to finish
**obbedire**   to obey
**preferire**   to prefer
**pulire**   to clean
**restituire**   to return, to give back
**spedire**   to mail; to send
**suggerire**   to suggest

**Finire** and **suggerire** are followed by **di** when used with an infinitive.

**A** Tell what each of the following persons opens. Use the appropriate form of *aprire*.

▶ noi / il libro      *Noi apriamo il libro.*

1   voi / le finestre
2   Michele / la porta
3   loro / il negozio
4   io / il frigorifero
5   tu / il giornale
6   lei / il quaderno

**B** Tell what each of the following persons finishes. Use the appropriate form of *finire*.

▶ Paola / il lavoro      *Paola finisce il lavoro.*

1   tu / l'aperitivo
2   io / il servizio militare
3   voi / di scrivere la lettera
4   loro / di fare i compiti
5   Antonella / di telefonare
6   Carlo ed io / il liceo
7   lei / di leggere il giornale
8   tu / le lezioni

**C** Change the indicated subjects and verbs to the plural.

▶ *Il signore parte per Roma.*      *I signori partono per Roma.*
▶ *Il ragazzo pulisce la stanza.*      *I ragazzi puliscono la stanza.*

1   *Tu soffri* molto.
2   *Io obbedisco* sempre.
3   *Lui segue* le lezioni all'università.
4   *Quello studente capisce* il francese.
5   *Tu dormi* molto.

6  *Lui preferisce* un cappuccino.
7  *Io spedisco* una lettera.
8  *Tu restituisci* il dizionario.
9  *Io offro* il caffè allo zio.
10  *Lui suggerisce* di fare così.

**D** Complete the crossword puzzle with the appropriate forms of the *-ire* verbs indicated.

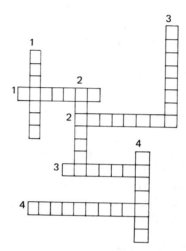

*Orizzontali:*

1  you (*fam. sg.*) finish
2  we leave
3  you (*fam. pl.*) sleep
4  you (*fam. sg.*) prefer

*Verticali:*

1  I understand
2  they cover
3  we send
4  to hear, to feel

## II  Demonstrative pronouns *questo* and *quello*

In the following Italian sentences, the words in boldface type are demonstrative pronouns. They agree in gender and number with the nouns they replace.

| | |
|---|---|
| Desidero questo certificato e non **quello.** | I want this certificate and not *that one.* |
| Quella maglia è bella, ma **questa** è brutta. | That sweater is beautiful, but *this one* is ugly. |
| Quegli alberghi sono nuovi, ma **questi** sono vecchi. | Those hotels are new, but *these* are old. |
| Preferisco questi pantaloni e non **quelli.** | I prefer these pants and not *those.* |

|  | m. sg. | m. pl. | f. sg. | f. pl. |
|---|---|---|---|---|
| questo<br>quello | questo<br>quello | questi<br>quelli | questa<br>quella | queste<br>quelle |

**E** Restate the sentences, replacing the italicized words with the corresponding demonstrative pronouns.

▶ *Quei* quadri sono belli.    *Quelli sono belli.*
▶ *Queste scarpe* sono piccole.    *Queste sono piccole.*

1 *Questa commedia* è divertente.
2 Vorrei *quel giornale,* per favore.
3 Comprano *questi libri.*
4 *Quegli alberghi* sono grandi.
5 *Queste gonne* sono molto belle.
6 *Quelle lezioni* sono difficili.
7 *Quegli orologi* sono a buon mercato.
8 *Questa casa* è bianca.
9 *Quest'aranciata* è buona.
10 *Quell'ospedale* è moderno.

**F** Each of the following persons wants to buy an article of clothing. Tell what each prefers and does not prefer. Use the appropriate demonstrative pronoun.

▶ Lucia vuole comprare una gonna.    *Preferisce questa gonna, non quella.*

1 Giacomo vuole comprare un cappotto.
2 Piero vuole comprare una giacca.
3 Marisa vuole comprare una camicetta.
4 Laura vuole comprare un insieme.
5 Carlo vuole comprare una camicia.
6 Antonella vuole comprare un impermeabile.

**G** Complete the following sentences with appropriate phrases. Use demonstrative pronouns in each sentence.

▶ Questa penna è verde e ...    *Questa penna è verde e quella è rossa.*

1 Questi signori sono americani e ...
2 Questo cameriere è simpatico e ...
3 Quel bar è piccolo e ...
4 Quello studente studia poco e ...
5 Queste ragazze ascoltano la radio e ...
6 Quei ragazzi sono allegri e ...

# Lezione 10ª

## VOTA!

Oggi, domenica 21 giugno è giorno di elezioni. Dopo un mese di campagna elettorale tutti vanno a votare per eleggere i nuovi rappresentanti al parlamento italiano. Le elezioni anticipate di un anno° sono l'ultimo tentativo per risolvere una crisi politica senza via d'uscita°. La
5 gente le considera molto importanti. I rappresentanti di tutti i partiti manifestano pubblicamente un grande ottimismo. Molti di loro però non sono così sicuri internamente e stanno ad aspettare° con ansia il risultato finale delle elezioni.

anticipate ... called one year in advance
senza ... without a way out

stanno ... they are waiting (for)

94

Anche Enrico Palini va a votare. Appena diciottenne,° egli vota per la just eighteen years old
10 prima volta e partecipa direttamente alla vita politica italiana. La continua crisi di governo lo preoccupa e lo sbalordisce allo stesso tempo.
Egli pensa di dare il proprio voto ad un grande partito popolare e molti
altri giovani pensano allo stesso modo. Per loro il voto non è solo° only
manifestazione di idee politiche, ma anche un mezzo per cambiare
15 l'attuale indirizzo° di governo e sperare così in un futuro diverso. present direction

**Domande**
1 Che giorno è oggi?
2 Come considera le elezioni la gente? Vanno molte persone a votare?
3 Che cosa manifestano pubblicamente i rappresentanti dei partiti?
4 Dove va Enrico Palini?
5 Quanti anni ha Enrico?
6 A chi pensa di dare il voto Enrico? Perché?

## Nota culturale: *The Italian political system*

Italy is a democratic republic based on a par-
liamentary system. The president has only
nominal power. The government is actually run
by the prime minister and his cabinet. The legis-
lative branch is made of a chamber of deputies
and a senate. The three major parties are the
Christian Democratic Party (*Democrazia Cristiana*), the Communist Party (*Partito Comunista
Italiano*), and the Socialist Party (*Partito Socialista
Italiano*).

Propaganda elettorale.

**Vocabolario**    *Nomi*

la **campagna**  campaign
la **crisi**  crisis
l'**elezione** *f.*  election
il **futuro**  future
la **gente**  people
il (la) **giovane**  young person
il **governo**  government
la **manifestazione**  manifestation,
  display

il **mezzo**  means
l'**ottimismo**  optimism
il **parlamento**  parliament
il **partito**  (political) party
il **rappresentante**  representative
il **risultato**  result
il **tentativo**  attempt
la **vita**  life
il **voto**  vote

*Verbi*

**cambiare**   to change
**considerare**   to consider
**eleggere**   to elect
**manifestare**   to manifest, display
**pensare**   to think; **pensare di** + *inf.*
   to intend to
**partecipare**   to participate
**preoccupare**   to worry
**risolvere**   to solve
**sbalordire**   to amaze
**sperare (in)**   to hope (for)
**votare**   to vote

*Aggettivi*

**continuo, -a**   continuous
**diverso, -a**   different
**elettorale**   electoral

**finale**   final
**popolare**   popular
**sicuro, -a**   secure
**stesso, -a**   same

*Altre parole ed espressioni*

**ad = a**   (before a vowel sound)
**direttamente**   directly
**dopo**   after
**internamente**   internally
**pubblicamente**   publically
**tutti**   everybody, everyone

**allo stesso tempo**   at the same time
**allo stesso modo**   in the same way
**con ansia**   eagerly, anxiously
**dare il proprio voto**   to give (cast) his
   own vote
**per la prima volta**   for the first time

**Pratica**

**A** Choose the answer that best completes each statement, according to the reading selection on page 94.

1  Oggi, 21 giugno è ...
   a) giorno di scuola
   b) giorno di elezioni
   c) il primo giorno del mese

2  Tutti gli italiani vanno ...
   a) in città
   b) in chiesa
   c) a votare

3  La crisi politica ...
   a) è senza via di uscita
   b) non è importante
   c) è molto interessante

4  Anche Enrico ...
   a) va al parlamento
   b) va a votare
   c) va a casa

5  La continua crisi di governo ...
   a) lo sbalordisce
   b) lo suggerisce
   c) lo preoccupa

6  Egli pensa di dare il voto ...
   a) ad un piccolo partito
   b) ad un grande partito popolare
   c) al suo amico Roberto

7  Molti altri giovani pensano ...
   a) allo stesso modo
   b) allo stesso tempo
   c) per la prima volta

8  I giovani italiani sperano ...
   a) in una nuova crisi di governo
   b) nella campagna elettorale
   c) in un futuro diverso

**B** Imagine that you are a radio reporter interviewing people on the street. Ask them their names, where they live, and for what party they intend to vote.

## *Pronuncia:* The sounds /ts/ and /dz/

The sound /ts/ is voiceless; the sound /dz/ is voiced. Both sounds are represented in writing by *z* or *zz*.

**A** Listen and repeat the following words after your instructor.

| /ts/ | /dz/ |
|------|------|
| zucchero | zero |
| zio | azzurro |
| calze | mezzo |
| elezione | mezzogiorno |
| piazza | |
| indirizzo | |

**B** Read the following sentences aloud. Pay particular attention to the way you pronounce *z* and *zz*.

1 Lo zio vuole lo zucchero.
2 Le calze sono azzurre.
3 A mezzogiorno tutti vanno in piazza.

## *Ampliamento del vocabolario*

### Le stagioni dell'anno

la primavera       l'estate (*f.*)       l'autunno       l'inverno

**A** Ask another student the following questions.

1 Quale stagione dell'anno preferisci?
2 Qual è la prima stagione dell'anno?
3 Qual è l'ultima stagione?
4 In quale stagione dell'anno è il tuo compleanno (*birthday*)?
5 Il compleanno di tuo fratello è d'estate (*in the summer*) o d'inverno (*in the winter*)? in primavera o in autunno?

## Che tempo fa?

**Fa bel tempo.** It's nice weather.
**Fa cattivo tempo.** It's terrible weather.
**Fa freddo.** It's cold.
**Fa fresco.** It's cool.
**Fa caldo.** It's hot.

**Nevica.** It's snowing.
**Piove.** It's raining.
**È sereno.** It's clear.
**È nuvoloso.** It's cloudy.
**Tira vento.** It's windy.
**C'è il sole.** It's sunny.

**B** Answer the following questions.

1 Che tempo fa oggi?
2 È sereno o nuvoloso?
3 Com'è il clima (*climate*) qui d'estate?
4 Com'è il clima qui d'inverno?
5 Tira molto vento oggi?
6 Che tempo fa qui a luglio?

## Temperatura in Centigradi e in Fahrenheit

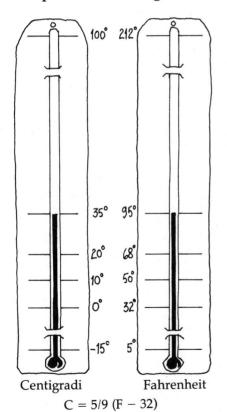

Centigradi        Fahrenheit

$$C = 5/9 (F - 32)$$

# Temperature minime e massime di ieri in Italia... ...e all'estero

| | | | | | | |
|---|---|---|---|---|---|---|
| ALGHERO | + 10 | +19 | AMSTERDAM: nuvoloso | + 6 | +12 |
| ANCONA | +11 | +16 | ATENE: nuvoloso | + 8 | +16 |
| BARI | + 5 | +17 | BANGKOK: sereno | +27 | +32 |
| BOLOGNA | + 5 | +14 | BEIRUT: nuvoloso | +10 | +16 |
| BOLZANO | + 2 | +19 | BELGRADO: sereno, ventoso | + 5 | +18 |
| CAGLIARI | + 13 | +18 | BERLINO: sereno | + 8 | +15 |
| CAMPOBASSO | + 7 | +17 | BRUXELLES: nuvoloso | + 6 | +16 |
| CATANIA | + 4 | +22 | BUENOS AIRES: sereno | +19 | +31 |
| CATANZARO | + 8 | +17 | CHICAGO: pioggia | + 2 | + 7 |
| CUNEO | + 5 | +13 | HONG KONG: sereno | +21 | +26 |
| FIRENZE | + 4 | +19 | HONOLULU: nuvoloso | +23 | +28 |
| GENOVA | + 9 | +16 | JOHANNESBURG: sereno | +11 | +19 |
| L'AQUILA | + 3 | +18 | KIEV: nuvoloso | + 2 | + 4 |
| MESSINA | +10 | +19 | LISBONA: pioggia | + 9 | +17 |
| MILANO BRERA | +10,1 | +16.8 | LONDRA: pioggia | + 8 | +12 |
| MILANO LINATE | + 5 | +17 | LOS ANGELES: nuvoloso | + 5 | +17 |
| NAPOLI | + 6 | +16 | MADRID: sereno | + 8 | +15 |
| PALERMO | +10 | +19 | CITTA DI MESSICO: sereno | +11 | +31 |
| PERUGIA | + 7 | +17 | MIAMI: sereno | +21 | +28 |
| PESCARA | + 5 | +17 | MOSCA: nuvoloso | + 2 | + 4 |
| PISA | + 5 | +17 | NEW YORK: pioggia | + 2 | +15 |
| POTENZA | + 5 | +18 | OSLO: nuvoloso | + 8 | +14 |
| REGGIO CALABRIA | + 6 | +20 | PARIGI: sereno | + 6 | +14 |
| ROMA EUR | + 6 | +18 | RIO DE JANEIRO: nuvoloso | +21 | +30 |
| ROMA FIUMICINO | + 5 | +17 | SAN FRANCISCO: nuvoloso | + 8 | +11 |
| ROMA NORD | + 2 | +20 | TEHERAN: nuvoloso | +15 | +22 |
| S. MARIA DI LEUCA | + 9 | +16 | TEL AVIV: nuvoloso | + 9 | +16 |
| TORINO | + 6 | +13 | TOKIO: sereno | + 6 | +15 |
| TRIESTE | + 8 | +15 | TORONTO: neve | 0 | + 1 |
| VENEZIA | + 9 | +14 | VANCOUVER: sereno | — 1 | + 9 |
| VERONA | + 5 | +13 | VIENNA: foschia | + 5 | +18 |

**C** In Italy (as in the rest of Europe and most countries in the world), the temperatures are given in centigrade (Celsius) degrees. Give the equivalent centigrade temperature for the Fahrenheit temperatures indicated below.

▶ 50°F     = *10°C*

1)  5°F    3)  68°F
2)  32°F   4)  95°F

**D** Look at the weather chart on p. 98 and give the minimum and maximum temperatures for the following cities.

▶ Bologna    *La temperatura minima è di più cinque gradi.*
             *La temperatura massima è di più quattordici gradi.*

1  Toronto       3  Verona    5  Mosca
2  Nuova York    4  Miami     6  Hong Kong

## Struttura ed uso

### I  Direct-object pronouns

In the questions below, the words in boldface type are direct-object nouns or noun phrases. In the responses, the words in boldface type are direct-object pronouns that replace the nouns or noun phrases.

| | |
|---|---|
| Enrico considera **le elezioni** importanti? | — Sì, **le** considera molto importanti. |
| La crisi sbalordisce **Enrico?** | — No, non **lo** sbalordisce. |
| Chi manifesta **un grande ottimismo?** | — Tutti gli Italiani **lo** manifestano. |

Here is a chart of the direct-object pronouns in Italian.

| Singular | | Plural | |
|---|---|---|---|
| **mi** | me | **ci** | us |
| **ti** | you (*fam.*) | **vi** | you (*fam.*) |
| **lo** | him, it | **li** | them (*m.*), you (*formal, m.*) |
| **la** | her, it, you (*formal*) | **le** | them (*f.*), you (*formal, f.*) |

1) The direct-object pronouns **lo, la, li,** and **le** have more than one meaning each. Context usually makes the meaning clear.

Veduta pittoresca di un paese.

**Contrasto: Antico e moderno.**

Veduta panoramica.

Appartamenti moderni.

2) The pronouns **mi, ti, lo** and **la** usually drop the final vowel before a verb that begins with a vowel sound:

Giorgio **m'**invita a ballare.    Noi **l'**incontriamo alle sette. (**l'** = **lo**)
Chi **t'**aspetta?    **L'**abbellisco con un quadro. (**l'** = **la**)

3) Direct-object pronouns precede the conjugated verb form. They usually follow and are attached to infinitives, in which case the final **e** of the infinitive is dropped.

Studio le lezioni.    **Le** studio.
Non invito Marisa.    Non **l'**invito.
Esce per incontrare l'amica.    Esce per incontrar**la**.

**A** Roberto asks Franco a series of questions about who wants different items. Franco responds, saying that his sister wants the item. Assume Franco's role.

▶ Roberto: Chi desidera il libro?    *Franco: Mia sorella lo desidera.*

1 Chi desidera i quadri?
2 Chi desidera le riviste?
3 Chi desidera i biglietti?
4 Chi desidera la lettera?
5 Chi desidera il questionario?
6 Chi desidera l'orologio?

**B** Ask other students the following questions. They should use *mi (m')*, *ti (t')*, or *ci* in their responses, according to the patterns indicated.

▶ Ti visita spesso Susanna?    *Sì, Susanna mi visita spesso.*

1 Ti chiama Paolo ogni giorno?
2 T'invita Giorgio al bar?
3 T'aspetta Carlo alla stazione?

▶ M'aspetti dopo la lezione?    *Sì, t'aspetto dopo la lezione.*

1 Mi chiami stasera?
2 M'inviti a prendere un caffè?
3 M'ascolti con attenzione?

▶ Vi visitano spesso gli amici?    *No, non ci visitano spesso.*

1 Vi visitano spesso i nonni?
2 Vi chiamano spesso i cugini?
3 Vi invitano spesso le cugine?

**C** Answer the following questions. Use the appropriate direct-object pronoun in your responses.

▶ Capisce la lezione di oggi?     *Sì, la capisco. (No, non la capisco.)*

1  Capisce il dialogo?
2  Capisce la chimica?
3  Prende il cancellino?
4  Compra le matite?
5  Legge le riviste?
6  Aspetta il suo amico dopo la lezione?
7  Aspetta le sue amiche dopo la lezione?
8  Aspetta Marco e Anna dopo la lezione?

**D** Say that you intend to carry out the following activities tonight. Use direct-object pronouns in your responses.

▶ guardare la televisione     *Penso di guardarla stasera.*

1  leggere il giornale
2  ascoltare la radio
3  scrivere le lettere
4  finire i compiti
5  comprare un televisore
6  restituire i libri

## II  Irregular -*are* verbs

The following -**are** verbs are irregular in the present tense: **andare** *to go,* **dare** *to give,* and **stare** *to be.* You are already familiar with many of the forms.

| **andare** to go | | **dare** to give | | **stare** to be; to stay | |
|---|---|---|---|---|---|
| vado | andiamo | do | diamo | sto | stiamo |
| vai | andate | dai | date | stai | state |
| va | vanno | dà | danno | sta | stanno |

**Andare** is followed by the preposition **a** before an infinitive:

| Tutti **vanno a votare.** | Everyone goes to vote. |
| **Vado a visitare** un amico. | I'm going to visit a friend. |

**Stare** in the sense of *to be* is used primarily with expressions of health.

| **Come stai?** | How are you? |
| **Sto bene, grazie.** | I'm fine, thanks. |

**E** Say that the following persons are going to the *bar Roma*.

▶ Carlo     *Carlo va al bar Roma.*

1  Paola e Marcella          4  tu e Marisa
2  Tu ed io                  5  Lei, signorina
3  io                        6  mio fratello

**F** State where the following persons are going.

▶ Franco / al museo     *Franco va al museo.*
▶ io / da Silvia     *Io vado da Silvia.*

1  Dorotea / dal dottore     4  lei / in banca
2  tu / all'università       5  loro / da Rosa
3  voi / in segreteria       6  noi / al garage

**G** Ask another student where various friends, relatives, or acquaintances are going, when they are going, and with whom they are going.

▶ S¹: Dove va tuo fratello?     S²: *Va al ristorante.*
▶ S¹: A che ora va al ristorante?     S²: *Va alle sette.*
▶ S¹: Con chi va?     S²: *Va con mio padre.*

**H** Say that the following persons are casting their votes for the Republican Party.

▶ io     ▶ *Io do il voto al Partito Repubblicano.*

1  loro     4  i miei genitori     7  Anna
2  tu       5  noi                 8  lo zio e la zia
3  voi      6  lui                 9  tu e Giacomo

**I** Tell what each person gives and to whom.

▶ io / conto / Gianni     *Io do il conto a Gianni.*

1  noi / gettone / Pina
2  cameriere / tè freddo / Tina
3  loro / passaggio / amici
4  tu ed Enrico / quadro originale / Francesca
5  mia madre / limonata / mio fratello

**J** Answer the following questions with an appropriate response.

1  A chi dà il voto quando va a votare?
2  Perché dà i soldi al cameriere?
3  Cosa dà il professore a Pierluigi?
4  Cosa dà la zia a Stefano? e a Fabio?
5  Che cosa dà l'impiegato a Lorenzo?

**K** Say that the following persons aren't well today.

▶ Carla    *Carla non sta bene oggi.*

| | | | | | |
|---|---|---|---|---|---|
| 1 | lei | 4 | Pina ed Elena | 7 | Giorgio ed io |
| 2 | loro | 5 | noi | 8 | Roberto |
| 3 | io | 6 | voi | 9 | la signorina Dini |

**Ripasso**

**A** Answer the following questions.

1  Come si chiama lei?
2  Come sta lei?
3  Quanti anni ha?
4  Che ora è?
5  Che giorno è oggi?
6  In che mese siamo?
7  Qual è la data di oggi?
8  Dove va lei dopo la lezione d'italiano?
9  Che tempo fa oggi?

**B** Say that you prefer one thing over the other, as in the model. Supply the appropriate form of the demonstrative pronoun *quello*.

▶ questa casa    *Preferisco questa casa e non quella.*

| | | | |
|---|---|---|---|
| 1 | questi nomi | 5 | quest'amico |
| 2 | questo ristorante | 6 | questi cappelli |
| 3 | questa città | 7 | queste gonne |
| 4 | questi giornali | 8 | quest'impiegata |

**C** Complete the partial sentences in Column A with the appropriate ending from Column B. There is one extra ending.

| A | B |
|---|---|
| 1  Oggi è giorno ... | vento |
| 2  Piove e fa ... | fa molto freddo |
| 3  Anche Roberto va ... | da fare |
| 4  Qui tira ... | a suo fratello |
| 5  Non c'è niente ... | su un foglio di carta bollata |
| 6  Andiamo in Italia alla ... | di elezioni |
| 7  D'inverno ... | con il professore |
| 8  Presenta una domanda ... | a votare |
| 9  Silvia ha un appuntamento ... | e vengo |
| 10  Enrico dà un passaggio ... | fine del mese |
| | freddo |

**D** Rewrite the sentences, substituting the appropriate direct-object pronouns for the italicized noun phrases.

1 Elisa porta *la gonna rossa*.
2 Prendono *la motocicletta*.
3 Chiamiamo *il meccanico*.
4 Guardate spesso *la televisione*?
5 Patrizia parcheggia *la macchina*.
6 Suggeriscono di comprare *quel libro*.
7 Ascolta *i risultati delle elezioni*.
8 La crisi politica non preoccupa *gli studenti*.
9 Gli Italiani eleggono *i nuovi rappresentanti al parlamento*.
10 Il voto è un mezzo per cambiare *il governo*.

**E** Make a weather forecast for one week or for a weekend (*fine-settimana*).

▶ lunedì: *sereno, temperatura massima 30 C; temperatura minima 15 C.*

*Previsioni del tempo*
*del servizio meteorologico dell'aeronautica*

# Lezione 11ª

## BUON VIAGGIO!

*Kathy, studentessa americana in vacanza a Roma, desidera rivedere un amico,
Jim Williams, studente dell'Università per Stranieri di Perugia. Una mattina
esce dall' albergo dove alloggia e va alla biglietteria della stazione Termini.*

KATHY     Scusi, vorrei un biglietto di andata e ritorno per Perugia.

IMPIEGATO     Desidera viaggiare in prima o in seconda classe?

KATHY     In seconda classe. Quanto costa il biglietto?

IMPIEGATO     Cinquemila lire.

| 5 | KATHY | A che ora parte il treno? | |
|---|---|---|---|
| | IMPIEGATO | Alle sedici, dal secondo binario. | |
| | KATHY | Quale treno devo prendere? | |
| | IMPIEGATO | Il direttissimo Roma-Ancona. Alla prima fermata, la stazione di Orte, lei scende e un treno locale la porta a | |
| 10 | | Perugia in poco tempo. | |
| | KATHY | Com'è complicato! | |
| | IMPIEGATO | Nessuna paura,° signorina. Il viaggio non è lungo e non avrà° nessun problema. | don't worry / you won't have |
| | KATHY | La ringrazio molto.° Lei è molto gentile. | thanks very much |
| 15 | IMPIEGATO | Dovere mio.° Buon viaggio! | my pleasure |

**Domande**

1. Chi è Kathy?
2. Che cosa desidera fare Kathy?
3. Dove va?
4. Che cosa vuole?
5. Desidera viaggiare in prima o in seconda classe?
6. Quanto costa il biglietto?
7. A che ora parte il treno?
8. Quale treno deve prendere?

**Vocabolario**

*Nomi*

la **biglietteria**   ticket office
il **binario**   train track
il **direttissimo**   *name of a fast train*
la **paura**   fear
lo **straniero**   foreigner
il **treno**   train
il **viaggio**   trip

*Verbi*

**alloggiare**   to lodge
**costare**   to cost
**ringraziare**   to thank
**rivedere**   to see again
**scendere**   to get off, to descend
**viaggiare**   to travel

*Aggettivi*

**complicato, -a**   complicated
**cinquemila**   five thousand
**locale**   local
**lungo, -a**   long
**nessun(o), nessuna**   no, none
**quanto, -a?**   how much?
**secondo, -a**   second

*Altre parole ed espressioni*

**un biglietto di andata e ritorno**
   round-trip ticket
**alle sedici**   at four P.M.
**buon viaggio!**   have a good trip!
**com'è complicato!**   how
   complicated!
**in poco tempo**   in a short time
**in vacanza**   on vacation
**la ringrazio molto**   (I) thank you
   very much

## Nota culturale: *The Italian railroad system*

Railroads in Italy are run by the government and are called *Ferrovie dello Stato*. There are many railroad lines, and virtually every city can be reached by train, which is the popular means of transportation in the country. Trains are clean, fast, dependable, not very expensive, and are conveniently connected with other European railways.

The names of the various kinds of trains that cross the peninsula are a source of confusion for most foreigners. The *accelerato*, in spite of its name, is the slowest train, and makes stops at almost every station, large or small. The *treno locale* may run within a large city or between two nearby cities. The *diretto* stops at a limited number of stations, but it is slower than the *direttissimo*, which stops only at important stations. The *rapido* is much faster than the *direttissimo* and makes limited, very brief stops. The *rapido* is more expensive than the others, but speed, comfort, and elegance make up for the additional cost. It has only first-class accommodations, while all the other trains have both first and second class.

Train schedules (like plane, theater, television and radio schedules) are listed on a 24-hour clock basis. Hours after 12 noon are expressed as *le tredici* (13 o'clock), *le quattordici* (14 o'clock), etc. This system is used to prevent misunderstandings as to whether morning or afternoon hours are being referred to.

Roma. Stazione Termini.

| Modificazioni | 1 | Quanto costa **il biglietto?** | 2 | Costa **cinquemila** lire. |
|---|---|---|---|---|
| | | il caffè | | tremila |
| | | il gelato | | quattromila |
| | | questa rivista | | seimila |
| | | questo giornale | | quindicimila |
| | 3 | A che ora parte **il treno?** | 4 | Il treno parte **alle diciotto.** |
| | | il direttissimo | | alle venti |
| | | il rapido | | alle ventuno |
| | | il treno locale | | alle ventitré |

5  Com'è **complicato!**
   difficile
   bello
   simpatico

6  Ecco il **secondo** binario.
   terzo (*third*)
   quarto (*fourth*)
   quinto (*fifth*)

**Pratica**

**A** Role-play the first eight lines of the dialogue on page 105. Then create a new dialogue based on the following situation:

Giorgio, a young man from Rome working in Milan, decides to go home for a few days. He goes to the train station in Milan and buys a one-way ticket to Rome, first class. The ticket costs 15,000 *lire*. The man at the ticket office informs Giorgio that the train to Rome leaves from track 3 at 2 P.M. and that the name of the train is the *rapido Milano-Roma*.

**B** Tell what time the following trains and planes leave according to the 24-hour clock system. For every hour past noon, add one hour to 12.

▶ Il rapido per Roma parte     *Il rapido per Roma parte alle*
  all'una del pomeriggio.       *tredici.*

1  L'aereo per Londra parte alle due del pomeriggio.
2  Il treno per Pisa parte alle quattro del pomeriggio.
3  Il direttissimo per Venezia parte alle sei di sera.
4  L'accelerato per Assisi parte alle sette di sera.
5  Il diretto per Napoli parte alle nove di sera.

## *Pronuncia:* The sounds /g/ and /ǧ/

The hard sound /g/, as in **gomma**, is spelled **g** before the letters **a, o,** and **u.** It is spelled **gh** before the letters **e** and **i.**

The soft sound /ǧ/, as in **gite,** is spelled **g** and occurs only before the letters **e** and **i.**

**A** Listen and repeat the following words after your instructor.

| /g/ | /g/ | /ǧ/ | /ǧ/ |
|---|---|---|---|
| Garibaldi | lunghe | gennaio | eleggere |
| governo | laghi | gente | suggerire |
| gusto | alberghi | gentile | oggi |
| elegante | dialoghi | gite | viaggio |
| lungo | | giornale | passaggio |
| leggo | | giovane | parcheggio |
| | | svolgere | |

**B** Read aloud the following sentences. Pay particular attention to the way you pronounce the letters *g* and *gg*.

1 I dialoghi sono troppo lunghi.
2 Gli alberghi sono eleganti.
3 Leggo il giornale tutti i giorni.
4 Quest'impiegato è gentile.

## Ampliamento del vocabolario

**Viaggia spesso lei?**

il treno

l'autobus

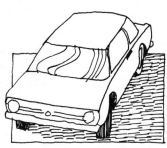

la macchina

la motocicletta

la nave                    l'aereo

andare in vacanza              andare in macchina
andare al mare (*seashore*)    andare in aereo
andare in montagna (*mountains*)  andare in autobus
andare in campagna (*country*)  andare con la nave

**A** Ask another student the following questions.

1 Dove vai in vacanza la settimana prossima?
2 Vai in macchina, in treno o in autobus? In aereo o con la nave?
3 Preferisci andare in treno o in aereo?
4 Preferisci andare al mare, in montagna o in campagna?
5 In quale stagione dell'anno preferisci viaggiare?
6 Preferisci viaggiare quando fa freddo o quando fa caldo?
7 Viaggi spesso? Viaggi da solo / sola (*alone*), con gli amici o con i tuoi genitori?

**B** Ask your instructor the questions in Exercise A. Remember to use the **lei**-form of the verbs.

**C** Write a 10-sentence paragraph about the illustration below. Include information about the following:

1) who is traveling
2) the time of day
3) the means of transportation
4) the season of the year
5) the purpose of the trip
6) the destination of the trip
7) the cost of the trip
8) the date or hour of return

## Struttura ed uso

### I  Plural of nouns and adjectives in -co and -ca

1) A masculine singular noun or adjective ending in **-co** and stressed on the next-to-last syllable forms its plural in **-chi**. One exception is **amico,** whose plural is **amici.**

| | |
|---|---|
| Questo **banco** è vecchio. | Questi **banchi** sono vecchi. |
| Questo **disco** è molto bello. | Questi **dischi** sono molto belli. |
| Mio cugino è **ricco.** | I miei cugini sono **ricchi.** |
| Quel ragazzo è **stanco.** | Quei ragazzi sono **stanchi.** |

2) If the stress falls on any other syllable in the singular, the plural ends in **-ci.**

| | |
|---|---|
| Il **medico** è qui. | I **medici** sono qui. |
| Quel **meccanico** lavora bene. | Quei **meccanici** lavorano bene. |
| Tuo fratello è **simpatico.** | I tuoi fratelli sono **simpatici.** |
| Suo nonno è **energico.** | I suoi nonni sono **energici.** |

3) Feminine singular nouns and adjectives ending in **-ca** change to **-che** in the plural.

| | |
|---|---|
| La **biblioteca** è grande. | Le **biblioteche** sono grandi. |
| La ragazza è **simpatica.** | Le ragazze sono **simpatiche.** |

Summary of endings of nouns and adjectives in **-co** and **-ca:**

| m. sg. | m. pl. | f. sg. | f. pl. |
|--------|--------|--------|--------|
| -co | -chi<br>-ci | -ca | -che |

**A** Restate in the plural.

▶ La giacca è bianca.    *Le giacche sono bianche.*

1  Il medico è stanco.
2  Il meccanico è energico.
3  La biblioteca è pubblica.
4  L'amico è simpatico.
5  L'amica di Giovanna è antipatica.

**B** Restate in the plural.

▶ Questa pratica è difficile.    *Queste pratiche sono difficili.*

1  Questo giovane è l'amico di Arturo.
2  Questa maglia bianca costa duemila lire.
3  Questa ragazza è sempre stanca.
4  Questa via è pubblica.
5  Questo disco è di Stefano.

**C** Complete the following sentences with appropriate forms of the nouns and adjectives listed below. Use each noun or adjective only once.

| ricca | biblioteca | simpatiche | amiche |
| ricchi | classici | stanco | meccanico |

1  Le studentesse di questa classe sono …
2  A Roma ci sono molti licei …
3  Franco è sempre molto …
4  Mio padre è … in una fabbrica italiana.
5  La madre di Dora è …
6  I nonni di Michele sono …
7  Le … di Gino sono belle.
8  La … della nostra città è vecchia.

Un treno moderno. Interno di un vagone-ristorante.

## II  Plural of nouns and adjectives in -*go* and -*ga*

1) Masculine nouns and adjectives ending in **-go** usually form their plural in **-ghi.**

| | |
|---|---|
| Quell'**albergo** è nuovo. | Quegli **alberghi** sono nuovi. |
| Il **dialogo** è interessante. | I **dialoghi** sono interessanti. |
| Il **lago** (*lake*) è **largo.** | I **laghi** sono **larghi.** |
| Il treno è **lungo.** | I treni sono **lunghi.** |

2) Masculine nouns ending in **-logo** that refer to titles or professions form their plural in **-logi.**

| | |
|---|---|
| il radio**logo** | i radio**logi** |
| il bio**logo** | i bio**logi** |
| lo psico**logo** | gli psico**logi** |

3) Feminine nouns and adjectives ending in **-ga** form their plural in **-ghe.**

| | |
|---|---|
| La **bottega** (*shop*) è piccola. | Le **botteghe** sono piccole. |
| La strade è **lunga.** | Le strade sono **lunghe.** |

Summary of endings of nouns and adjectives in **-go** and **-ga:**

| *m. sg.* | *m. pl.* | *f. sg.* | *f. pl.* |
|---|---|---|---|
| -go | -ghi<br>-logi<br>(*professions*) | -ga | -ghe |

**D**  Restate in the plural.

▶ La piazza è larga.    *Le piazze sono larghe.*

1  La via è larga.
2  Il treno è lungo.
3  La gonna è lunga.
4  Il lago è largo.

**E**  Restate in the plural.

▶ Quel dialogo è facile.    *Quei dialoghi sono facili.*

1  Quell'astrologo è intelligente.
2  Quella bottega è piccola.
3  Quel lago è grande.
4  Quel radiologo è americano.
5  Quel biologo è francese.

**F** Complete the following sentences with appropriate nouns or adjectives from the list below. There are two extra words.

| lungo | psicologo | alberghi | albergo |
|-------|-----------|----------|---------|
| lunghi | biologi | laghi | lunga |

1 Non capiamo il dialogo perché è molto ...
2 Quello ... è professore all'Università di Padova.
3 Mio zio alloggia sempre nello stesso ...
4 Quei ... lavorano molto.
5 Via Nazionale è una strada molto ...
6 I ... italiani sono magnifici.

## III  Negative expressions

Here is a list of some of the most commonly used negative expressions in Italian.

| | | |
|---|---|---|
| **non** ... **affatto** | *not at all* | Non leggo affatto. |
| **non** ... **mai** | *never* | Non studiano mai. |
| **non** ... {**niente** / **nulla**} | *nothing* | Non capisci niente. |
| **non** ... **nessuno** | *no one* | Non vedete nessuno? |
| **non** ... **mica** | *not really* | Non viene mica con noi. |
| **non** ... {**neanche** / **nemmeno** / **neppure**} | *not even* | Non parla neanche con sua sorella. |
| **non** ... **più** | *no more, no longer* | Non la chiamiamo più. |
| **non** ... **ancora** | *not yet* | Non è ancora giorno. |
| **non** ... **né** ... **né** | *neither ... nor* | Non andiamo né a Catania né a Palermo. |

1) Negative expressions are usually made up of **non** + main verb + second negative word (or words). Note that in Italian, two negative words ("double negatives") do not make an affirmative, as they do in English.

| | |
|---|---|
| **Non** capisco **niente.** | I don't understand anything. |
| **Non** vedo **nessuno.** | I don't see anyone. |
| **Non** prendo **mai** quel treno. | I never take that train. |
| **Non** studio **affatto.** | I don't study at all. |

2) The negative adjective **nessuno** is used in the singular only. It has the same endings as the indefinite article **un.**

| | |
|---|---|
| Non ho **nessun** quaderno. | I don't have a single notebook / any notebooks. |
| Non ho **nessuna** penna. | I don't have a single pen / any pens. |

**G** Say that you never do the following things.

► leggere il giornale    *Non leggo mai il giornale.*

1 studiare le lezioni          3 ascoltare la radio
2 scrivere lettere             4 guardare la televisione

**H** Say that Carlo doesn't have a single one of the items mentioned.

► quaderno    *Carlo non ha nessun quaderno.*

1 rivista                      3 foglio di carta
2 calendario                   4 gomma

**I** Franco doesn't feel well and refuses to see anyone or do anything. Answer the following questions in the negative.

► Parla con gli amici?    *No, non parla con nessuno.*
► Invita la sua amica?    *No, non invita nessuno.*

1 Incontra Stefano in piazza Navona?
2 Telefona a Tina Martelli?
3 Aspetta Luigi ed Enrico?
4 Chiama l'avvocato?

► Fa qualcosa?    *No, non fa niente.*
► Guarda la televisione?    *No, non guarda niente.*

1 Ascolta alcuni dischi?
2 Prende un cappuccino?
3 Legge una rivista inglese?
4 Scrive una lettera?

**J** Express in Italian.

1 I don't wait for anyone.  Non aspetto nessuno.
2 I never work.  Non lavoro.
3 I don't see anyone.  Non vedo nessuno
4 I don't study at all.  Non studio affato.
5 I don't drive any more.
6 I don't find anything.
7 I really don't understand.
8 I'm not going either to Florence or to Venice.
9 I'm not waiting any longer.
10 It's not three o'clock yet.
11 I don't speak even with Carlo.
12 I don't have a single pencil.

# Lezione 12ᵃ

## PERUGIA

Con il viaggio a Perugia, Kathy non solo ha riveduto il suo amico, ma anche ha conosciuto a fondo il capoluogo dell'Umbria.° Situata su un'altura dominante la valle del fiume Tevere,° a circa 200 (duecento) km.° nord-est di Roma, la città ha colpito Kathy a causa dei numerosi
5 monumenti e bellezze storiche.

Perugia, antico centro etrusco e famosa città romana, ha mantenuto intatta fino ad oggi buona parte della sua struttura originaria. Ricordiamo la cinta° delle mura° etrusche, l'arco etrusco, la chiesa di Sant'Angelo e la Fonte Maggiore.°

region in Italy
Tiber River/
kilometers

enclosure/walls
name of large fountain

116

10    Dei periodi successivi è restato il settecentesco° Palazzo Gallenga    17th-century
Stuart, sede oggi dell'Università Italiana per Stranieri. Quest'ultima,
insieme all'Università degli Studi, all'Accademia delle Belle Arti,° al Liceo    Fine arts
Musicale, al Museo Archeologico umbro° hanno contribuito a fare di    Umbrian
Perugia un attivo centro internazionale di studio e di turismo.

**Domande**
1 Dov'è Perugia?
2 Dov'è situata la città?
3 Perché la città ha colpito Kathy?
4 Che cosa ha mantenuto fino ad oggi Perugia?
5 Quali monumenti sono da ricordare?
6 Che cosa è restato dei periodi successivi?
7 Dov'è la sede dell'Università Italiana per Stranieri?
8 Quali sono alcuni centri di studio di Perugia?

## Nota culturale: *The Umbrian region of Italy*

Umbria is one of the twenty regions into which Italy is divided. It is located in central Italy and its major cities are Perugia and Terni. For artistic, historical, and religious reasons, many smaller Umbrian towns, such as Orvieto, Spoleto, and Assisi, are just as famous as Perugia and Terni.

The Etruscans were an ancient people who lived many centuries ago in central Italy, between the Arno and the Tiber Rivers. Some of their important centers were Perugia, Orvieto, Arezzo, and Tarquinia. Their civilization was quite advanced, and many beautiful examples of Etruscan art can be seen today in some of their ancient tombs, as well as in Italian archeological museums.

Un paese dell'Umbria.

## Vocabolario

### Nomi

l'**accademia**  academy
l'**altura**  height
l'**arco**  arch
l'**arte** *f.*  art
la **bellezza**  beauty
il **capoluogo**  capital
il **fiume**  river
il **monumento**  monument
il **nord-est**  northeast
la **parte**  part
la **sede**  seat (branch) sirge.
lo **studio**  study
il **turismo**  tourism
la **valle**  valley

### Aggettivi

**antico, -a**  ancient
**archeologico, -a**  archeological
**attivo, -a**  active
**dominante**  dominating
**etrusco, -a**  Etruscan
**famoso, -a**  famous
**intatto, -a**  intact
**internazionale**  international
**musicale**  musical
**numeroso, -a**  numerous
**originario, -a**  original
**situato, -a**  located
**storico, -a**  historical
**successivo, -a**  following

### Verbi

**colpire**  to strike, to impress
**conoscere**  to know
**contribuire**  to contribute
**mantenere**  to keep, to maintain
**restare**  to remain
**ricordare**  to mention

### Altre parole ed espressioni

**a causa di**  because of
**circa**  about
**fino ad oggi**  until today
**a fondo**  in depth
**insieme a**  together with
**quest'ultima**  the latter

## Pratica

**A** Choose the answer that best completes each statement, according to the reading selection on page 116.

1 Kathy va a Perugia per rivedere …
 a) l'Umbria
 b) un amico
 c) la valle

2 Il capoluogo dell'Umbria è …
 a) Perugia
 b) Roma
 c) il Tevere

3 A Perugia ci sono …
 a) numerose alture
 b) molte mura
 c) numerosi monumenti

4 Il Palazzo Gallenga Stuart è …
 a) del periodo settecentesco
 b) del periodo etrusco
 c) del periodo romano

5 L'Università Italiana per Stranieri è …
 a) nella Fonte Maggiore
 b) nel Palazzo Gallenga Stuart
 c) nel centro della città

6 Perugia è un attivo centro …
 a) di chiese
 b) di mura etrusche
 c) di studio e di turismo

**B** While in Perugia, Kathy writes a postcard (*una cartolina*) to her friend Daniela. Complete the postcard with words from the following list.

| | | |
|---|---|---|
| tua | cara (*dear*) | sole |
| caldo | tue | sono |
| andiamo | molto | stai |
| per | mio | giugno |

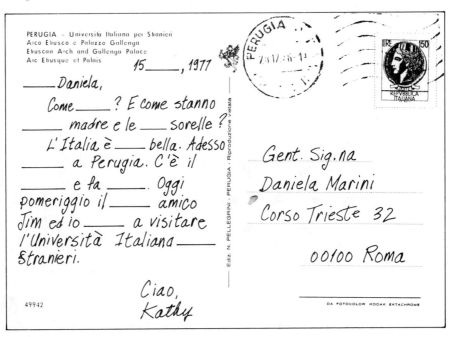

PERUGIA - Università Italiana per Stranieri
Arco Etrusco e Palazzo Gallenga
Etruscan Arch and Gallenga Palace
Arc Etrusque et Palais

15_____, 1977

_____ Daniela,
   Come _____? E come stanno
_____ madre e le _____ sorelle?
L'Italia è _____ bella. Adesso
_____ a Perugia. C'è il
_____ e fa _____. Oggi
pomeriggio il _____ amico
Jim ed io _____ a visitare
l'Università Italiana _____
Stranieri.

            Ciao,
            Kathy

49942

Gent. Sig.na
Daniela Marini
Corso Trieste 32

00100 Roma

## *Pronuncia:* The sounds /ʃ/ and /sk/

The sound /ʃ/ is represented in spelling as **sc** before **e** and **i**. The sound /sk/ is represented in spelling as **sc** before **a**, **o**, and **u**, and as **sch** before **e** and **i**.

**A** Listen and repeat the following words after your instructor.

| /ʃ/ | /sk/ | /sk/ |
|---|---|---|
| scendere | scarpa | etrusche |
| scientifico | scusi | etruschi |
| conoscere | etrusca | freschi |
| uscire | esco | fresche |
| prosciutto | discutere | |
| preferisce | preferisco | |
| preferisci | ascoltare | |
| uscita | | |

**B** Read the following sentences aloud. Pay particular attention to the way you pronounce the letter combinations *sc* and *sch*.

1 Preferisci uscire presto?
2 Esce dal liceo scientifico.
3 Preferisco ascoltare la radio.
4 Discutiamo degli Etruschi.

## *Ampliamento del vocabolario*

### I punti cardinali

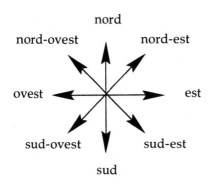

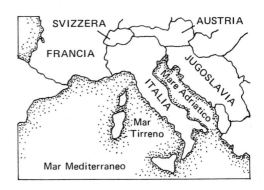

**A** Read the following paragraph, then answer the questions based on it.

#### *L'Italia*

Al nord l'Italia confina° con i seguenti paesi:° la Francia, la Svizzera,° l'Austria e la Jugoslavia. Al sud c'è il mare° Mediterraneo, all'est il mare Adriatico e all'ovest il mar Tirreno. In Italia distinguiamo° tre zone:° il nord, o settentrione, il centro, ed il sud, o meridione. L'Italia meridionale è chiamata° anche il Mezzogiorno. Gli Italiani del sud sono chiamati° anche meridionali. I settentrionali sono gli Italiani del nord.

borders/following countries
Switzerland
sea
we distinguish
areas
is called
are called

1 Con quali paesi confina al nord l'Italia?
2 Che cosa c'è al sud dell'Italia?
3 In quante zone distinguiamo l'Italia?
4 Che cos'è il Mezzogiorno d'Italia?
5 Come chiamiamo anche gli Italiani del sud?
6 Come chiamiamo anche gli Italiani del nord?

# Struttura ed uso

## I   The present perfect tense with *avere*

The present perfect tense is used to describe past actions and events, particularly those that have occurred in the recent past. Compare the following Italian and English sentences.

| | |
|---|---|
| Che cosa **hai comprato** stamattina? | What *did you buy* this morning? |
| — **Ho comprato** un cappotto. | — *I bought* a coat. |
| A chi **hanno telefonato** ieri? | Whom *did they telephone* yesterday? |
| — **Hanno telefonato** ai nonni. | — *They telephoned* their grandparents. |
| Quando ti **ha chiamato** Anna? | When *did* Anna *call* you? |
| — Mi **ha chiamato** ieri sera. | — She *called* me last night. |

1) The present perfect of many verbs is formed with the present tense of the auxiliary verb **avere** and the past participle. These verbs are in most cases transitive, that is, they take a direct object.

2) The English equivalent is often expressed with the simple past instead of the compound past, depending on context.

> **Ho visitato** Firenze.   *I have visited* Florence (recently, many times).
> *I visited Florence* (last week, last year).

3) In negative sentences, **non** precedes the auxiliary verb.

> **Non ho dormito** bene.   *I haven't slept (didn't sleep)* well.

4) The past participle is formed from the infinitive stem plus **-ato, -uto,** or **-ito.**

| **-are** verbs | inf. stem + **-ato** | **comprato** |
|---|---|---|
| **-ere** verbs | inf. stem + **-uto** | **venduto** |
| **-ire** verbs | inf. stem + **-ito** | **finito** |

Here is the present perfect tense of **comprare:**

| | |
|---|---|
| ho comprato | abbiamo comprato |
| hai comprato | avete comprato |
| ha comprato | hanno comprato |

**A** Kathy is leaving for Perugia this afternoon. Tell which of her friends called her yesterday to wish her a good trip.

▶ Giorgio     *Ieri Giorgio ha telefonato a Kathy.*

| | | | |
|---|---|---|---|
| 1 | Michele | 6 | noi |
| 2 | Angela | 7 | voi |
| 3 | Pina e Susanna | 8 | tu |
| 4 | io | 9 | lei |
| 5 | Mario e Pino | 10 | tu e Piero |

**B** Complete the following sentences with the present perfect tense of the infinitives listed. Use -*are* verbs in Nos. 1–6, -*ere* verbs in Nos. 7–10, and -*ire* verbs in Nos. 11–15.

-*are* verbs: cercare, aspettare, visitare, ascoltare, pensare, comprare
-*ere* verbs: vendere, perdere, ricevere, vedere
-*ire* verbs: capire, dormire, servire, spedire, finire

1 Kathy … … di rivedere un'amico.
2 Il professore … … il libro, ma non lo ha trovato.
3 Noi … … il treno per un'ora e mezzo.
4 Voi … … l'Università per Stranieri a Perugia.
5 Tu … … la radio stamattina.
6 Io … … un gettone per telefonare a Silvia.

7 Mia madre … … la sua borsa ieri pomeriggio.
8 Chi t' … … quella macchina?
9 Ieri sera io … … le mie amiche.
10 Roberto … … quel libro?

11 Antonella … … la lezione di matematica?
12 Gianni, … … la lettera a tua cugina?
13 Il cameriere non t' … … subito.
14 Quando … … il lavoro?
15 Noi … … bene in quell'albergo.

**C** Restate in the present perfect tense.

1 Gli Italiani votano.
2 La gente considera le elezioni molto importanti.
3 I rappresentanti di tutti i partiti manifestano un grande ottimismo.
4 Tutti aspettano il risultato finale delle elezioni.
5 Enrico Palini vota per la prima volta.
6 La continua crisi di governo lo preoccupa.
7 Egli pensa di dare il voto ad un partito popolare.
8 I giovani partecipano alla vita politica.
9 I risultati delle elezioni cambiano l'indirizzo di governo.

*hanno cambiato*

## II  The present perfect tense with *essere*

1) The present perfect of a number of verbs is formed with the auxiliary
**essere.** The past participle of these verbs agrees in gender and number with the subject.

|  |  |
|---|---|
| Mario **è andato** a Siena. | Filippo e Fabrizio **sono andati** a Pisa. |
| Kathy **è andata** a Perugia. | Anna e Alessandra **sono andate** a Padova. |

2) Verbs conjugated with **essere** are intransitive; that is, they do not take
a direct object. Many of them involve movement to and from a place
(**andare, partire, entrare,** etc.)

| | |
|---|---|
| **Siamo partiti** lunedì. | *We left* on Monday. |
| Paolo **è entrato** nel ristorante. | Paolo *entered* the restaurant. |

Here is the present perfect tense of **andare:**

| | |
|---|---|
| sono andato/andata | siamo andati/andate |
| sei andato/andata | siete andati/andate |
| è andato/andata | sono andati/andate |

3) A few verbs take **essere** when they are intransitive, and **avere** when
they are transitive.

| | |
|---|---|
| **Sono passati** molti anni. | Many years *have passed.* |
| **Ho passato** l'estate in campagna. | *I spent* the summer in the country. |

Here is a list of common verbs that form the present perfect with the
auxiliary **essere.**

| | | |
|---|---|---|
| **andare: andato** | *to go* | Siete andati in Italia? |
| **arrivare: arrivato** | *to arrive* | Il treno è arrivato alle sedici. |
| **diventare: diventato** | *to become* | Giampiero è diventato cattivo. |
| **entrare: entrato** | *to enter* | Le signore sono entrate nel bar. |
| **partire: partito** | *to depart, to leave* | Siamo partiti alle nove. |
| **restare: restato** | *to stay, to remain* | La nonna è restata a casa. |
| **ritornare: ritornato** | *to return* | Chi è ritornato dal cinema? |
| **tornare: tornato** | *to return* | Mia sorella è tornata ieri. |
| **uscire: uscito** | *to go out,* | Con chi è uscita Linda? |

**D** Ask another student whether he or she has ever gone to the following places. Be sure to make the past participle agree with the subject.

▶ in Italia    S¹: *Sei mai andato/andata in Italia?*
             S²: *Sì, sono andato/andata in Italia.*
                *No, non sono mai andato/andata in Italia.*

1  a Roma
2  in Sicilia
3  in Francia
4  in Germania
5  a Palermo
6  a Pisa
7  in Svizzera
8  a Venezia

**E** Restate the following sentences in the present perfect.

1  I miei genitori vanno negli Stati Uniti.
2  Partono con la nave da Genova.
3  Arrivano a Boston dopo dieci giorni.
4  Restano a Boston due settimane.
5  Ritornano in Italia dopo una magnifica vacanza.

**F** Answer the following questions.

1  È entrato/entrata ieri in un bar, in un negozio?
2  È andato/andata in vacanza quest'estate? Dov'è andato/andata?
3  È uscito/uscita sabato sera? Dove è andato/andata? Al cinema o al ristorante? Con chi è uscito/uscita? A che ora è tornato/tornata a casa?
4  A che ora è arrivato/arrivata a scuola oggi? A che ora è arrivato/arrivata ieri?
5  È arrivato/arrivata a scuola in macchina? in autobus? in motocicletta? in bicicletta? a piedi (*on foot*)?

**Ripasso**    **A** The following events happened last week. Change each verb to the present perfect. Use the auxiliary *avere* or *essere,* as required.

1  Gianni e Pino vanno in vacanza ad Assisi.
2  Gianni incontra Pino alla stazione.
3  Pino compra due biglietti di andata e ritorno.
4  I due amici viaggiano in seconda classe.
5  Arrivano a Spoleto.
6  Un treno locale porta i due amici ad Assisi in poco tempo.
7  Ad Assisi visitano le antiche chiese della città.
8  Ritornano a Roma alle sedici del giorno seguente.

**B** Form sentences in the present perfect, using the cues indicated.

1. i signori Dini / arrivare / alle dieci / di mattina
2. noi / tornare / a casa / molto tardi
3. Giorgio / entrare / nel bar / per comprare / gettone
4. voi / restare / a casa / stasera?
5. io / non uscire / con / le mie amiche / ieri sera
6. Giampiero / non partire / per la Francia
7. mio fratello / diventare / molto importante

**C** Susanna spent last summer in Italy. Before leaving, she prepared the following itinerary. Describe her visit, using the present perfect tense of each verb indicated.

| | |
|---|---|
| 2 luglio | partire da Nuova York in aereo |
| 3 luglio | arrivare a Milano |
| 3 luglio — 10 luglio | restare una settimana a Milano |
| 11 luglio | andare a Roma in treno |
| 14 luglio | andare a Napoli in macchina |
| 21 luglio | visitare la zia a Sorrento |
| 1° agosto | ritornare a Nuova York |

▶ Susanna è partita da Nuova York in aereo il due luglio. ...

**D** Write a story describing the events that take place in the following series of pictures. Use the present perfect tense.

**E** Express in Italian, using the present perfect tense. Refer to the dialogue on page 66 if you need help with the vocabulary.

1 This morning my friend Paola and I went to Porta Portese.
2 We went from one booth to another.
3 Paola bought some original pictures to decorate her bedroom.
4 I found a red wool skirt and a blue velvet jacket.
5 Later we met our friends Enrico and Stefano in the Piazza Navona and we went to a bar.

**F** Change the following sentences to the negative, using double negative expressions.

1 Vado a Perugia.
2 Marco studia molto la chimica.
3 Anna abita ancora in via Appia.
4 Ho visto molta gente in quel negozio.
5 Gina parla anche con mia sorella.
6 Vanno a Roma e a Pisa.

# Lezione 13ª

## DA QUANTO TEMPO SEI A ROMA?

*Marisa e sua cugina incontrano Franco in via Veneto.*

MARISA   Franco, ti presento Giuliana, una mia cugina° di Bologna.    cousin of mine

FRANCO   Molto lieto di conoscerla, signorina.

GIULIANA   Oh, il piacere è mio.

FRANCO   Posso darti del tu?° Ti dispiace?°    **Posso** ... May I use the *tu*-form with you? /Do you mind?

5 GIULIANA   No, affatto.

FRANCO   Bene, da quanto tempo sei a Roma?

127

| GIULIANA | Da quindici giorni. | |
|---|---|---|
| FRANCO | Che cosa hai fatto di bello? | |
| GIULIANA | Sono andata in giro per° la città, ho visitato alcune chiese ed ho visto magnifiche fontane. | Sono ... I've gone around |
| FRANCO | Quali sono le tue impressioni sulla città? | |
| GIULIANA | È molto bella. Però ha così pochi giardini pubblici! | |
| MARISA | Hai ragione. Tra le capitali europee, Roma ha meno verde di tutte. | |
| FRANCO | Per fortuna abbiamo ancora i grandi parchi delle antiche famiglie romane. Altrimenti la città sarebbe° un enorme insieme° di palazzi. | would be / mass |
| MARISA | Che ne dite di° una gita ai Castelli Romani° uno di questi giorni? | che ... what would you say to / hilly region outside Rome |
| GIULIANA | È una splendida idea. | |
| FRANCO | Volentieri. Sono d'accordo anch'io. | |

*also.*

**Domande**
1 Come si chiama la cugina di Marisa?
2 Dove sono i tre giovani?
3 Da quanto tempo è a Roma Giuliana?
4 Che cosa ha fatto di bello?
5 Quali sono le sue impressioni sulla città?
6 Che cosa hanno intenzione di fare i giovani uno di questi giorni?

**Vocabolario**

*Nomi*

la **capitale**  capital
i **giardini pubblici**  public garden(s)
l'**impressione** *f.*  impression
il **palazzo**  building
il **parco**  park

*Aggettivi*

**enorme**  enormous
**europeo, -a**  European
**pochi** *pl.*  few
**romano, -a**  Roman

*Verbi*

**dire**  to say, to tell

*Altre parole ed espressioni*

**affatto**  not at all
**altrimenti**  otherwise
**meno**  less

**andare in giro**  to go around
**ti presento Giuliana**  I'd like you to meet Giuliana
**molto lieto di conoscerla**  glad to meet you
**che cosa hai fatto di bello?**  what have you done for excitement?
**da quanto tempo sei a Roma?**  how long have you been in Rome?
**avere ragione**  to be right
**per fortuna**  fortunately
**sono d'accordo anch'io**  I agree, too

## Nota culturale: *The parks in Rome*

In Rome, as in some other Italian cities, there are few parks and public gardens. This is because in ancient cities buildings were built close together and streets were made narrow for better protection. Most of the parks and open spaces that exist today used to belong to wealthy noble families. For example, Villa Borghese, the most beautiful Roman park, used to belong to the famous Borghese family. At the beginning of this century, it was bought by King Victor Emmanuel III, and then given by him as a gift to the city.

Roma. A passeggio per Villa Borghese.

**Modificazioni**

1 Da quanto tempo sei **a Roma?**
   a Napoli
   in Italia
   in Francia

2 Da **quindici giorni.**
   dieci giorni
   una settimana
   un mese

3 Ti presento **Giuliana.**
   mia moglie
   mio padre
   Gianni e Piero
   le mie amiche

4 Molto lieto di **conoscerla, signorina.**
   conoscerla, signora Marini
   conoscerla, signor Paolini
   conoscerli, signori
   conoscerle, signorine

**Pratica**

**A** Pretend that you are having an *espresso* at an outdoor *bar* in Rome. Your friend Enrico passes by, accompanied by his cousin Claudio, who is from Milan. Enrico introduces you to Claudio and then you ask Claudio how long he has been in Rome, what he's seen and done.

**B** Maria was very busy during her first week in Rome. Every day she had something to do. *On Monday* she went around the city, *on Tuesday* she visited different churches, *on Wednesday* she visited one of her friends, *on Thursday* she went to see some famous fountains, *on Friday* she went to see some parks, *on Saturday* she went to the movies with her cousin, and *on Sunday* she went to buy something at the Porta Portese flea market. Say in Italian what she did each day.

Lunedì Maria …
Martedì …
Mercoledì …
Giovedì …
Venerdì …
Sabato …
Domenica …

## *Pronuncia:* /kw/ = qu

The letter combination **qu** as in **quando** is always pronounced as in the English word *question*. It occurs before the vowels **a, e, i** and **o**.

**A** Listen and repeat the following words after your instructor.

| | | | |
|---|---|---|---|
| quaderno | quegli | qui | quota |
| quando | questo | quindici | quotazione |
| quanto | quello | | |
| quali | questione | | |
| quasi | | | |

*(handwritten annotations:* when –quando; How much– quanto; quotazione – quotation.*)*

**B** Read the following sentences aloud. Pay particular attention to the way you pronounce the letter combination *qu*.

1 Qui ci sono quindici quaderni.
2 Quanto costa questo libro?
3 Prende dell'acqua minerale?
4 Quali libri hai comprato?

# Ampliamento del vocabolario

## Giardini e parchi

1 la panchina—bench  4 il bambino     7 l'albero—tree   10 il prato feild
2 il lago—LAke      5 la bambina     8 l'aiuola—field of flowers 11 l'uccello—bird,
3 la pianta          6 il cane—dog     9 il fiore—Flower

grass—l'herba

Read the following paragraph, then answer the questions based on it.

### Il verde della mia città

I giardini pubblici della mia città sono molto belli. Ci
sono aiuole con fiori di ogni colore, alberi e piante
verdi. Ci sono anche panchine dove la gente si siede°   sit
per leggere e riposare. Abbiamo anche un grande
parco nella città. Durante l'estate ci sono sempre
molti bambini che giocano° sui prati. Nel mezzo del   play
parco c'è anche un piccolo lago.

1 Come sono i giardini pubblici della città?
2 Cosa c'è nei giardini pubblici?

3 Dove si siede la gente?
4 Dove giocano i bambini?
5 Cosa c'è nel mezzo del parco?

## *Struttura ed uso*

### I   Irregular past participles

Many Italian verbs, particularly **-ere** verbs, have irregular past participles. They do not follow the patterns **-ato**, **-uto**, and **-ito** of regular **-are**, **-ere**, and **-ire** verbs.

Here is a list of common verbs with irregular past participles. A more complete list is given in the Appendix, page 321. Asterisks indicate that the present perfect tense is formed with **essere**.

| | | |
|---|---|---|
| **aprire: aperto** | *to open* | Chi ha aperto la porta? |
| **bere: bevuto** | *to drink* | Ho bevuto una limonata. |
| **chiedere: chiesto** | *to ask (for)* | Hai chiesto qualche cosa a Maria? |
| **chiudere: chiuso** | *to close* | I ragazzi hanno chiuso la finestra. |
| **dire: detto** | *to say, to tell* | Che cosa hai detto? |
| **discutere: discusso** | *to discuss* | Hanno discusso di politica. |
| **fare: fatto** | *to do, to make* | Non avete fatto niente oggi. |
| **leggere: letto** | *to read* | Signorina, ha letto bene. |
| **mettere: messo** | *to place, to put* | Non ho messo il libro sul banco. |
| **morire: morto\*** | *to die* | Mio zio è morto ieri. |
| **nascere: nato\*** | *to be born* | Quando è nato tuo fratello? |
| **offrire: offerto** | *to offer* | Il signore ha offerto un caffè. |
| **perdere: perso** | *to lose* | Mario ha perso i guanti. |
| **prendere: preso** | *to take* | Chi ha preso la mia penna? |
| **rimanere: rimasto\*** | *to stay, to remain* | Voi siete rimasti a Palermo? |
| **rispondere: risposto** | *to answer* | Non ho risposto bene alla domanda. |
| **scendere: sceso** | *to get off, to descend* | Noi siamo scesi alla terza fermata. |
| **scrivere: scritto** | *to write* | Hai scritto una bella lettera. |
| **soffrire: sofferto** | *to suffer* | Mio cugino ha sofferto molto. |
| **spendere: speso** | *to spend* | I miei genitori hanno speso poco. |
| **vedere: visto** | *to see* | Abbiamo visto molta gente. |
| **venire: venuto\*** | *to come* | Sono venuto a prendere il libro. |

Note: **Perdere** and **vedere** have regular past participles as well as irregular ones. **Perduto** and **veduto** can be used interchangeably with **perso** and **visto**.

**A** A large group of students visited Ravenna last week and saw several beautiful churches there. Tell who saw the churches.

▶ Luciana    *Luciana ha visto (veduto) alcune belle chiese a Ravenna.*

| | | | | | |
|---|---|---|---|---|---|
| 1 | Franco | 4 | tu | 7 | voi |
| 2 | Maria e Franco | 5 | io | 8 | Giorgio ed io |
| 3 | noi | 6 | Susanna | 9 | Filippo, Mario e Pino |

**B** Whenever Gianni wants to do something, his older sister Teresa says she's already done it. Take Teresa's role.

▶ Gianni: Apro le finestre?    *Teresa: Io ho già aperto le finestre.*

1 Chiudo la porta?
2 Chiedo i soldi alla mamma?
3 Rispondo allo zio?
4 Offro il caffè a Silvana?
5 Metto la macchina nel garage?
6 Prendo il latte?
7 Scrivo le cartoline?
8 Telefono a Laura?

**C** Complete the following sentences with the past perfect of the verbs listed below. Use each verb only once.

| | | |
|---|---|---|
| mettere | offrire | soffrire |
| nascere | perdere | scrivere |
| morire | rispondere | prendere |

1 Il bambino ... ... il 2 ottobre; ha un anno.
2 Ieri io ... ... molto dal dentista.
3 Mia sorella ... ... la borsa a Porta Portese.
4 Tu ... ... a Giorgio una cartolina o una lettera?
5 Mio nonno ... ... la settimana scorsa.
6 Stefano, dove ... ... i miei dischi?
7 Il signor Biotti m' ... ... un'aranciata.
8 Perché non ... ... a quello studente?
9 Questa mattina io ... ... un gelato al bar *Gli Sportivi.*

**D** Change the following sentences to the present perfect.

▶ Scrivo a mia sorella.    *Ho scritto a mia sorella.*

1 Tu vendi la macchina.
2 Adriana finisce i compiti.
3 Leggiamo il giornale.
4 Apri le finestre.
5 Vedo i miei amici.
6 Loro bevono il caffè.
7 Michele prende le lettere.
8 Voi comprate il quadro.

## II Possessive pronouns

1) The possessive pronouns are identical in form to the possessive adjectives (see p. 72).

Ho trovato **la sua penna.**       Ho trovato **la sua.**
Ecco **i miei biglietti.**          Ecco **i miei.**
**I loro** dischi sono magnifici.   **I loro** sono magnifici.

Here is a complete chart showing all the forms of the possessive pronouns.

|  | *m. sg.* | *m. pl.* | *f. sg.* | *f. pl.* |
|---|---|---|---|---|
| mine | il mio | i miei | la mia | le mie |
| yours (*fam.*) | il tuo | i tuoi | la tua | le tue |
| his, hers, yours (*formal*) | il suo | i suoi | la sua | le sue |
| ours | il nostro | i nostri | la nostra | le nostre |
| yours (*fam.*) | il vostro | i vostri | la vostra | le vostre |
| theirs, yours (*formal*) | il loro | i loro | la loro | le loro |

2) When a possessive pronoun follows forms of the verb *essere,* the definite article may be omitted except in the case of *loro.*

Questa macchina è **mia.**
Quella maglia è **sua.**
*But:*  Questi giornali sono **i loro.**

3) In interrogative sentences, the definite article is rarely omitted.

Ecco la tua cravatta, ma dov'è **la mia?**
Di questi due libri, qual è **il tuo?**

**E** Carla and some of her friends are going on a trip to Sicily. Carla wants to be sure everyone has his or her belongings. Use the cues indicated to complete Carla's statements.

▶ Io ho la mia gonna, e Maria ...       *Maria ha la sua.*

1  Io ho le mie scarpe, e Gianna ...
2  Io ho le mie maglie, e voi ...
3  Io ho i miei pantaloni, e Federico e Filippo ...
4  Io ho la mia giacca, e Luciana ...
5  Io ho il mio impermeabile, e tu ...
6  Io ho il mio cappotto, e Maria ...

**F** Anna asks Elena a series of questions. Take Elena's role in responding to Anna. Use the appropriate form of the possessive pronoun.

▶ Anna: Il mio quaderno è sul banco.     Elena: *Il mio è sulla cattedra.*
Dov'è il tuo?

1  I miei libri costano duemila lire. Quanto costano i tuoi?
2  La mia macchina è nel garage. Dov'è la tua?
3  La mia gonna è rossa. Di che colore è la tua?
4  Il mio treno parte alle dieci. A che ora parte il tuo?
5  Le mie scarpe sono nuove. Come sono le tue?

**G** Identify the first item in each pair as belonging to you and the second item in each pair as belonging to Paolo. Use the appropriate possessive pronouns.

▶ il quaderno blu e il quaderno verde     *Il quaderno blu è mio; il quaderno verde è suo.*

1  il libro d'italiano e il libro d'inglese
2  la matita gialla e la matita rossa
3  questo giornale e quel giornale
4  la motocicletta rossa e la motocicletta nera
5  questi quadri e quei quadri
6  queste riviste e quelle riviste

**H** Express in Italian. Use the appropriate forms of the possessive pronouns.

1  I have my notebook and Carlo has his.
2  Laura lost her pocketbook and I lost mine.
3  There is your coat, but where is his?
4  We decorated our room, and they decorated theirs.
5  I have my ticket, but where is yours?

## III   *Da* with expressions of time

Compare the following Italian and English sentences. Notice the difference in the verb tenses used.

| | |
|---|---|
| Da quanto tempo **sei** a Roma? | How long *have you been* in Rome? |
| — **Sono** a Roma da quindici giorni. | — *I've been* in Rome for two weeks. |
| Da quanto tempo **lavora** qui? | How long *have you been working* here? |
| — **Lavoro** qui da un mese. | — *I've been working* here for a month. |

The present tense is used with **da** + *expression of time* to indicate how long something has been going on up to the present moment.

**I** Ask another student how long he or she has been carrying on the following activities.

▶ guardare la televisione     S¹: *Da quanto tempo guardi la televisione?*
                              S²: *Da un'ora.*

1  ascoltare la radio         5  parlare italiano
2  scrivere lettere           6  essere in Svizzera
3  lavorare qui               7  guidare l'automobile
4  aspettare l'autobus        8  leggere il giornale

**IV  The irregular verbs *bere* and *dire***

**bere**  to drink                **dire**  to say, to tell

| *Present:* | bevo | beviamo | | *Present:* | dico | diciamo |
|---|---|---|---|---|---|---|
| | bevi | bevete | | | dici | dite |
| | beve | bevono | | | dice | dicono |

*Present perfect:* io ho bevuto, etc.     *Present perfect:* io ho detto, etc.

**J** Tell what the following people are drinking at the *bar Roma.*

▶ Giorgio / aranciata     *Giorgio beve un'aranciata.*

1  Luigi / spremuta di limone      4  noi / acqua minerale
2  Marco e Antonella / espresso    5  voi / un cappuccino
3  io / un bicchiere di latte      6  loro / un aperitivo

**K** Report what the following people said they are going to do.

▶ Enrico / andare in campagna     *Enrico ha detto: Vado in campagna.*

1  Franco / andare al mare
2  io / andare in montagna
3  noi / studiare la lezione
4  tu / scrivere una lettera
5  voi / visitare alcune chiese
6  loro / prendere il treno per Napoli

# *Lezione 14ª*

## UNA GITA

Sono le dieci del mattino e Franco si sveglia all'improvviso. Immediatamente si ricorda dell'appuntamento, della gita ai Castelli e si rende conto che è tardi, che ha dormito più del solito. Subito si alza dal letto, si lava e si veste in fretta e furia. Poi, senza neanche mangiare, esce da casa e si reca verso il luogo fissato per l'appuntamento. Con sé ha un opuscolo turistico sui Castelli da mostrare alle sue amiche.

**Domande**

1 Che ore sono quando Franco si sveglia?
2 Di che cosa si ricorda?
3 Che cosa fa dopo che si alza?
4 Dove si reca poi?
5 Che cosa ha con sé?

## I Castelli Romani

Non molto lontano da Roma si innalzano i Colli Albani. Alle loro pendici ci sono quattordici cittadine pittoresche, i Castelli Romani, ricercata zona turistica e di villeggiatura. Alcuni centri famosi sono Frascati, Marino, Velletri e Castelgandolfo, ancora oggi residenza estiva del Papa.

5    Il nome Castelli deriva dal fatto che nei secoli scorsi i papi e le famiglie patrizie romane possedevano° in questi luoghi bellissime ville. La    used to own grande fertilità della zona ha poi permesso un'intensa coltivazione della vite e dell'olivo. Con il tempo i Castelli sono diventati famosi anche per la produzione del vino.

10    D'estate specialmente, quando a Roma il caldo afoso diventa insopportabile molta gente esce dalla città e si avvia verso° questi luoghi verdi    starts off e silenziosi. E quando si parla° dei Castelli, le prime cose che vengono alla    one speaks mente° sono una tranquilla osteria di paese, un delizioso panino al    come to mind prosciutto ed una fresca bottiglia di vino bianco.

**Vocabolario**

*Nomi*

la **bottiglia**  bottle
la **cittadina**  town
il **colle**  hill
la **coltivazione**  cultivation
il **fatto**  fact
la **fertilità**  fertility
l'**olivo**  olive tree
l'**opuscolo**  brochure
l'**osteria di paese**  small country inn
il **Papa**  pope
la **produzione**  production
la **residenza**  residence
il **secolo**  century
la **villa**  elegant house, usually with garden
la **villeggiatura**  vacation
il **vino**  wine
la **vite**  vine

*Verbi*

**alzarsi**  to get up
**derivare**  to derive
**innalzarsi**  to rise
**lavarsi**  to wash oneself
**mangiare**  to eat
**permettere**  to allow
**recarsi**  to go
**rendersi conto (di)**  to realize
**svegliarsi**  to wake up
**vestirsi**  to get dressed

*Aggettivi*

**bellissimo, -a**  very beautiful
**delizioso, -a**  delicious
**estivo, -a**  summer
**fissato, -a**  fixed, agreed on
**insopportabile**  unbearable
**intenso, -a**  intense
**patrizio, -a**  patrician
**pittoresco, -a**  picturesque
**ricercato, -a**  popular
**scorso, -a**  past
**silenzioso, -a**  tranquil, peaceful
**tranquillo, -a**  tranquil
**turistico, -a**  tourist

*Altre parole ed espressioni*

**immediatamente**  immediately
**verso**  toward

**all' improvviso**  suddenly
**più del solito**  more than usual
**in fretta e furia**  in great haste

**Pratica**

**A** Choose the answer that best completes each statement, according to the reading selection on page 138.

1 I Colli Albani si innalzano ...
   a) molto lontano da Roma
   b) non molto lontano da Roma
   c) non molto vicino a Roma

2 Ci sono quattordici cittadine ...
   a) alle loro ville
   b) alle loro zone
   c) alle loro pendici

3 La residenza estiva del Papa è ...
   a) Castelgandolfo
   b) Frascati
   c) Velletri

4 I Castelli sono famosi per la produzione ...
   a) di latte
   b) del caffè
   c) del vino

5 Nei Castelli c'è un'intensa coltivazione ...
   a) del tè
   b) della vite e dell'olivo
   c) dei fiori

6 I romani vanno ai Castelli ...
   a) d'inverno
   b) d'estate
   c) ogni giorno

7 I Castelli sono luoghi ...
   a) verdi e silenziosi
   b) brutti
   c) del Papa

8 Quando si parla dei Castelli viene alla mente ...
   a) una tranquilla osteria di paese
   b) il caldo insopportabile
   c) un'intensa coltivazione

**B** You are going to take a short trip. Call up a friend and discuss with him/her:

1 when you are going
2 how you are going to get there
3 who is going with you
4 what you expect to see
5 why you are going
6 where you will eat

## Pronuncia: The sound /ʎ/

The sound /ʎ/, as in **gli,** is somewhat like the *lli* in *million.* It is spelled **gli** before the letters **a, e, i,** and **u.** It is spelled **gl** before **i.** This sound may present problems of interference for English readers who tend to pronounce it like the combination *gli* in *glitter.*

**A** Listen and repeat the following words after your instructor.

| | |
|---|---|
| **gli** | bi**gli**etto |
| fi**gli** | fo**gli**o |
| a**gli** | ma**gli**a |
| de**gli** | lu**gli**o |
| e**gli** | fi**gli**a |

**B** Read the following sentences aloud. Pay particular attention to the way you pronounce the letters *gli.*

1  Voglio una bottiglia di vino.
2  Egli compra una maglia.
3  Prendo due biglietti.

## Ampliamento del vocabolario

### L'agricoltura

olio di oliva

vino

grano

Read the following paragraph about some of Italy's most important agricultural products, then respond to the true-false statements based on the paragraph.

*L'agricoltura in Italia*

Paese prevalentemente industriale, l'Italia ha anche una buona produzione agricola.° I contadini° coltivano principalmente la vite, il grano e l'olivo. I prodotti° agricoli italiani più importanti sono il vino e l'olio di oliva. I vini più ricercati vengono° dalla Toscana e dal Piemonte, mentre l'olio di oliva si produce° nel centro e nel meridione d'Italia.

agricultural / farmers

products

come

is produced

True or false? Correct each false statement.

1  L'Italia è un paese prevalentemente agricolo.
2  I contadini coltivano principalmente la vite, il grano e l'olivo.
3  I prodotti agricoli italiani più importanti sono il vino e il caffè.
5  I vini più ricercati vengono dalla Toscana e dal Piemonte.
6  L'olio di oliva si produce nel settentrione.

## Struttura ed uso

### I  Reflexive structures

Compare the sentences below. Note that in Column A, the pronouns in boldface type represent persons or things that are *different from* the subject. In Column B, the pronouns in boldface type represent persons or things that are *the same as* the subject.

|  A  |  B  |
|-----|-----|
| Io **la** guardo. (la = Elena) | Io **mi** guardo. |
| *I look at her.* | *I look at myself.* |
| Tu **la** lavi. (la = la macchina) | Tu **ti** lavi. |
| *You wash it.* | *You wash (yourself).* |
| Giorgio **lo** sveglia. (lo = Franco) | Franco **si** sveglia. |
| *Giorgio wakes him up.* | *Franco wakes (himself) up.* |

1) Verbs conjugated with the reflexive pronouns **mi, ti, si, ci, vi,** and **si** are called reflexive verbs. They are much more common in Italian than in English.

2) Some Italian verbs have both a non-reflexive and a reflexive use, depending on context.

| I ragazzi **le alzano** (le = mani). | I ragazzi **si alzano.** |
|---|---|
| The boys raise them. | The boys get up. |

3) Italian reflexives express many ideas that are not normally expressed with reflexive structures in English; for example:

| | |
|---|---|
| Luigi **si diverte.** | Luigi has a good time (amuses himself). |
| Giovanni **si siede.** | Giovanni sits down (seats himself). |
| Io **mi alzo** alle otto. | I get up (raise myself) at eight o'clock. |

4) In the present tense, the pronoun comes before the verb. It usually follows and (in writing) is attached to the infinitive.

**lavarsi**   to wash oneself,
  to get washed

**vestirsi**   to dress oneself,
  to get dressed

| | | | |
|---|---|---|---|
| io **mi lavo** | noi **ci laviamo** | io **mi vesto** | noi **ci vestiamo** |
| tu **ti lavi** | voi **vi lavate** | tu **ti vesti** | voi **vi vestite** |
| lui/lei **si lava** | loro **si lavano** | lui/lei **si veste** | loro **si vestono** |

Ora vado a **lavarmi.**        Ora vado a **vestirmi.**

5) In the present perfect tense, reflexive verbs always take the auxiliary **essere,** and therefore the past participle agrees with the subject.

| | |
|---|---|
| Paola **si è svegliata** alle sei. | Paola woke up at six. |
| I ragazzi non **si sono lavati.** | The boys didn't wash. |
| Luisa, **ti sei lavata** stamattina? | Luisa, did you get washed this morning? |

Here is a list of some common reflexive verbs in Italian. A more complete list is in the Appendix. Note that the English equivalents are often expressed without a reflexive structure.

| | | |
|---|---|---|
| **addormentarsi** | *to fall asleep* | Mi addormento presto. |
| **alzarsi** | *to get up* | Mario si alza sempre tardi. |
| **chiamarsi** | *to be called, to be named* | Mi chiamo Giuseppe. |
| **divertirsi** | *to have a good time, to enjoy oneself* | Ti diverti con gli amici? |
| **lavarsi** | *to wash (oneself)* | Mi lavo le mani. |
| **mettersi** | *to put on (clothing)* | Ti metti il cappello? |
| **mettersi (a + *inf.*)** | *to begin to, to start to* | Mi metto a studiare. |
| **prepararsi (per)** | *to get ready* | Luisa si prepara per uscire. |
| **recarsi** | *to go* | Si reca dal medico. |
| **ricordarsi** | *to remember* | Non mi ricordo l'indirizzo. |
| **sentirsi** | *to feel* | Valeria non si sente bene. |
| **svegliarsi** | *to wake up* | Mi sveglio sempre alle sei. |
| **vestirsi** | *to get dressed* | Ci vestiamo in fretta. |

**A** You have a twin named Luigi. Say that he does all the same things that you do.

▶ Io mi sveglio alle sei.    *Anche lui si sveglia alle sei.*

1  Io mi alzo alle sette.
2  Io mi lavo ogni mattina.
3  Io mi vesto in fretta.
4  Io mi preparo per partire.
5  Io mi reco all'università.
6  Io mi metto a studiare.
7  Io mi diverto in campagna.
8  Io mi addormento.

**B** It's Sunday afternoon and everyone's at home. Tell what each individual named begins to do.

▶ Daniela / studiare   *Daniela si mette a studiare.*
▶ io / ascoltare la radio   *Io mi metto ad ascoltare la radio.*

1  Piero / leggere il giornale
2  noi / guardare la televisione
3  tu / scrivere una lettera
4  loro / dormire
5  Franca e Luciana / lavorare
6  Giampaolo / parlare delle elezioni
7  io / giocare con i bambini
8  voi / discutere di politica

**C** Restate with the cued subjects.

▶ Io mi lavo spesso. (lui)   *Lui si lava spesso.*

1  Le ragazze si svegliano all'improvviso.  (la ragazza)
2  Tu ti addormenti in classe.  (io)
3  Paolo si diverte molto in campagna.  (i suoi genitori)
4  Noi ci prepariamo per partire.  (voi)
5  Loro si alzano alle sette.  (tu)
6  Io non mi ricordo il tuo numero di telefono.  (loro)
7  Voi vi recate all'università.  (tu)
8  Mia madre si mette a lavorare.  (i miei fratelli)
9  Noi ci vestiamo in fretta e furia.  (loro)
10  Io mi chiamo Luigi.  (tu)

**D** Restate the following paragraph in the present perfect. Remember to make the past participle agree in gender and number with the subject.

Franco si sveglia all'improvviso. Immediatamente si ricorda dell'appuntamento, della gita ai Castelli, e si alza subito dal letto. Si lava, si veste e poi, in fretta e furia, si reca verso il luogo fissato per l'appuntamento.

## II  Reflexives with reciprocal meaning

Plural reflexive forms may convey a reciprocal meaning (*with each other, to one another,* etc.)

**Si vedono** ogni sabato.          *They see each other* every Saturday.
**Noi ci scriviamo** ogni giorno.   *We write to each other* every day.

Here are a few reflexive verbs often used with reciprocal meaning.

| | | |
|---|---|---|
| **aiutarsi** | *to help each other* | Le ragazze si sono aiutate. |
| **incontrarsi** | *to meet (each other)* | Dove vi siete incontrati? |
| **salutarsi** | *to greet each other* | Gli amici si salutano. |
| **scriversi** | *to write to each other* | Perché si scrivono così spesso? |
| **vedersi** | *to see each other* | Noi ci vediamo ogni settimana. |

**E** Restate with the pronoun *loro.*

▶ Noi ci incontriamo a Firenze.    *Loro si incontrano a Firenze.*

1  Noi ci scriviamo spesso.
2  Noi ci vediamo domani mattina.
3  Noi ci aiutiamo volentieri.
4  Noi ci siamo scritti ogni giorno.
5  Noi ci siamo incontrati allo stadio.
6  Noi ci siamo visti alla stazione.

**F** Form sentences in the present tense with the cues provided.

▶ Noi / incontrarsi / nel pomeriggio    *Noi ci incontriamo nel pomeriggio.*

1  loro / scriversi / spesso
2  noi / salutarsi / ogni mattina
3  voi / incontrarsi / al bar
4  gli amici / salutarsi / al ristorante
5  Franco e Mirella / vedersi / spesso
6  Alberto ed io / incontrarsi / a Milano
7  Stefania e tu / aiutarsi / sempre
8  Tina e Vera / vedersi / ogni settimana

**G** Restate each sentence in Exercise F in the present perfect. Remember to use the auxiliary *essere* and to make the past participle agree with the subject.

## III Reflexive structures with parts of the body and articles of clothing

In reflexive structures, the definite article is used with parts of the body and articles of clothing, since the possessor is clearly understood.

| | |
|---|---|
| **Mi lavo.** | I wash (myself). |
| **Mi lavo le mani.** | I wash my hands. |
| **Mi metto la camicia.** | I put on my shirt. |

Note that when the subject of the sentence is plural, the part of the body or article of clothing is in the singular if each individual in the group has only *one* of that particular item:

| | |
|---|---|
| I ragazzi si mettono **il cappotto.** | The boys put on *their coats*. |

**H** Say that the following persons wash their hands.

▶ Lucio     *Lucio si lava le mani.*

1  io
2  voi
3  Michele e suo fratello
4  tu
5  noi
6  Monica e Luciana
7  Elena
8  mia sorella

**I** Say that the persons indicated in Exercise H did *not* wash their hands.

▶ Lucio     *Lucio non si è lavato le mani.*

**J** Tell what articles of clothing each person puts on.

▶ io / i guanti     *Io mi metto i guanti.*

1  loro / i pantaloni
2  Giorgio / la giacca
3  Marta e Paolo / la maglia
4  mia sorella / l'impermeabile
5  tu / il vestito blu
6  voi / le scarpe nuove
7  noi / il cappotto
8  le signorine / la gonna lunga

**K** Express in Italian:

1 I put on my hat.
2 She puts on her coat.
3 We put on our shoes.

4 Did you put on your shirt?
5 Did they put on their socks?
6 Did he put on his jacket?

## IV  The irregular verbs *venire* and *uscire*

| **venire** | to come | | **uscire** | to got out |
|---|---|---|---|---|
| *Present:* | vengo veniamo | *Present:* | esco usciamo | |
| | vieni venite | | esci uscite | |
| | viene vengono | | esce escono | |

*Present perfect:* io sono venuto / venuta, *etc.*

*Present perfect:* io sono uscito/ uscita, *etc.*

**L** A group of students from all parts of Italy arrive in Florence. Tell what city they come from.

▶ Marco ... Assisi    *Marco viene da Assisi.*

1 Maria ... Pisa
2 io ... Orvieto
3 Alberto ... Roma
4 noi ... Palermo

5 Anna e Bettina ... Milano
6 Paolo ... Bologna
7 loro ... Siena
8 voi ... Venezia

**M** Tell what time each person goes out.

▶ Giancarlo / alle dieci    *Giancarlo esce alle dieci.*

1 Luisa / a mezzogiorno
2 noi / alle tre e mezzo
3 Maria e tu / alle quattro
4 voi / alle cinque meno cinque
5 i miei genitori / spesso alle sei
6 io / alle due del pomeriggio

**N** Answer the following questions.

1 A che ora esce di casa la mattina?
2 A che ora viene a scuola la mattina?
3 Viene a scuola a piedi? in autobus? in macchina?
4 Viene a scuola per studiare l'inglese o l'italiano?
5 A che ora esce dalla lezione d'italiano?
6 Esce ogni sera? ogni venerdì? ogni sabato?
7 Esce con gli amici o con un'amica?

**Ripasso**

**A** Here is a page from Luisa's diary showing what special things she did on Monday and Tuesday. Complete the diary for the rest of the week. Use reflexive verbs when possible.

lunedì:     Questa sera sono andata da Carla. Abbiamo ascoltato alcuni dischi di musica classica. Ci siamo divertite molto.

martedì:     Questo pomeriggio sono andata con Roberto al museo delle Belle Arti. Poi siamo andati ad un bar, vicino alla stazione.

mercoledì:

giovedì:

venerdì:

sabato:

domenica:

**B** Giancarlo has received the following letter from Enrico. Report what Giancarlo tells his friends about Enrico's activities.

giovedì, 27 maggio

Caro Giancarlo,

    La settimana scorsa sono andato a Tivoli a visitare i miei cugini. Ho visto molta gente e ho mangiato molto bene. Insieme a mio cugino Giovanni ho visitato altre cittadine lì vicino e ci siamo divertiti molto. Spesso la sera siamo andati a ballare ed ho conosciuto alcune ragazze simpatiche. È stata una vacanza bellissima. Non appena ci vediamo ti dirò di più. Ciao,

*Enrico*

Giancarlo:     Enrico dice che ...

**C** Giuliana has returned to her home in Bologna and tells her boyfriend all about the trip to Rome. Make up a dialogue between them. Begin this way:

Giuliana:     Ciao, Giorgio. Come stai?

Giorgio:     Bene, grazie. Che cosa hai fatto di bello a Roma?

Giuliana:     ...

**D** Supply the correct forms of the possessive pronouns.

1   Ho la mia borsa e tu hai ...
2   Luisa ha la sua gonna e Marta ha ...
3   Questa maglia è mia e quella è ...
4   Noi abbiamo i nostri libri e loro hanno ...
5   Laura ha le sue scarpe e voi avete ...

**E** Write two-line captions for each of the following pictures. Use the present perfect tense.

# *Lezione 15ª*

## FINE-SETTIMANA SULLA NEVE

*Franco invita il suo amico Mario ad andare a sciare.*

FRANCO  Mario, vorresti venire a passare un fine-settimana sulla neve?

MARIO  Va bene, però devo comprare un nuovo paio di sci.

FRANCO  Io li ho visti in svendita in un negozio di via Salaria. Perché non vai a comprarli là?

5  MARIO  Certo, hai ragione. Con i prezzi di oggi risparmiare è sempre utile. Hai già deciso dove andremo a sciare?

FRANCO A Campo Imperatore, negli Abruzzi.

MARIO Dove dormiremo?

FRANCO Mia nonna abita in un paese lì vicino. Forse avremo la pos-
10 sibilità di stare a casa sua?           *at her house*

MARIO Davvero?

FRANCO Sì. Le telefonerò appena tornerò a casa.

MARIO Andremo con l'autobus?

FRANCO No, useremo la mia macchina, così staremo più comodi.

15 MARIO Magnifico! Sarà proprio una bella gita.

FRANCO Ti chiamo domani sera, così stabiliremo insieme l'ora della
partenza.

MARIO D'accordo, ciao.


**Domande**

1 Che cosa dice Franco a Mario?
2 Che cosa deve comprare Mario?
3 Dove li ha visti Franco?
4 Dove andranno a sciare i due amici?
5 Dove abita la nonna di Franco?
6 Dove avranno la possibilità di stare Franco e Mario?
7 Andranno a Campo Imperatore in autobus o con la macchina?
8 Quando stabiliranno insieme l'ora della partenza?


**Vocabolario**

*Nomi*

il **fine-settimana** weekend
la **neve** snow
il **paio** pair
la **possibilità** opportunity
il **prezzo** price
la **partenza** departure
lo **sci** ski
la **svendita** sale

*Aggettivi*

**comodo, -a** comfortable
**utile** useful

*Altre parole ed espressioni*

**appena** as soon as
**davvero** really
**insieme** together
**là** there

**in svendita** on sale
**lì vicino** near there

*Verbi*

**decidere (deciso)** to decide
**invitare** to invite
**passare** to spend
**risparmiare** to save
**sciare** to ski
**stabilire** to establish

## Nota culturale: *Skiing in Italy*

During the past decade, skiing has flourished in Italy, due mostly to the economic boom of the late 1960's and early 1970's. One of the most popular ski resorts in central Italy is *Campo Imperatore,* located in the Abruzzi region on the slopes of the *Gran Sasso,* the highest peak in the Appenines. Italy has always had beautiful mountain resorts, but not until recently have they become accessible to the large numbers of Italians that crowd the slopes today.

Weekend activities like skiing have become quite common in Italy for many people. Not all Italians can take advantage of a two-day weekend, however, because for many employees, workers, and students, Saturday is just another workday. Only banks and some private companies have a five-day work-week.

Abruzzi. Campo Imperatore.

**Modificazioni**

1 Compri un paio di **sci?**
    pattini
    guanti
    pantaloni
    scarpe

2 Sì, **li ho visti** in svendita.
    l'ho visto
    le ho viste
    l'ho vista

3 Dove **andremo a sciare?**
    alloggeremo
    compreremo la giacca
    pattineremo
    nuoteremo

4 Ti chiamo **domani.**
    stasera
    nel pomeriggio
    verso le cinque
    dopodomani

**Pratica**

**A** Make up a dialogue based on the following information:

It's a very warm day in July in Rome. The temperature is 32° Celsius. Silvia wants to go swimming at the beach in Ostia, and calls up her friend Elena to ask her to go with her. Silvia's car is at the garage for repairs, so they plan to go by subway. They'll take the *metropolitana* (*subway*) at 11:30 and arrive in Ostia at 12:00. They'll return that night and arrive home at 8 o'clock.

**B** You and a friend plan to go skating this weekend. Ask him/her which of the following items of clothing he/she is going to wear.

> la maglia      l'impermeabile
> la camicia     il cappotto
> la giacca      i guanti

▶ Ti metti la maglia?     *Sì, mi metto la maglia.*
                          *No, non mi metto la maglia.*

## Pronuncia: the sound /ŋ/

The sound /ŋ/ in Italian sounds very much like the sound *ny* as in *canyon.*

**A** Listen and repeat the following words after your instructor.

> signore      campagna     cognome      spagnolo
> signorina    lasagna      disegno      Spagna
> signora      bagno        sogno        lavagna

**B** Read the following sentences aloud. Pay particular attention to the way you pronounce the letters *gn.*

1   Il signor Cristini va in campagna.
2   La signora ha fatto un bel sogno.
3   Maria è spagnola.

## Ampliamento del vocabolario

**Lo sport**

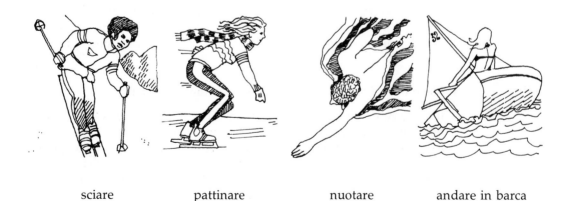

sciare          pattinare          nuotare          andare in barca

| giocare a tennis | giocare a pallacanestro | giocare a pallone | andare a cavallo |

Answer the following questions.
1 Fai dello sport (*do you practice sports*)?
2 In quale stagione vai a sciare?
3 Preferisci giocare a pallacanestro o andare a cavallo?
4 Vai a nuotare al lago o in piscina (*swimming pool*)?
5 Giochi spesso a pallone?
6 Con chi giochi a tennis?

## Struttura ed uso

### I The future tense

Compare the future tense forms in the Italian and English sentences below. In Italian, the future tense consists of a single verb form; in English, it consists of the auxiliary *shall* or *will* and the basic verb.

**Comprerò** un nuovo paio di sci.    *I'll buy* a new pair of skis.
**Stabiliremo** l'ora della partenza.    *We'll establish* the hour of departure.
**Partiranno** abbastanza presto.    *They'll leave* quite early.

Remember that in Italian, when the action is about to take place or will take place in the *near* future, the present tense is often used.

Ti **chiamo** domani sera.    *I'll call* you tomorrow night.

Here are the future-tense forms of a regular **-are, -ere,** and **-ire** verb. Note that the endings are identical for all three verbs, and that the stem consists of the infinitive minus the final **-e.** In **-are** verbs, the **-a** of the infinitive ending changes to **e.**

|         | **comprare**      | **discutere**      | **partire**       |
|---------|-------------------|--------------------|-------------------|
| io      | comprer**ò**      | discuter**ò**      | partir**ò**       |
| tu      | comprer**ai**     | discuter**ai**     | partir**ai**      |
| lui/lei | comprer**à**      | discuter**à**      | partir**à**       |
| noi     | comprer**emo**    | discuter**emo**    | partir**emo**     |
| voi     | comprer**ete**    | discuter**ete**    | partir**ete**     |
| loro    | comprer**anno**   | discuter**anno**   | partir**anno**    |

Verbs ending in **-care** and **-gare** add an **h** to the future tense stem.

**cercare: cercher-**

Io **cercherò** il libro.
Noi **cercheremo** il giornale.

**pagare: pagher-**

Io **pagherò** il conto.
Noi **pagheremo** la rivista.

**A** Ask another student if he/she will do the following things during the next vacation, and to answer in the affirmative or negative.

▶ partire per l'Italia

S¹: *Partirai per l'Italia?*
S²: *Sì, partirò per l'Italia.*
   *No, non partirò per l'Italia.*

1 studiare le lezioni
2 guardare la televisione
3 scrivere molte lettere
4 uscire con gli amici
5 leggere molti libri
6 discutere di politica
7 spendere molti soldi
8 recarsi all'università
9 divertirsi molto
10 alzarsi tardi

**B** Restate in the future.

▶ Franco vende i suoi sci.    *Franco venderà i suoi sci.*
▶ Io mi metto la camicia.    *Io mi metterò la camicia.*

1 Enrico si mette la giacca.
2 Maria discute con Patrizia.
3 Voi scrivete una cartolina.
4 Noi visitiamo la chiesa di Sant'Angelo.

5   Kathy, parli con tua sorella?
6   Piero, spendi molti soldi?
7   Mi alzo alle sette.
8   Tu ti diverti.
9   Lui si veste in fretta.
10  Mi preparo per partire.

C  Complete each sentence with an appropriate phrase, using the future tense of *cercare*.

▶ Io ho perso i guanti, ...    *domani li cercherò.*

1  Tu hai perso l'orologio, ...
2  Lui ha perso il certificato, ...
3  Noi abbiamo perso le penne, ...
4  Voi avete perso gli sci, ...
5  Loro hanno perso i libri, ...
6  Io ho perso l'indirizzo di Marcello, ...

## II  Verbs with irregular future stems

The following verbs have irregular future stems. A more complete list is given in Appendix G, page 321.

| Infinitive | Future stem | Future tense |
|---|---|---|
| andare | **andr-** | andrò, etc. |
| avere | **avr-** | avrò, etc. |
| bere | **berr-** | berrò, etc. |
| dare | **dar-** | darò, etc. |
| essere | **sar-** | sarò, etc. |
| vedere | **vedr-** | vedrò, etc. |
| venire | **verr-** | verrò, etc. |

D  Restate using the cue indicated.

▶ Sandro andrà in campagna. (io)    *Io andrò in campagna.*

1  Sandro andrà al mare.   (noi)
2  Sandro andrà in montagna.   (noi)
3  Sandro andrà a cavallo.   (tu)
4  Sandro andrà a pattinare.   (loro)
5  Sandro andrà a giocare a tennis.   (Maria)
6  Sandro andrà a nuotare.   (i suoi amici)

**E** The following people aren't here yet, but they will be later. Complete each statement using the appropriate form of *essere*.

▶ Gino non è ancora qui, ...     *ma sarà qui più tardi.*

1   Michele e Riccardo non sono ancora qui, ...
2   Mio fratello non è ancora qui, ...
3   Mia sorella non è ancora qui, ...
4   Le mie amiche non sono ancora qui, ...

**F** Complete the following sentences, using the future tense of the verbs indicated in parentheses.

▶ (dare) Domani noi ... i dischi      *Domani daremo i dischi ai*
    ai nostri amici.                            *nostri amici.*

1   (dare) Che cosa ti ... tua zia per il compleanno?
2   (andare) I miei genitori ... a Palermo domenica prossima.
3   (andare) Dove ... tu questo fine-settimana?
4   (venire) Chi ... all' università con noi venerdì?
5   (venire) A che ora ... lei a casa domani sera?
6   (vedere) I signori Conti ... il dramma di Pirandello giovedì.
7   (vedere) Che cosa ... voi al Teatro Eliseo questa sera?
8   (avere) Gianna ... la possibilità di sciare l'inverno prossimo.
9   (avere) Io ... venticinque anni a febbraio.
10  (essere) Quante persone ci ... allo stadio domenica?

## III   The future tense after *quando, appena,* and *se*

The future tense is used after *quando, appena,* and *se* when the action of the main verb takes place in the future.

Quando **vado** a Roma, **alloggio** sempre all'Albergo Sole.
La **chiamo** appena **arrivo** a casa.

Se tu **porti** i tuoi sci, io **porto** i miei.

Quando **andremo** a Roma, **alloggeremo** all'Albergo Sole.
La **chiamerò** appena **arriverò** a casa.

Se tu **porterai** i tuoi sci, io **porterò** i miei.

**G** Some friends plan to spend their Easter vacation in Italy. Tell which city they will visit as soon as they arrive in Italy.

▶ Lucia: Palermo      *Appena arriverà, visiterà Palermo.*

1   Carlo: Brindisi
2   Silvia: Torino
3   Federico e Pietro: Messina
4   voi: Trieste

5   io: Pisa
6   Lucio: Ravenna
7   noi: Milano
8   tu e Gina: Siena

**H** Restate in the future.

▶ Se vai, vengo anch'io.   *Se andrai, verrò anch'io.*

1 Se compri il giornale, lo leggo anch'io.
2 Se parti domani, parto anch'io.
3 Se andate al mare, vengo anch'io.
4 Se paghi il conto, ti ringrazio.
5 Se io arrivo in tempo, ti telefono.

**I** Restate in the future.

▶ Quando vado a Roma, alloggio     *Quando andrò a Roma, alloggerò*
   in quell'albergo.     *in quell'albergo.*

1 Quando ho tempo, scrivo a Gabriella.
2 Quando mando una cartolina allo zio, mi ringrazia.
3 Quando esco con gli amici, mi diverto.
4 Quando viene il cameriere, paghiamo il conto.
5 Quando sono a casa, ascoltano la radio.
6 Quando finiamo le vacanze, torniamo a scuola.

## ✳ IV   The future of conjecture or probability

The future tense is sometimes used to express conjecture or probability
in the present.

| | |
|---|---|
| Che ora è? | What time is it? |
| —**Saranno** le otto. | —*It's probably* (*It must be*) eight o'clock. |
| | |
| Chi è alla porta? | Who's at the door? |
| —**Sarà** Maria. | —*It's probably* (*It must be*) Maria. |

**J** Maria and Luigi are giving a party and they're expecting additional
guests. Every time someone knocks at the door they guess who the
person is.

▶ Giorgio     *Sarà Giorgio.*
▶ Giorgio e Anna     *Saranno Giorgio e Anna.*

1 il signor Biavati
2 le signorine Roselli
3 Paolo e sua sorella
4 l'ingegner Cristini
5 la professoressa Boni
6 i nostri cugini

**K** Answer the following questions with the second alternative, using the future tense of the verb to express conjecture or probability.

▶ Che giorno è? Sabato o domenica?   *Sarà domenica.*
▶ Quante maglie ha Paola? Due o tre?   *Avrà tre maglie.*

1  Di che colore è la sua macchina? Blu o bianca?
2  Chi è al telefono? Luisa o Piero?
3  Dove sono i bambini? A scuola o a casa?
4  Che tempo fa? Fa caldo o fa freddo?
5  Quanti anni ha Roberto? Quindici o sedici?
6  Chi è quella ragazza? Gina o Rosella?
7  Che ora è? L'una o le due?
8  Come viene a scuola Enrico? In autobus o a piedi?

**L** Answer the following questions with any logical response. Use the future tense of the verb to express conjecture or probability.

1  Che tempo fa domani?
2  Che ora è?
3  Chi è alla porta?
4  Di chi è questa penna?
5  Quanti studenti ci sono in quest'aula?
6  Dov'è suo fratello?
7  Quanto costano due biglietti?
8  Di che cosa discutono questi ragazzi?

## V  Past participles with preceding direct-object pronouns

The past participle of a verb conjugated with **avere** agrees in gender and number with the preceding direct-object pronouns **lo (l')**, **la (l')**, **li**, or **le**.

| | |
|---|---|
| Hai invitato il tuo amico? | Sì, l'ho **invitato**. |
| Hai visto la signora? | Sì, l'ho **vista**. |
| Hai comprato gli sci? | Sì, **li** ho **comprati**. |
| Hai letto queste riviste? | Sì, **le** ho **lette**. |

Agreement is optional with the preceding direct-object pronouns **mi, ti, ci,** and **vi.**

Maria, ti ha $\begin{Bmatrix} \textbf{invitato} \\ \textbf{invitata} \end{Bmatrix}$ Filippo?   Sì, mi ha $\begin{Bmatrix} \textbf{invitato.} \\ \textbf{invitata.} \end{Bmatrix}$

Ragazzi, vi ha $\begin{Bmatrix} \textbf{chiamato} \\ \textbf{chiamati} \end{Bmatrix}$ la zia?   Sì, ci ha $\begin{Bmatrix} \textbf{chiamato.} \\ \textbf{chiamati.} \end{Bmatrix}$

**M** Before leaving for Campo Imperatore, Franco asks Mario if he has packed certain things. Mario assures him he has. Take Mario's role in responding to Franco's questions. Use agreement whenever possible.

▶ Franco: Hai preso la maglia?     Mario: *Sì, l'ho presa.*
▶ Franco: E i guanti?     Mario: *Sì, li ho presi.*

1  E le scarpe?                     5  E l'impermeabile?
2  E la giacca?                     6  E il cappotto?
3  E le camicie?                    7  E i biglietti?
4  E gli sci?                       8  E i pantaloni?

**N** This morning Franco didn't have time to do what he was supposed to do, but his friend Mario helped him out. Tell what Mario accomplished.

▶ Franco ha comprato gli sci?     *No, Mario li ha comprati.*

1  Franco ha presentato la domanda d'impiego?
2  Franco ha ritirato il certificato al comune?
3  Franco ha letto le previsioni del tempo?
4  Franco ha preparato i panini al prosciutto?
5  Franco ha fatto una telefonata ai genitori?
6  Franco ha ringraziato lo zio?

**O** Yesterday Teresa made a list of things she had to do today. When her mother asks her if she has done them, Teresa assures her she has.

▶ Hai spedito il questionario?     *Sì, l'ho spedito.*

1  Hai chiamato il nonno?              6  Hai pagato il meccanico?
2  Hai comprato la gonna rossa?        7  Hai finito i compiti?
3  Hai letto il giornale?             8  Hai scritto le cartoline?
4  Hai trovato quel quadro?           9  Hai studiato la storia?
5  Hai visto Maria?                  10  Hai fatto l'appuntamento
                                          con il medico?

**P** Ask another student the following questions.

1  Ti ha chiamato Mario?
2  Ci ha visto la zia?
3  Vi ha sentito la mamma?
4  Mi hai ascoltato con attenzione?
5  Ti ha incontrato Maria?

# Lezione 16$^a$

## LO SCIOPERO A SINGHIOZZO

*Il padre di Marisa telefona all'ufficio prenotazioni dell' aeroporto.*

| | |
|---|---|
| SIG. MARTINELLI | Pronto, scusi, vorrei fare una prenotazione per il volo Roma-Torino di domani. |
| IMPIEGATO | Mi dispiace, signore, è impossibile. Le linee aeree nazionali sono ferme per una giornata di sciopero a partire dalla mezzanotte.° |
| SIG. MARTINELLI | È un vero contrattempo! Proverò con il treno allora. Buon giorno. |

5

a ... starting at midnight

*Il signor Martinelli fa quindi un altro numero telefonico. Gli risponde un impiegato della stazione.*

| | | |
|---|---|---|
| 10 | IMPIEGATO | Pronto? |
| | SIG. MARTINELLI | Mi scusi, mi può dire a che ora parte domattina il primo treno per Torino? |
| | IMPIEGATO | C'è un rapido alle sei. Devo avvisarla però che è previsto uno sciopero a singhiozzo da parte del° personale |
| 15 | | ferroviario. |

sciopero ... work stoppage by the

| | | |
|---|---|---|
| | SIG. MARTINELLI | Che cosa significa? |
| | IMPIEGATO | Che il treno partirà regolarmente, ma circa ogni tre ore farà una sosta di un'ora prima di continuare° il viaggio. |

prima ... before continuing

| | | |
|---|---|---|
| | SIG. MARTINELLI | E allora che posso fare? |
| 20 | IMPIEGATO | Se vuole, le faccio la prenotazione lo stesso, ma non le consiglio di farla. Il viaggio è lungo, e tra soste e ritardi Dio solo lo sa° quando arriverà a Torino. |

Dio ... God only knows

| | | |
|---|---|---|
| | SIG. MARTINELLI | Ho capito. Credo proprio che dovrò rinviare il viaggio. Pazienza! |
| 25 | IMPIEGATO | Mi dispiace, signore. Buon giorno. |

**Domande**

1 A chi telefona il padre di Marisa?
2 Che cosa vuole fare?
3 Quando vuole partire?
4 Perché non può partire?
5 Che cosa fa quindi il signor Martinelli?
6 Chi gli risponde al telefono?
7 A che ora parte il primo treno per Torino?
8 Che significa che è previsto uno sciopero a singhiozzo?
9 Che cosa decide di fare il signor Martinelli?

**Vocabolario**

*Nomi*

l' **aeroporto**  airport
il **contrattempo**  inconvenience
la **linea**  line
la **pazienza**  patience
il **personale**  personnel
la **prenotazione**  reservation
il **ritardo**  delay
lo **sciopero**  strike
la **sosta**  stop

l'**ufficio prenotazioni**  reservation office
il **volo**  flight

*Verbi*

**avvisare**  to inform
**consigliare**  to advise
**dovrò**  I'll have to
**prevedere (previsto)**  to expect
**provare**  to try
**significare**  to mean

*Aggettivi*

**aereo, -a**  air
**ferroviario, -a**  railroad
**fermo, -a**  closed, shut down
**impossibile**  impossible
**nazionale**  national
**telefonico, -a**  telephone
**vero, -a**  real, true

*Altre parole ed espressioni*

**domattina**  tomorrow morning
**quindi**  then
**regolarmente**  regularly, as usual
**tra**  between

**che posso fare?**  what can I do?
**lo stesso**  just the same
**mi dispiace**  I'm sorry
**pazienza!**  (I must have) patience!

## Nota culturale: *Nationalization of industry in Italy*

In Italy, many of the major industrial companies are controlled by the government, some partially, others totally. The state has complete jurisdiction over railroads, postal and telegraph services, telephones and electricity. Through large holdings in both IRI (*Istituto per la Ricostruzione Industriale*) and ENI (*Ente Nazionale Idrocarburi*), the government has considerable control over numerous national economic sectors. The IRI is an officially recognized financial institution; some of its subsidiaries are national banks, Alitalia air transportation, RAI-TV (*Radio and Television*) and metal, mechanic and highway construction enterprises. ENI is an economic institution that deals mainly with the exploration and extraction of petroleum and the manufacturing and distribution of petroleum products.

Guida ai programmi della televisione.

**Modificazioni**

1  Vorrei fare una prenotazione per **domani.**
   dopodomani
   domattina
   giovedì sera
   la settimana prossima

2  Proverò con il **treno** allora.
   l'autobus
   la nave
   l'aereo

3  Ogni **tre** ore farà una sosta.
   cinque
   sette
   due

**Pratica**

**A** Make up a dialogue based on the following information. Dr. Brancati has to make a business trip to Paris (*Parigi*). His secretary (*la segretaria*) calls the airlines to make reservations for the next afternoon. The clerk at the reservations office tells the secretary that the airport is shut down due to a strike. There won't be any flights until the following Friday. The secretary reports this to Dr. Brancati, who decides to postpone his trip.

**B** Look at the airline ticket below to find the answers to the following questions.

1. Come si chiama il passeggero (*passenger*)?
2. Qual è il numero del volo?
3. Come si chiama la linea aerea?
4. Qual è la data di partenza?
5. Qual è la città di partenza?
6. Qual è la città di arrivo (*arrival*)?

## *Pronuncia:* Diphthongs and Triphthongs

A diphthong is a phonetic group formed by a semivowel plus a vowel. Unstressed **i** and **u** become semivowels when either one combines with **a, o,** or **e.** A diphthong constitutes one syllable.

gra·**zie**     b**uo**·no

Stressed **i** and **u** in combination with **a, o,** or **e** do not constitute a diphthong, and consequently do not form one syllable.

pa·u·ra     zi·o     pe·ri·o·do

A triphthong is a group of three vowels in one syllable. It is composed of two semivowels and one vowel.

**m**i**ei**     **t**u**oi**

**A** Listen and repeat the following words after your instructor.

*diphthong*    *triphthong*

grazie    miei
buono    tuoi
vuole    suoi

**B** Read the following sentences aloud. Pay particular attention to the way you pronounce the vowel groups.

1  Puoi fare la prenotazione per domani?
2  Vuoi i miei guanti?
3  No, grazie. Vorrei i suoi.

## Ampliamento del vocabolario

### Un viaggio all'estero

| | | | | |
|---|---|---|---|---|
| 1  la valigia | 3  i bagagli | 5  il doganiere | 7  il tabellone | 9  il carrello |
| 2  il passaporto | 4  il passeggero | 6  il carabiniere | 8  il facchino | |

Read the following passage, then answer the questions based on it.

Giancarlo desidera andare in vacanza negli Stati Uniti, ma non ha il passaporto. Con la sua carta d'identità° ha potuto finora° viaggiare facilmente nell'Europa Occidentale. Per visitare l'America però gli serve il passaporto e Giancarlo va a richiederlo alla questura.° Una settimana più tardi l'ambasciata° americana gli da il visto° da turista. Il giorno dopo Giancarlo telefona ad un'agenzia di viaggi° e fa la prenotazione per il mese seguente su un volo Roma-New York.

identity card/until now

police headquarters/embassy
visa
travel agency

1   Dove desidera andare Giancarlo?
2   Ha il passaporto Giancarlo?
3   Con quale documento ha viaggiato nei paesi dell'Europa Occidentale?
4   Dove va per avere il passaporto?
5   Dove va per avere il visto?
6   A chi telefona Giancarlo? Perché?

## Struttura ed uso

### I   Indirect-object pronouns

Indirect-object pronouns usually replace indirect-object noun phrases introduced by the prepositions **a** or **per**. They usually indicate *to whom* or *for whom* something is being done.

Telefoni **al signor Martinelli**?          Sì, **gli** telefono.
Rispondi **alla professoressa**?             No, non **le** rispondo.
Prepari il caffè **per noi**?                Sì, **vi** preparo il caffè.

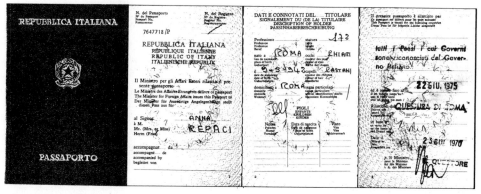

Here is a chart of the indirect-object pronouns in Italian.

| Singular | Plural |
|---|---|
| **mi** to me, for me | **ci** to us, for us |
| **ti** to you, for you (*fam.*) | **vi** to you, for you (*fam.*) |
| **gli** to him, for him | **gli** { to them, for them |
| **le** { to her, for her | { to you, for you (*formal*) |
| { to you, for you (*formal*) | |

1) The indirect-object pronouns **mi, ti, ci,** and **vi** are identical in form to the corresponding direct-object pronouns. (See page 99.)

2) **Mi, ti,** and **vi** usually drop the vowel **i** before a verb that begins with a vowel sound. **Ci** may drop the vowel **i** only before a verb that begins with an **i.**

> **T'**offre un cappuccino.
> **C'**insegna l'italiano.

3) Like the direct-object pronouns, indirect-object pronouns generally come just before a conjugated verb form. They usually follow and are attached to a dependent infinitive, in which case the final **e** of the infinitive is dropped.

| | |
|---|---|
| Luigi non le scrive. | Luigi doesn't write (to) her. |
| Giorgio mi risponde. | Giorgio answers me. |
| Sua madre non gli dice niente. | His mother doesn't say anything to him. |
| Esco per telefonargli. | I go out to telephone him. |

4) In writing and in formal language, **loro** generally replaces **gli** as the indirect object pronoun meaning *to* or *for them, to* or *for you* (*formal*). It always follows the verb form and is not attached to a dependent infinitive.

| | |
|---|---|
| Parlo **loro** della gita. | I speak to them about the trip. |
| Vado a spedire **loro** il regalo. | I'm going to send them the present. |

5) In the present perfect tense, the past participle does not agree with preceding indirect-object pronouns, as it does in the case of direct-object pronouns. (See page 158.)

> Hai telefonato a Mariella?    Sì, **le** ho telefona**to**.

The following common verbs require indirect-object pronouns to indicate *to whom* or *for whom* something is done, said, etc. You know most of these verbs already.

| chiedere | *to ask for* | Gli chiederò informazioni sul viaggio. |
|---|---|---|
| consigliare | *to advise* | Non le consiglio questo libro. |
| dare | *to give* | M'ha dato un regalo per il compleanno. |
| dire | *to say, to tell* | Ci ha detto come si chiama. |
| domandare | *to ask (for)* | Gli domandiamo l'indirizzo. |
| insegnare | *to teach* | Chi vi ha insegnato l'italiano? |
| mandare | *to send* | Ieri gli abbiamo mandato una lettera. |
| mostrare | *to show* | Le ha mostrato il suo nuovo orologio. |
| offrire | *to offer* | Che cosa t'ha offerto Marilena? |
| prestare | *to lend* | Luigi m'ha prestato duemila lire. |
| rispondere | *to answer, to respond* | Non le ha ancora risposto? |
| scrivere | *to write* | Gianna non mi scrive mai. |
| spedire | *to send* | Perché non gli hai spedito la cartolina? |
| spiegare | *to explain* | Gli ho spiegato la lezione. |
| telefonare | *to telephone* | Le telefonerò domani, signora. |

**A** Marisa's father seeks information about the United States. He contacts the following persons who have recently traveled to America. Say that he asks them for information.

▶ l'impiegato di un'agenzia    *Gli chiede informazioni.*
   di viaggi

1 la zia
2 la signora Benedetti
3 il professore d'inglese
4 il figlio di un suo amico

5 noi
6 voi
7 due amici di Marisa
8 sua madre

**B** Ask another student if he/she often writes to the persons indicated.

▶ Scrivi spesso a tuo cugino?    *Sì, gli scrivo spesso.*
▶ Scrivi spesso ai tuoi cugini?    *No, non gli scrivo spesso.*

1 ai tuoi nonni
2 a tuo zio Enrico
3 alle tue amiche
4 al tuo professore d'italiano

5 alle tue cugine
6 al dottor Brancati
7 a Maria e ad Anna
8 a Carlo e a Giorgio

**C** Substitute an indirect-object pronoun for the words in italics.

▶ Parlo *ai signori.*    *Gli parlo.*
▶ Parlo *alla signorina.*    *Le parlo.*

1  Chi risponde *a Marilena?*
2  Chi risponde *a Lucio?*
3  Mandiamo una lettera *a voi.*
4  Mandiamo una lettera *a loro.*
5  Hanno spiegato la lezione *a lei?*
6  Hanno spiegato la lezione *a lui?*
7  Chiediamo informazioni *all'impiegato.*
8  Chiediamo informazioni *alle impiegate.*

**D** Complete the following sentences with an appropriate indirect-object pronoun.

1  Paolo ed io andiamo al Museo delle Belle Arti. Paolo ... mostrerà alcuni quadri originali.
2  Antonella va a sciare a Campo Imperatore. La sua amica Elena ... presta un nuovo paio di sci che ha comprato in svendita.
3  Il mio amico Carlo non ha molti soldi. Questa mattina io ... ho dato cinquemila lire.
4  Mio fratello vuole diventare dentista. Mio padre invece ... consiglia di diventare avvocato.
5  Quando la signora Dini telefonerà ai suoi genitori, ... chiederà l'indirizzo dello zio Carlo.
6  Il nostro professore d'italiano è di Firenze, e ... insegna bene l'italiano.
7  Domenica è il compleanno di Stefano. Pensiamo di spedir... un regalo.

## II  The irregular verb *fare*

In *Lezione 10ª* (page 101), you studied three irregular **-are** verbs: **andare, dare,** and **stare.** A fourth irregular **-are** verb is **fare.** You already know many of the present-tense forms. Note that **fare** is irregular also in the past participle and in the future.

**fare** to do, make

| *Present:* | faccio | facciamo |
|---|---|---|
| | fai | fate |
| | fa | fanno |

*Present perfect:* io ho fatto, etc.

*Future:* io farò, etc.

**Fare** is used in many common idiomatic expressions, for example:

| | | |
|---|---|---|
| **fare attenzione (a)** | *to pay attention* | Non fai mai attenzione. |
| **fare una gita** | *to take a trip* | Fanno molte gite. |
| **fare una passeggiata** | *to take a walk* | Perché non facciamo una passeggiata? |
| **fare il numero** | *to dial a number* | Ho fatto il numero di Piero. |
| **fare un piacere** | *to do a favor* | Mi fai un piacere? |
| **fare una domanda** | *to ask a question* | Fa una domanda al professore. |
| **fare colazione** | *to have breakfast, have lunch* | A che ora fai colazione oggi? |
| **fare le spese** | *to go shopping* | Abbiamo finito di fare le spese. |
| **fare/farsi la doccia** | *to take a shower* | Maria si fa la doccia ogni mattina. |
| **fare/farsi il bagno** | *to take a bath* | Suo fratello si fa il bagno ogni settimana. |
| **fare male** | *to hurt* | Mi fa male lo stomaco. |
| **farsi male** | *to get hurt* | Il bambino si è fatto male. |
| **fare una visita** | *to pay a visit* | Fanno una visita ai nonni. |
| **fare le valige** | *to pack the suitcases* | Non abbiamo fatto le valige. |

**E** Ask the following persons what they are doing this evening.

▶ Paolo     *Cosa fai stasera, Paolo?*

1  Susanna e Filippo
2  tuo padre
3  il signor Dini
4  i signori Cristini
5  la tua amica Anna
6  il tuo amico Gianni
7  il tuo professore
8  tua cugina Elena

**F** Tell what time the following persons are having breakfast or lunch today.

▶ Piero / alle sette     *Piero fa colazione alle sette.*

1  noi / alle otto
2  tu / alle otto e mezzo
3  io / alle nove
4  tu e Laura / alle undici
5  le studentesse / alle dodici
6  voi / a mezzogiorno

**G** Form complete sentences in the present perfect tense.

▶ Patrizia / fare una passeggiata     *Patrizia ha fatto una passeggiata.*

1 l'impiegato / fare un favore / al signor Martinelli
2 gli studenti / fare attenzione
3 mia sorella / fare il bagno
4 noi / fare una gita
5 tu / fare il numero del telefono
6 loro / fare le valige
7 mamma ed io / fare le spese

**H** Answer the following personalized questions.

1 Cosa ha fatto ieri sera? Ha fatto una passeggiata? Con chi? Dove?
2 Che tempo fa oggi? Fa bel tempo o cattivo tempo? Fa freddo o fa caldo?
3 A che ora fa colazione la mattina? Fa colazione prima di recarsi a scuola?
4 Fa il bagno la mattina o la sera? Fa la doccia la mattina o la sera?
5 Quando fa i compiti? la mattina, il pomeriggio o la sera?

## III   Plural of nouns in *-cia* and *-gia*

Nouns ending in **-cia** and **-gia** which are stressed on the next-to-last syllable generally form the plural in **-ce** and **-ge**.

la fac**cia**     le fac**ce**
la vali**gia**     le vali**ge**

If the stress falls on the **i** of the ending **-cia** and **-gia,** the plural ending is **-cie** and **-gie.**

la farma**cia** (*drugstore*)     le farma**cie**
la bu**gia** (*lie*)     le bu**gie**

**Ripasso**     **A** Complete the following sentences with an appropriate indirect-object pronoun.

▶ Gianna non … scrive mai.     *Gianna non mi scrive mai.*

1 Quando andiamo al bar, Maria … compra un dolce.
2 Telefoni spesso ai tuoi amici? Sì, … telefono spesso.
3 Domenica prossima è il compleanno di Maria. … spediremo un regalo.
4 Nostra madre … scrive spesso.

5 Chiedete informazioni all'impiegata? No, non ... chiediamo niente.
6 Non ho soldi. Giorgio ... dà 1.000 lire.
7 Senti, Paolo, chi ... ha mostrato quei quadri originali?
8 Signora, ... posso offrire un caffè?

B Complete the following sentences, indicating that Silvia has already done what Piero wants to do. Remember that the past participle agrees in gender and number with preceding *direct-object* pronouns.

▶ Piero vuole conoscere Paola.    *Silvia l'ha già conosciuta.*

1 Piero vuole aprire le finestre.
2 Piero vuole invitare i suoi amici.
3 Piero vuole vedere il film francese.
4 Piero vuole chiamare Luigi.
5 Piero vuole comprare quella macchina.
6 Piero vuole visitare quei paesi.

C A group of young people are discussing what sports activity they'll take part in during the next vacation. State whether they plan to go swimming, play tennis, etc.

▶ Piero e Giorgio: giocare a pallone    *Giocheranno a pallone.*
▶ Paola: andare a cavallo    *Andrà a cavallo.*

1 Luigi: sciare
2 Ornella: pattinare
3 Michelina ed Anna: nuotare
4 io: andare in barca
5 voi: giocare a pallacanestro
6 Mario ed Anna: andare in barca
7 tu: giocare a tennis
8 Silvia, Elena e Franca: andare a sciare

D Read the following newspaper article about the work stoppage that took place in Italy yesterday. Then write six questions and answers based on the article. Use the interrogatives **chi, che cosa, dove, quando** and **perché.**

*Sciopero ferroviario in tutta Italia*

Ieri improvvisamente alle ore 16 tutto il personale ferroviario italiano è entrato in sciopero. A causa di questo contrattempo, molta gente che era già alla stazione ha dovuto cercare altri mezzi di trasporto. Altre persone, specialmente i turisti, hanno dovuto rinviare il loro viaggio di uno o due giorni. Verso le 24 il personale ferroviario è tornato a lavorare.

1 Chi ... ? ...
2 Che ... ? ...
3 Dove ... ? ...
4 Quando ...? ...
5 Perché ...? ...

**E** Write a two-paragraph description of the following picture. The first paragraph should be about a group of friends making plans for a ski trip, and the second paragraph should be about the actual trip. The following vocabulary will be useful:

fare le prenotazioni
biglietto di seconda classe
direttissimo
bagagli
albergo
scarponi (*ski boots*)
guanti
sci
montagna
neve
cadere (*to fall*)

# Lezione 17ª

## L'INGORGO

*Marisa e sua madre hanno finito di fare le spese nei negozi del centro. Al ritorno, si trovano sull'autobus bloccato dal traffico automobilistico.*

| | |
|---|---|
| MADRE | Conducente, mi scusi, perché l'autobus è fermo°? |
| CONDUCENTE | Ma signora, non vede che ci sono automobili dappertutto? |
| MADRE | Non c'è modo di° uscire da quest'ingorgo? |
| 5 CONDUCENTE | No. Deve avere pazienza ed aspettare. Se vuole, posso farla scendere° qui. |

*at a standstill*

*non ... isn't there a way to*

*let you get off*

173

| | |
|---|---|
| MADRE | No, grazie. Siamo ancora lontane da casa. |
| MARISA | Ma adesso che fanno? Perché si mettono tutti a suonare la tromba? |
| 10 CONDUCENTE | È che dopo un'ora di attesa tutti perdono la pazienza. Suonare all'impazzata° è l'ultima cosa da fare prima di *like crazy* lasciare la macchina per strada. |
| MADRE | E dire che° non siamo neanche all'ora di punta. Il traffico *e ... to think that* di Roma è diventato proprio impossibile. |
| 15 MARISA | Mamma, ascolta, scendiamo e andiamo a piedi. |
| MADRE | No, sono un po' stanca e mi fa male la testa.° Preferisco *mi ... I have a* aspettare qui pazientemente. *headache* |
| MARISA | Come vuoi, tanto° ormai abbiamo finito di fare le spese e *anyway* non abbiamo fretta. |

**Domande**

1 Che cosa hanno finito di fare nel centro Marisa e sua madre?
2 Dove si trovano al ritorno?
3 Che cosa vuole sapere la madre?
4 Che cosa risponde il conducente?
5 Sono vicine a casa Marisa e sua madre?
6 C'è traffico solo all'ora di punta a Roma?
7 Com'è diventato il traffico di Roma?
8 Che cosa vuole fare Marisa?
9 Che cosa preferisce fare la madre?

**Vocabolario**

*Nomi*

l'**attesa**  waiting
il **conducente**  conductor
l'**ingorgo**  traffic jam
la **strada**  street
la **testa**  head
il **traffico**  traffic
la **tromba**  horn

*Verbi*

**lasciare**  to leave (something)
**suonare**  to blow (horn)
**trovarsi**  to find oneself, to be

*Aggettivi*

**automobilistico,-a**  car
**bloccato, -a**  blocked
**fermo, -a**  at a standstill

*Altre parole ed espressioni*

**dappertutto**  everywhere
**ormai**  now, by now
**pazientemente**  patiently

**andare a piedi**  to go on foot
**avere pazienza**  to be patient
**l'ora di punta**  rush hour
**suonare la tromba**  to blow the horn

## Nota culturale: *Transportation in the cities*

Traffic jams have become common in Rome, which was not built to accommodate modern transportation. The narrow, irregular streets, the huddled old buildings, and the large number of cars on the road help to create traffic jams all day long, though they reach their peak at commuting hours.

Only Rome and Milan have subway systems, which help to alleviate traffic congestion in the center of the city. The most common means of urban transportation in Italy are the buses. They are clean, inexpensive, and have frequent scheduled runs. Unfortunately for many city workers, going from one side of the city to another may prove to be an endless and tedious ride because of the heavy traffic.

In the past few years, many Italian cities have tried to remedy traffic congestion by closing off certain areas to cars and by creating *isole pedonali* (pedestrian areas) in the center of major streets and avenues. In some suburbs, new shopping centers have been built. But in spite of all efforts, traffic has not really diminished much because Italians still love to go shopping downtown, where the variety of merchandise is greater and where they can enjoy new sights and sounds, as well as see and be seen.

Roma. Una via del centro chiusa al traffico.

| Modificazioni | 1 | Non c'è modo di **uscire?** | 2 | Mamma, **ascolta.** |
|---|---|---|---|---|
| | | scendere | | guarda |
| | | continuare | | aspetta |
| | | entrare | | senti |

| | 3 | Sono un po' **stanca.** | 4 | Ho finito di **fare le spese.** |
|---|---|---|---|---|
| | | triste | | fare la colazione |
| | | nervosa (*nervous*) | | fare il bagno |
| | | timida (*shy*) | | fare le valige |
| | | arrabbiata (*angry*) | | fare i compiti |

**Pratica**

**A** Marisa has just obtained her driver's license, and her parents let her use the family car to go shopping in downtown Rome with her friend Elena. It's rush hour, traffic is heavy, horns are blowing, and soon everything is at a standstill. Make up an appropriate dialogue between Marisa and Elena.

**B** Write a summary in narrative form describing what happened to Marisa and her mother the day they got stuck in the traffic jam on the bus. You may wish to begin your summary as follows:

Ieri pomeriggio Marisa e sua madre sono andate in centro per fare le spese. Al ritorno, ...

## *Pronuncia:* The Italian alphabet

The Italian alphabet consists of 21 letters. Four additional letters occur in foreign words. Here is the alphabet and the names of the letters in Italian.

*Italian alphabet*

| | |
|---|---|
| **a** = a | **n** = enne |
| **b** = bi | **o** = o |
| **c** = ci | **p** = pi |
| **d** = di | **q** = cu |
| **e** = e | **r** = erre |
| **f** = effe | **s** = esse |
| **g** = gi | **t** = ti |
| **h** = acca | **u** = u |
| **i** = i | **v** = vu |
| **l** = elle | **z** = zeta |
| **m** = emme | |

*Foreign letters*

**j** = i lunga
**k** = cappa
**x** = ics
**y** = ipsilon
**w** = vu doppio

*Accents*

` = grave
´ = acuto

*Capital and small letters*

C = maiuscola
c = minuscola

**A** Spell in Italian the following words:

1 autobus  3 ingorgo  5 scendiamo  7 conducente
2 perché  4 traffico  6 pazienza  8 signorina

**B** Spell in Italian your own first and last name, and the names of some of your classmates or relatives.

## Ampliamento del vocabolario

### Il corpo umano

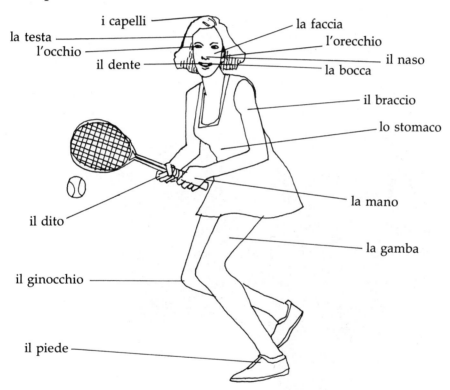

Note that the following nouns are irregular:

il braccio, le braccia
il dito, le dita
la mano, le mani

**I capelli** is always used in the plural to mean *hair*.

**A** Complete the following sentences with an appropriate noun referring to a part of the body. The first initial of each noun is given as a clue.

1 I miei c.... *capelli* sono biondi (*blond*).
2 I miei o... sono castani (*brown*).
3 Ho le g... lunghe.
4 Mi fa male la t...
5 Ho le scarpe nuove e mi fanno male i p...
6 Ho le m... fredde.
7 Mi sono fatta male al g...
8 Quando gioco uso il b... destro (*right*).
9 Io alzo la m... sinistra (*left*).

**B** Answer the following questions.

1 Di che colore sono i suoi capelli?
2 Di che colore sono i capelli di [Roberto]?
3 Di che colore sono suoi occhi?
4 Di che colore sono gli occhi di [Luisa]?
5 Scrive con la mano destra o con la mano sinistra?

Studentesse universitarie.

**C** Write a brief description of one of your friends or relatives, or a description of one of the characters in this text. Include information about whether the individual is tall or short, young or old, thin or fat. Also mention the color of his or her hair and eyes, and something about the personality traits of the individual. As a start, you may wish to refer to the list of adjectives on pages 50–51.

## Struttura ed uso

### I  *Tu-, noi-,* and *voi-* commands of regular verbs

Compare the **tu-, noi-** and **voi-** commands of a regular **-are, -ere,** and **-ire** verb with the **tu-, noi-,** and **voi-**forms of the present tense.

| Infinitive | Present tense | Affirmative command | English equivalent |
|---|---|---|---|
| guardare | (tu)  guardi | **guarda:** | look! |
|  | (noi) guardiamo | **guardiamo!** | let's look! |
|  | (voi) guardate | **guardate!** | look! |
| scendere | (tu)  scendi | **scendi!** | get off! |
|  | (noi) scendiamo | **scendiamo!** | let's get off! |
|  | (voi) scendete | **scendete!** | get off! |
| finire | (tu)  finisci | **finisci!** | finish! |
|  | (noi) finiamo | **finiamo!** | let's finish |
|  | (voi) finite | **finite!** | finish! |

1) The **tu-, noi-,** and **voi-** commands of regular verbs are the same as the **tu-, noi-,** and **voi-** forms of the present tense *except* that the final **i** of the **tu**-form of **-are** verbs changes to **a**.

2) Subject pronouns are omitted in commands.

3) Negative commands are formed by using **non** before the command form, *except* for the **tu-** command, which is formed with **non** + the infinitive.

|  | Affirmative | Negative |
|---|---|---|
|  | guardiamo! | non guardiamo! |
|  | scendete! | non scendete! |
| But: |  |  |
|  | guarda! | non guardare! |
|  | scendi! | non scendere! |
|  | finisci! | non finire! |

**A** Maria's mother asks her to do several things, but then changes her mind each time. Supply the negative commands expressed by Maria's mother.

▶ Maria, telefona alla zia!     *No, non telefonare alla zia!*

1  Maria, invita la tua amica!
2  Maria, guarda la televisione!
3  Maria, ascolta i dischi!
4  Maria, finisci i compiti!
5  Maria, bevi il caffè!
6  Maria, leggi il giornale!

**B** You and a group of friends are planning activities for the following weekend. Suggest the following to them, using the *noi*-command.

▶ visitare i monumenti di Roma     *Visitiamo i monumenti di Roma!*

1  vedere un film italiano
2  scrivere le cartoline
3  spendere molti soldi
4  mangiare in un ristorante
5  studiare insieme
6  giocare a pallone
7  fare dello sport
8  andare in barca

**C** Some of your friends don't want to do the activities you suggested in Exercise B. Indicate their responses by using the negative *noi*-command.

▶ visitare i monumenti di Roma     *Non visitiamo i monumenti di Roma!*

**D** Form affirmative and negative commands, using the cues indicated.

▶ Gianna: telefonare / nonno     *Gianna, telefona al nonno!*
                                 *Gianna, non telefonare al nonno!*

1  Francesca: invitare Paolo
2  Anna e Giorgio: scrivere la cartolina a Filippo
3  Luigi: prendere una spremuta d'arancia
4  Paolo: spedire il regalo a Luisa
5  Franca: studiare la lezione
6  Giorgio ed Enrico: venire qui

## II  *Tu-* and *voi*-commands of some irregular verbs

Here are the **tu-** and **voi**-commands of **avere, essere, andare, fare, stare,** and **dare.**

|       | avere   | essere | andare  | fare  | stare  | dare  |
|-------|---------|--------|---------|-------|--------|-------|
| (tu)  | abbi    | sii    | va'     | fa'   | sta'   | da'   |
| (voi) | abbiate | siate  | andate  | fate  | state  | date  |

The negative **tu-** commands of these verbs is formed with **non** + the infinitive, as for regular verbs.

Roberto, sii buono!     Roberto **non essere** cattivo!

**E** Restate as affirmative *tu*-commands.

▶ Fai i compiti.   *Fa' i compiti!*

1  Sei qui alle dieci.
2  Vai al cinema.
3  Fai le spese.
4  Stai in casa la domenica.
5  Dai il biglietto al conducente.
6  Hai pazienza.

**F** Restate the items in Exercise E as negative *tu*-commands.

▶ Fai i compiti.   *Non fare i compiti!*

**G** The following people don't usually do certain things. Tell them to do them. Use a *tu-* or *voi-* command.

▶ Teresa non va in centro.   *Va' in centro!*
▶ Giorgio e Anna non fanno colazione.   *Fate colazione!*

1  Franca non va al teatro.
2  Luigia non fa attenzione in classe.
3  Tina non dà un regalo a Marisa.
4  Enrico e Roberto non fanno le valige.
5  I ragazzi non sono allegri.
6  Pierluigi non ha pazienza.

## III  The irregular verbs *dovere, potere* and *volere*

You are already familiar with most of the present-tense forms of the irregular verbs **dovere**, **potere** and **volere**. These verbs are also irregular in the future.

| | **dovere** *must, to have to* | **potere** *to be able, can* | **volere** *to want* |
|---|---|---|---|
| *Present:* | devo | posso | voglio |
| | devi | puoi | vuoi |
| | deve | può | vuole |
| | dobbiamo | possiamo | vogliamo |
| | dovete | potete | volete |
| | devono | possono | vogliono |
| *Future:* | io dovrò, etc. | io potrò, etc. | io vorrò, etc. |

1) **Dovere, potere** and **volere,** often called modal verbs, are usually followed by a dependent infinitive.

**Devo fare** una prenotazione. — *I must (have to) make a reservation.*

**Puoi aspettare** un momento? — *Can you wait a moment?*
**Vuole mangiare** a mezzogiorno. — *He wants to eat at noon.*

2) In the present perfect they may be conjugated with either **avere** or **essere** depending on the infinitive that follows.

Ho dovuto studiare.          Sono dovuto andare a casa.
Ho potuto fare il viaggio.   È potuto partire con noi.
Ho voluto fare le spese.     Sono voluti uscire insieme.

**H** Tell what the following persons must do today. Use the appropriate form of *dovere.*

▶ noi: lavorare     *Noi dobbiamo lavorare.*

1  io: comprare una macchina
2  tu: fare una gita
3  lui: andare al museo
4  i ragazzi: dormire
5  noi: abbellire la nostra stanza
6  lei: trovare la borsa
7  voi: andare in centro
8  loro: fare il bagno

**I** Tell what the following persons wish to do after they finish high school. Use the appropriate form of *volere.*

▶ Piero: andare all'università     *Piero vuole andare all'università.*

1  Liliana: incominciare a lavorare
2  noi: viaggiare
3  tu: fare una vacanza all'estero
4  Franco: divertirsi tutta l'estate
5  voi: studiare architettura
6  Maria e sua sorella: visitare la Francia
7  Mario e Dino: lavorare in fabbrica
8  io: fare il conducente d'autobus

**J** Complete each sentence, using the appropriate form of *potere.*

▶ Paolo vuole uscire, ... *ma non può.*
▶ Noi vogliamo mangiare, ... *ma non possiamo.*

1  Io voglio fare una passeggiata, ...
2  Tu vuoi comprare un paio di sci, ...
3  Lui vuole scendere dal treno, ...
4  Le mie sorelle vogliono fare colazione, ...
5  Mia cugina vuole andare a Venezia, ...
6  Voi volete fare le spese, ...

**K** Complete the following groups of sentences with the appropriate form of the present perfect of either *dovere, potere* or *volere*.

1 La settimana scorsa i miei amici ... (volere) andare in Francia. ... (dovere) prendere il volo delle sette. Non ... (potere) partire prima.
2 Ieri sera io ... (volere) telefonare a Luisa ... (dovere) comprare un gettone, ma non... (potere) parlare subito con lei.
3 Il mese scorso noi ... (volere) fare una gita. ... (dovere) fare la prenotazione due settimane prima.
4 La settimana scorsa Luigi ... (volere) vedere quel dramma di Pirandello. ... (dovere) comprare il biglietto due giorni prima. Non ... (potere) invitare Luciana.

## IV   Object pronouns with infinitives depending on modal verbs

Object pronouns can come either before the modal verb or they may follow the infinitive.

**La** devo avvisare.          Devo avvisar**la**.
**Gli** devo telefonare.      Devo telefonar**gli**.

**L** Restate using object pronouns.

▶ Volete ascoltare il disco di Mina?      *Volete ascoltarlo?*
                                                                  *Lo volete ascoltare?*

1 Devo comprare *la carta bollata.*
2 Vogliamo rispondere *a Giuseppe.*
3 Puoi preparare *il cappuccino.*
4 Posso scrivere *a Sergio.*
5 Devono aspettare *la mamma.*
6 Vuole fare *la prenotazione.*

# Lezione 18ª

## IL TELEGIORNALE

*Sono le otto e mezzo di sera. I signori Cristini sono seduti in salotto davanti al televisore ed ascoltano le ultime notizie.*

ANNUNCIATORE  Buona sera!
              **Roma** — Il Consiglio dei ministri ha deciso il nuovo
              prezzo della benzina in relazione all'ultimo aumento
              del petrolio. Da domani la benzina costerà 500 lire al
5          litro.

**Bruxelles** — I ministri finanziari° della Comunità economica europea hanno discusso il nuovo programma economico. Un'attenzione particolare hanno ricevuto il Mezzogiorno d'Italia e le zone depresse della Francia, Scozia ed Irlanda.

**Milano** — Grande confusione, ma nessuna vittima in piazza Sant'Andrea. Mentre i rappresentanti dei metalmeccanici° e degli imprenditori° discutevano il nuovo contratto di lavoro, una bomba è esplosa nelle vicinanze. Molti vetri infranti° ed una gran paura, ma, per fortuna, nessuna vittima. Le trattative° continuano.

**Città del Vaticano** — Il viaggio del Papa in Africa è stato rimandato per motivi di salute. Il Santo Padre voleva partire lo stesso, ma i medici gli hanno consigliato di rinviare il viaggio di qualche mese.

**Firenze** — Le maggiori case di moda hanno presentato le ultime creazioni per la nuova stagione primavera-estate. La sfilata dei modelli ha avuto un enorme successo davanti ad un gran numero di esperti italiani e stranieri.

**Previsioni del tempo** — Il servizio meteorologico dell'aeronautica° prevede per le prossime ventiquattro ore cielo sereno in tutta l'Italia. Mari calmi. Temperatura mite.

**Notizie sportive** — La squadra nazionale di calcio prosegue la preparazione in vista° dell'incontro di sabato con l'Inghilterra allo stadio "San Siro" di Milano.

Signori e signore, buona sera.

**Domande**

1 Che ore sono?
2 Dove sono seduti i signori Cristini?
3 Che cosa ascoltano?
4 Che cosa ha deciso il Consiglio dei ministri?
5 Che cosa hanno discusso i ministri finanziari della Comunità europea?
6 Che cosa è esploso mentre si discuteva il nuovo contratto di lavoro?
7 Che cosa voleva fare il Santo Padre?
8 Che cosa gli hanno consigliato i medici?
9 Che cosa hanno presentato le maggiori case di moda?
10 Con chi si incontrerà sabato la squadra nazionale di calcio?

*financial ministers*

*metal workers/ contractors*

*shattered glass*

*negotiations*

*weather bureau*

*in view*

## Nota culturale: *Italian fashions*

Italian fashions have had a tremendous impact on many foreign countries since the economic boom of the early 1960's. Many Italian designers and manufacturers are world-famous, and due to the constant increase of exports, the fashion industry is a substantial contributor to the Italian balance of trade. Men's clothing and accessories occupy an important place in the Italian fashion industry. High on the list of exports are shirts, footwear, and leather goods.

Roma. Un negozio di Gucci.

## Vocabolario

*Nomi*

l'**annunciatore**  news reporter
l'**aumento**  increase
la **bomba**  bomb
il **cielo**  sky
la **confusione**  confusion
il **contratto**  contract
la **creazione**  creation
l'**esperto**  expert
l'**Inghilterra**  England
l'**incontro**  match
il **litro**  liter
la **moda**  fashion
la **notizia**  news
il **petrolio**  oil

la **preparazione**  preparation
la **salute**  health
la **Scozia**  Scotland
la **squadra**  team
il **successo**  success
il **telegiornale**  TV newscast
la **vittima**  victim

*Verbi*

**esplodere (esploso)**  to explode
**prevedere**  to forecast
**proseguire**  to continue
**rimandare**  to postpone
**sedere**  to sit

*Aggettivi*

**calmo,-a**  calm
**depresso,-a**  depressed
**economico,-a**  economic
**maggiore**  major
**mite**  mild
**sportivo, -a**  sport

*Altre parole ed espressioni*

**davanti a**  in front of
**Comunità economica europea**
  European Economic Community
**il Consiglio dei ministri**  the
  Council of Ministers
**nelle vicinanze**  nearby
**la sfilata dei modelli**  fashion show

**Modificazioni**

1  Siamo in piazza **Sant'Andrea.**
     San Giovanni
     Santo Stefano
     Santa Maria
     Sant'Anna

2  C'era **un gran numero di gente.**
     una gran confusione
     un grand'ospedale
     un grande stadio
     una grande famiglia

3  Mentre discutevano, **è esplosa una bomba.**
             è arrivato il professore
             ha telefonato suo padre
             ho chiuso la porta
             abbiamo letto il giornale

4  Volevo partire, ma **sono stato male.**
             sono arrivato tardi
             ho perso il treno
             c'è stato uno sciopero
             mi sono svegliato tardi

**Pratica**

A  Imagine you are a TV reporter. Prepare a brief newscript of five or six news events that have taken place in your town or city, and present it to the class.

B  You are still a TV reporter, but this time you concentrate on only one small segment of the news. This is your special assignment. Report on something going on at the school, or a specific political issue, a sports event, a fashion show, or something that could catch the interest of the consumer (*il consumatore*).

# Ampliamento del vocabolario

**Paesi e città**

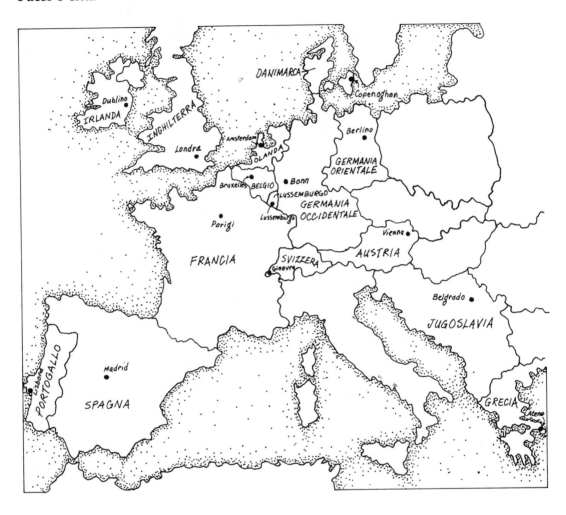

| Paesi | | Città | |
|-------|-------|-------|-------|
| Spagna | Irlanda | Parigi | Bruxelles |
| Francia | Grecia | Londra | Atene |
| Inghilterra | Jugoslavia | Madrid | Lisbona |
| Germania | Portogallo | Bonn | Amsterdam |
| Svizzera | Olanda | Ginevra | Copenaghen |
| Austria | Danimarca | Vienna | Dublino |
| Belgio | Lussemburgo | Lussemburgo | Belgrado |

Read the following passage about the European Common Market. Then answer the questions based on it.

*Il Mercato comune europeo*

Con il trattato° di Roma del 1957, sei paesi europei, **treaty**
l'Italia, la Francia, la Germania, il Belgio, l'Olanda e
Lussemburgo, hanno formato il Mercato comune
europeo. Oggi il numero dei membri è di nove paesi.
Vi fanno parte° anche l'Inghilterra, l'Irlanda e la **belong**
Danimarca. Nel futuro probabilmente altre nazioni
europee si uniranno a questa comunità. Lo scopo° di **goal**
questa organizzazione era di formare un mercato
comune fra i membri con l'eliminazione di barriere
doganali,° con il libero movimento dei lavoratori° e del **custom duties/ workers**
capitale, e con la creazione di una comune direttiva° **policy**
agricola. Oggi la comunità ha acquistato un significato più ampio° e viene considerata come il primo **wider**
passo verso la futura unione politica dell'Europa.

1   Quali paesi hanno formato il Mercato comune europeo?
2   Quando lo hanno formato?
3   Quali altri paesi fanno parte del Mercato oggi?
4   Potranno unirsi altre nazioni europee a questa comunità?
5   Qual era lo scopo di questa organizzazione?
6   Come viene considerata oggi la Comunità europea?

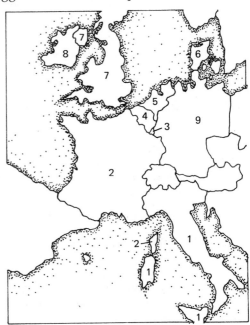

## Il Mercato comune europeo

1   L'Italia
2   La Francia
3   Il Lussemburgo
4   Il Belgio
5   L'Olanda
6   La Danimarca
7   L'Inghilterra
8   L'Irlanda
9   La Germania Occidentale

*Struttura ed uso*

## I  The imperfect tense

The imperfect tense is a past tense which in Italian consists of one word. In English, the imperfect is often expressed with the constructions *was/were...ing, used to* + verb, or *would* + verb.

| | |
|---|---|
| **Frequentavo** l'università. | *I was going* to the university. |
| **Andava** a scuola ogni giorno. | *He/She used to (would) go* to school every day. |

It is used to describe *on-going, continuous actions* in the past and *habitual, recurring actions* in the past.

| | |
|---|---|
| Mentre **mangiava, ascoltava** la radio. | *While he was eating, he was listening* to the radio. |
| **Leggeva** il libro con attenzione. | *He was reading* the book carefully. |
| Mi **chiamava** ogni sera alle sei. | *He/She used to (would) call* me every evening at six. |
| **Andava** ogni estate in Italia. | *He/She used to (would) go* every summer to Italy. |

It is also used to describe persons or things as they were in the past, and in expressions of time and weather.

| | |
|---|---|
| **Era** una bella ragazza. | She was a beautiful girl. |
| **Erano** le tre precise. | It was three o'clock sharp. |
| **Faceva** bel tempo. | The weather was nice. |

Note the forms of the imperfect tense of a regular **-are, -ere,** and **-ire** verb. The endings are identical for all three verbs and they are attached to the infinitive minus the final **-re.**

| | **comprare** | **prendere** | **partire** |
|---|---|---|---|
| io | compra**vo** | prende**vo** | parti**vo** |
| tu | compra**vi** | prende**vi** | parti**vi** |
| lui/lei | compra**va** | prende**va** | parti**va** |
| noi | compra**vamo** | prende**vamo** | parti**vamo** |
| voi | compra**vate** | prende**vate** | parti**vate** |
| loro | compra**vano** | prende**vano** | parti**vano** |

The verb **essere** is irregular in the imperfect.

| | |
|---|---|
| ero | eravamo |
| eri | eravate |
| era | erano |

The following verbs have irregular imperfect stems:

| | Stem | Imperfect tense |
|---|---|---|
| fare | **face-** | facevo, etc |
| bere | **beve-** | bevevo, etc. |
| dire | **dice-** | dicevo, etc. |

**A** Ask your classmates if they used to do the following things when they were younger.

▶ Facevi molte gite?     *Sì, facevo molte gite.*
                      *No, non facevo molte gite.*

1 Giocavi a tennis?
2 Andavi in campagna?
3 Scrivevi ai nonni?
4 Leggevi libri italiani?

5 Prendevi il caffè?
6 Guidavi la macchina?
7 Viaggiavi spesso?
8 Studiavi il francese?

**B** A group of friends are discussing where they lived before coming to the university. Tell where each lived.

▶ Marco (Pisa)     *Marco abitava a Pisa.*

1 Silvia (Napoli)
2 Giacomo e Stefano (Bologna)
3 io (Palermo)
4 tu (Messina)

5 noi (Bari)
6 Mirella e sua sorella (Brindisi)
7 voi (Firenze)
8 Luciana (Venezia)

**C** A group of students were role-playing in class yesterday. Tell what role each person was playing.

▶ Maria (professoressa)     *Maria era professoressa.*

1 Piero (dottore)
2 Mario e Lucio (meccanici)
3 tu (studente)
4 io (ingegnere)
5 voi (avvocati)

6 noi (biologi)
7 Luisa (dentista)
8 Michele (conducente di treno)
9 tu e Marisa (impiegate)
10 Anita e Carla (professoresse)

**D** Tell what Luigi was doing while Lisa was doing something else.

▶ studiare / ascoltare la radio     *Luigi studiava mentre Lisa*
*ascoltava la radio.*

1 nuotare / giocare a tennis
2 guardare la televisione / scrivere una lettera
3 mangiare un panino / bere un tè freddo
4 fare i compiti / leggere il giornale
5 telefonare / chiedere informazioni
6 dormire / guidare la macchina

## II   The Imperfect versus the Present Perfect

The sentences below all describe past events. Compare the sentences on the left, which use the imperfect, with the sentences on the right, which use the present perfect.

*Imperfect*

Ogni sera **guardavo** la
  televisione.

Ogni settimana **andavamo** al
  cinema.

**Parlava** di politica con suo padre.

**Era** una bella giornata.

*Present Perfect*

Ieri sera **ho guardato** il
  telegiornale.

Sabato scorso **siamo andati** al
  teatro.

Stamattina **ha parlato** con
  Giorgio.

**È stata** una bella giornata.

1) The imperfect describes habitual, recurring actions in the past, whereas the present perfect describes unique, specific actions in the past. Expressions like **ogni giorno, di solito** (usually), **ogni settimana** often signal recurring actions. Expressions like **un giorno** (one day), **ieri, stamattina** often signal specific actions.

2) The imperfect is used to indicate on-going actions in the past, whereas the present perfect always indicates a completed action.

3) When both tenses occur in the same sentence, the imperfect describes an event in progress when another event happened. The event that happened is expressed in the present perfect.

**Sono arrivati** mentre io **leggevo**
  il giornale.

**Dormivano** quando **ho**
  **telefonato.**

They arrived while I was reading
  the paper.

They were sleeping when I
  called.

**E** The following people worked at the same job each summer for several years. Tell where each used to work.

▶ Maria (in un negozio)    *Maria lavorava in un negozio.*

1  Paolo (in un ristorante)
2  Laura (in un cinema)
3  Enrico (in un bar)
4  Mariella e Pina (in un teatro)

5  Pietro e Stefano (in un garage)
6  io (in un'agenzia di viaggi)
7  tu (in una banca)
8  voi (all'aeroporto)

**F** The same people as in Exercise E worked at the same job yesterday. Tell where each worked.

▶ Maria (al negozio)    *Ieri Maria ha lavorato al negozio.*

1  Paolo (al ristorante)
2  Laura (al cinema)
3  Enrico (al bar)
4  Mariella e Pina (al teatro)

5  Pietro e Stefano (al garage)
6  io (all'agenzia di viaggi)
7  tu (alla banca)
8  voi (all'aeroporto)

**G** Franco tells what he used to do habitually and then what he did yesterday. Assume Franco's role.

▶ mangiare: a casa / al ristorante    *Di solito, mangiavo a casa.*
                                              *Ieri ho mangiato al ristorante.*

1  giocare: a tennis / a pallone
2  andare: in piscina / al lago
3  uscire: con Maria / con Teresa
4  prendere: il treno / l'aereo
5  viaggiare: con gli amici / da solo
6  finire: alle cinque / alle sette
7  fare: colazione a casa / colazione al bar
8  scrivere: a mia nonna / a mio zio

**H** Complete each sentence with the imperfect of *andare*.

▶ Ogni giovedì, Franco ... al cinema.    *Ogni giovedì, Franco andava*
                                                *al cinema.*

1  Spesso Marco ... a nuotare.
2  Di solito Matilde ... a ballare.
3  Ogni sabato Luisa ... al negozio.
4  Spesso Michele ... a casa dei suoi amici.
5  Ogni settimana noi ... a studiare da Roberto.

**I** Complete each sentence with the present perfect of *andare*.

▶ Giovedì Franco ... al cinema.   *Giovedì Franco è andato al cinema.*

1  Un giorno Stefano ... a pattinare.
2  Stamattina Elena ... da Carlo.
3  La settimana scorsa Valerio ... a Roma.
4  Il tre settembre Isabella ... a Pisa.
5  Venerdì Giacomo ... al museo con Giorgio.

**J** Stefano has spent much of the afternoon in Piazza della Repubblica. That evening he tells his friends what he saw. Begin each sentence with *Ho visto* and use the imperfect tense for the second verb.

▶ due ragazze che passeggiano   *Ho visto due ragazze che passeggiavano.*

1  un bambino che mangia un gelato
2  delle signorine che bevono il caffè
3  alcune signore che entrano in un negozio di scarpe
4  alcuni giovani che discutono di politica
5  due bambine che giocano
6  molti turisti che escono dalla chiesa
7  un ragazzo che legge una rivista

**K** Tell how old the following people were when they left Italy.

▶ Giovanna (diciotto anni)   *Quando è partita, Giovanna aveva diciotto anni.*

1  Paolo (venti)
2  Gianna e Luisa (diciannove)
3  Filippo (tre)
4  i nostri cugini (diciassette)
5  mio zio (trenta)
6  mia nonna (cinquanta)
7  mio fratello (ventotto)
8  i nostri genitori (quaranta)

**L** Personalized questions
1  Quanti anni aveva quando è andato/andata a scuola la prima volta? a nuotare? in macchina? in aereo? in treno?
2  Che tempo faceva ieri quando è andato/andata al cinema? alla partita di calcio? al mare?
3  Quando era piccolo/piccola, quali programmi della televisione guardava? quali lingue parlava? quale scuola frequentava? quali città visitava spesso?
4  Quando era più giovane, giocava a tennis? andava in barca? dormiva molto?
5  Quando era bambino/bambina aveva una bicicletta?
6  Voleva essere ingegnere? dottore? dentista? meccanico? professore/professoressa?

## III   The adjectives *grande* and *santo*

**Grande** and **santo** have more than one form when they *precede* the noun.

È un **gran** paese. / È un **grande** paese.
È una **gran** fortuna. / È una **grande** fortuna.
Che **grande** spettacolo!
È un **grand'**amico. / È un **grande** amico.

Piazza **San** Marco è a Venezia.
Abito in via **santo** Stefano.
È la chiesa di **sant'**Angelo.
È la chiesa di **sant'**Anna.

1) **Grande** may become **gran** before masculine and feminine nouns beginning with a consonant other than **z** or **s** + consonant. It may become **grand'** before a masculine noun beginning with a vowel.

2) **Santo** becomes **san** before a masculine noun beginning with a consonant other than **z** or **s** + consonant. It becomes **sant'** before any noun beginning with a vowel.

3) Both **grande** and **santo** follow the pattern of regular adjectives in the plural.

> **M**  You are showing your friends some slides of a recent trip. Use the appropriate form of *grande* as you point out some places of interest.
>
> ▶ museo       *Ecco un gran museo.*
>
> | | | | |
> |---|---|---|---|
> | 1 | parco | 4 | stadio |
> | 2 | università | 5 | banca |
> | 3 | ospedale | 6 | biblioteca |

**Ripasso**

**A**  Read the following news event about the visit of the President of the United States to Italy. Then write questions based on it, using the question words *chi, dove, chi altro, quanto tempo, con chi, quando.*

### Visita del Presidente degli Stati Uniti

Ieri mattina, dopo un volo di sette ore, è arrivato in Italia il Presidente degli Stati Uniti. Con il Presidente c'era la moglie ed il Segretario di Stato. All'aeroporto c'era il Primo Ministro italiano che li aspettava. La visita in Italia è la prima sosta del Presidente nel suo lungo viaggio europeo. Resterà a Roma per due giorni. S'incontrerà con il Presidente della Repubblica italiana e poi partirà per la Francia, l'Inghilterra e la Germania. Il Presidente tornerà negli Stati Uniti fra dieci giorni.

**B** Choose the name of a well-known TV or movie personality, a famous musician, a champion sports player, or a nationally-known politician or statesman/stateswoman. Write twenty questions that would be helpful in identifying this person; for example: *È un uomo* (man) *o una donna* (woman)? *È francese o italiano?* Be prepared to play an Italian version of "Twenty Questions" in class.

**C** Write two paragraphs describing the automobile accident in the following picture. In the first paragraph tell the circumstances leading up to the accident (who was driving where, with whom, etc.) and in the second paragraph tell what happened. You may want to use some of the following words and expressions:

ingorgo
traffico
incidente
   (*accident*)
vetro infranto
farsi male

andare in giro
guidare
amici
vigile
   (*policeman*)
suonare la
   tromba

**D** Form commands of the following infinitive phrases.

|   |   |
|---|---|
| *tu*-commands: | fare le valige |
|  | avere pazienza |
|  | aspettare il prossimo treno |
|  | non lasciare la macchina per strada |
| *noi*-commands: | discutere il nuovo programma economico |
|  | rimandare il viaggio a Roma |
|  | andare a piedi |
|  | non tornare a casa |
| *voi*-commands: | finire di fare le spese |
|  | rispondere alle domande |
|  | scrivere una cartolina ai nonni |
|  | non suonare la tromba |

**E** Form sentences with the following cues. Change the infinitives to the present perfect or the imperfect. Each sentence should have one imperfect and one present perfect.

▶ Mario / entrare / mentre /     *Mario è entrato mentre*
    io / ascoltare / radio        *ascoltavo la radio.*

1. tu / venire / mentre / noi / essere al cinema
2. Laura / partire / per Pisa / quando / avere / vent'anni
3. loro/ prendere / l'autobus / mentre / io / parlare / signora
4. Giorgio / vedere / due professori / che / discutere
5. io / parcheggiare / mentre / voi / ordinare / caffè
6. Susanna e Lidia / fare colazione / mentre / noi / fare / delle spese

*Lezione 19ᵃ*

## AD UNA FESTA IN CASA DI AMICI

FRANCO  Paola, ti piace° questa festa? Ti diverti?  *do you like*

PAOLA  Sì, i tuoi amici sono molto simpatici.

FRANCO  Vado a prenderti qualcosa da bere?

PAOLA  No, grazie. Veramente ho un certo appetito.

5 FRANCO  Sul tavolo ci sono delle olive, del prosciutto e anche del
formaggio. Tra qualche minuto ci saranno gli spaghetti alla
carbonara, ti piacciono°?  *do you like them*

| PAOLA | Al solo pensiero mi viene l'acquolina in bocca.° | mi ... my mouth waters |

| MARISA | Ragazzi, preparate la tavola. Tra poco incominciamo a mangiare. |

| LUCIANA | Ecco gli spaghetti! |

| PAOLA | Uhm, sono davvero saporiti. Luciana, complimenti! |

| LUCIANA | Grazie, ma anche Marisa mi ha aiutata in cucina. |

| FRANCO | L'ho sempre detto io! Voi donne state bene in casa, a cucinare, ad allevare i figli... |

| LUCIANA | Eccolo, il solito maschio italiano! Basta che ci potete tenere in casa,° voi uomini siete tutti felici. | basta ... as long as you can keep us in the home |

| FRANCO | Guarda che scherzavo, non avevo intenzione di fare polemica. |

| LUCIANA | Sì, la solita storia. Con la scusa di fare dello spirito, ci fate fare° quello che volete voi. | ci ... you make us do |

| MARISA | Non litigate adesso. Finiamo di mangiare e continuiamo a divertirci. |

**Domande**

1 Dove sono i giovani?
2 Che cosa c'è sul tavolo?
3 Che cosa ci sarà tra qualche minuto?
4 Piacciono gli spaghetti a Paola?
5 Chi ha aiutato Luciana a cucinare gli spaghetti?
6 Che cosa pensa Franco delle donne?
7 E Luciana, che pensa degli uomini italiani?

## Nota culturale: *"Women's Lib" in Italy*

The Women's Liberation Movement has played an important part in helping to make young Italian women aware of their emerging role in society, and encouraging them to seek careers outside the home. This has caused many problems, since traditionally, in Italy as in other countries, women have mostly been responsible for the care of children and home, while men worked outside at different occupations to earn a living. Jobs are relatively scarce in Italy, and those available have usually been offered to men. In recent years, however, more job opportunities have been available to women, and there has been increasing pressure for a change in attitude toward women's roles.

**Vocabolario**

*Nomi*

l'**appetito**  appetite
la **donna**  woman
la **festa**  party
i **figli**  children
il **formaggio**  cheese
il **maschio**  male
la **scusa**  excuse
la **storia**  story
il **tavolo**  table
l'**uomo**  man; (*pl.* gli **uomini**)

*Verbi*

**aiutare**  to help
**allevare**  to bring up
**cucinare**  to cook
**litigare**  to quarrel
**piacere**  to like, to be pleasing to
**scherzare**  to joke

*Aggettivi*

**certo,-a**  certain
**felice**  happy
**saporito, -a**  tasty

*Altre parole ed espressioni*

**complimenti!**  my compliments! congratulations
**veramente**  really

**ti diverti?**  are you having a good time?
**fare polemica**  to be controversial, to start an argument
**tra poco**  shortly
**preparare la tavola**  to set the table
**tra qualche minuto**  in a few minutes
**qualcosa da bere**  something to drink
**gli spaghetti alla carbonara** spaghetti carbonara style
**al solo pensiero**  just thinking about it

**Modificazioni**

1  Ti piace **questa festa?**
        questa canzone (*song*)
        questo disco
        la musica americana
        il formaggio
        cucinare

2  Vado a prenderti **qualcosa da bere?**
        qualcosa da mangiare
        dell'antipasto
        del dolce (*dessert*)
        del pane (*bread*)
        del burro (*butter*)

3  Sul tavolo ci sono **delle olive.**
        dei piatti (*dishes*)
        dei bicchieri
        delle forchette (*forks*)
        dei cucchiai (*spoons*)
        dei coltelli (*knives*)
        dei tovaglioli (*napkins*)

4   Ti piacciono **gli spaghetti alla carbonara?**
        questi dischi
        le canzoni italiane
        i miei amici
        i bambini
        le mie scarpe

**Pratica**   **A** You're going to have a party at your house. Phone some of your friends and invite them to come. Tell them who is coming, how they should dress, and whether there is going to be any dancing.

**B** You're going to set the table for dinner at your house. List the items you are going to place on the table. You may want to use a tablecloth (**una tovaglia**).

## Ampliamento del vocabolario

### I cibi

| *Pasta asciutta* | *Carne* | *Pesce* |
|---|---|---|
| i ravioli | la bistecca (*steak*) | l'aragosta (*lobster*) |
| le lasagne | il maiale (*pork*) | gli scampi (*shrimp*) |
| i rigatoni | il pollo (*chicken*) | la sogliola (*sole*) |
| gli spaghetti | il vitello (*veal*) | il merluzzo (*cod*) |
| | l'agnello (*lamb*) | le vongole (*clams*) |

| *Altri primi piatti* | *Frutta* | *Verdura* |
|---|---|---|
| il brodo (*broth*) | l'uva (*grape*) | l'insalata (*salad*) |
| la minestra (*soup*) | l'arancia (*orange*) | gli spinaci (*spinach*) |
| il minestrone (*vegetable soup*) | la mela (*apple*) | le patate (*potatoes*) |
| il riso (*rice*) | la pera (*pear*) | i pomodori (*tomatoes*) |
| | la pesca (*peach*) | i fagiolini (*green beans*) |

**A** Answer the following questions.
1   Le piace la cucina italiana?
2   Le piace cucinare?
3   Quale piatto tipico italiano le piace?
4   Preferisce la carne o il pesce?
5   Le piace il formaggio?
6   Mangia lei la frutta?
7   Le piacciono i dolci?

**B** Order a complete italian dinner from the menu below. Spend no more than 4000 *lire*.

# Ristorante tipico "Il Convento"
## Corciano (Pg) - Tel. 772137

### Antipasti

| | | |
|---|---|---|
| Antipasto misto | L. | 600 |
| Prosciutto e Melone | » | 800 |
| Bruschetta | » | 150 |
| Torta al testo | » | 200 |

### Minestre

| | | |
|---|---|---|
| Tagliatelle del "Convento" | L. | 600 |
| Agnellotti a piacere | » | 600 |
| Tortellini a piacere | » | 600 |
| Spaghetti a piacere | » | 500 |
| Rigatoni a piacere | » | 500 |
| Pastina in brodo | » | 400 |
| Consommè | » | 300 |

### Carni

| | | |
|---|---|---|
| Bistecca di vitello | | S. P. |
| Entrecote di vitello | L. | 1.500 |
| Paillard di vitello | » | 1.500 |
| Scaloppine a piacere | » | 1.500 |
| Cotolette alla milanese | » | 1.500 |
| Involtini di vitello | » | 1.600 |
| Braciola di maiale | » | 1.200 |
| Spiedini di maiale | » | 1.400 |
| Lonza allo spiedo | » | 1.400 |
| Salsicce allo spiedo | » | 1.200 |
| Fegatelli allo spiedo | » | 1.200 |
| Arrosti misti | » | 1.400 |
| Faraona arrosto 1/4 | » | 1.400 |
| Anatra arrosto 1/4 | » | 1.400 |
| Pollo arrosto 1/4 | » | 1.400 |
| Pollo alla cacciatora | » | 1.400 |

### Contorni

| | | |
|---|---|---|
| Patate fritte | L. | 300 |
| Fagiolini di stagione | » | 300 |
| Verdura di stagione | » | 200 |
| Insalata verde e mista | » | 200 |
| Pomodori di stagione | » | 300 |

### Aperitivi

| | | |
|---|---|---|
| Aperitivi a piacere | L. | 250 |

### Vini

| | | |
|---|---|---|
| Vino bianco e rosso locale | L. | 400 |
| Vini pregiati secondo qualità | | |

### Bibite

| | | |
|---|---|---|
| Birra 3/4 | L. | 400 |
| Birra 1/3 | » | 250 |
| Aranciata | » | 250 |
| Coca Cola | » | 250 |
| Acqua minerale | » | 200 |

### Formaggi

| | | |
|---|---|---|
| Pecorino | L. | 500 |
| Grana | » | 500 |
| Romano | » | 500 |
| Mozzarella | » | 500 |

### Dolci

| | | |
|---|---|---|
| Semifreddo | L. | 600 |
| Zuccotto | » | 600 |
| Gelato | » | 400 |
| Gelato al brandy | » | 600 |

### Frutta

| | | |
|---|---|---|
| Frutta di stagione | L. | 200 |
| Macedonia di frutta | » | 300 |
| Macedonia con gelato | » | 500 |

### Caffè

| | | |
|---|---|---|
| Caffè | L. | 150 |
| Caffè corretto | » | 200 |

### Liquori

| | | |
|---|---|---|
| Liquori nazionali | L. | 300 |
| Liquori esteri | » | 500 |
| Pane e coperto a persona | L. | 200 |
| Servizio 10% | | |

**Ricetta: Spaghetti alla carbonara**
       **(Dose per 4 persone)**

*Ingredienti:*

450 grammi di spaghetti

50 grammi di pancetta

2 uova

50 grammi di burro

2 cucchiai di olio

1 tazzina di panna liquida

parmigiano grattugiato

pepe

sale

Fate cuocere gli spaghetti in acqua salata in ebollizione.° Intanto soffriggete° nell'olio la pancetta ta-
gliata a pezzetti.° Sbattete° le due uova con il parmigiano, la panna, il pepe ed un pizzico° di sale. In
una grossa teglia° fate imbiondire° il burro e poi ver-
satevi° le uova battute.° Non appena le uova si sono
un po' rapprese,° versate gli spaghetti bollenti° ed il
soffritto di pancetta.

boiling/ sauté
cut in small pieces /
    Beat
pinch
pan / melt
pour / beaten
set / hot

## Struttura ed uso

### I  Disjunctive pronouns

Disjunctive pronouns are used mainly as object of prepositions.

Vuoi venire **con me?**
Abitano **con lei** i suoi genitori?
Andiamo **da loro** questo pomeriggio.

Here is a summary of the disjunctive pronouns.

|        | *Singular* | |        | *Plural* | |
|--------|------|------------------------|--------|------|-------------------------|
| a, con | **me** | me | a, con | **noi** | us |
|        | **te** | you |        | **voi** | you |
|        | **lui** | him |        | **loro** | them, you |
|        | **lei** | her, you |        | **sé** | themselves, |
|        | **sé** | himself, herself, |        |      |     yourselves |
|        |      |     yourself |        |      | |

Disjunctive pronouns are also used instead of object pronouns for emphasis or if there are two or more objects.

Parlo a **lui,** non a **te.**
Hanno chiamato **me** e **lui.**

**A** Say that Carla is going to a party with the following people. Use a disjunctive pronoun in your responses.

▶ Riccardo    *Carla va ad una festa con lui.*

1  Paolo e Marco
2  tu
3  Maria Teresa
4  Elena ed io

5  io
6  tu e Gianna
7  noi
8  Federico

## II  Constructions with *piacere*

The irregular verb **piacere** is used in constructions which are equivalent to English *to like, to be pleasing to.* Here are the present-tense forms.

| *Singular* | *Plural* |
|---|---|
| piaccio | piacciamo |
| piaci | piacete |
| piace | piacciono |

1) **Piacere** is used most often in the third person singular and plural: **piace** and **piacciono.**

| | |
|---|---|
| Gli **piace** il gelato. | He likes ice cream. (Ice cream is pleasing to him.) |
| Le **piace** l'acqua minerale. | She likes mineral water. (Mineral water is pleasing to her.) |
| Mi **piacciono** i dischi americani. | I like American records. (American records are pleasing to me.) |
| Ci **piacciono** le canzoni italiane. | We like Italian songs. (Italian songs are pleasing to us.) |

Note that in the Italian construction with **piacere,** the pattern is indirect object, verb, subject. In the English construction with *like,* the pattern is subject, verb, direct object.

2) When **piacere** is followed by an infinitive, the singular form is used since the infinitive is the subject of the sentence.

| | |
|---|---|
| Ci **piace andare** in montagna. | We like to go to the mountains. |
| Mi **piace nuotare** con gli amici. | I like to go swimming with my friends. |

3) When the indirect object is a noun or a disjunctive pronoun, the preposition **a** is used.

**A Massimo** piace guidare velocemente.　　　Massimo likes to drive fast.

**A noi** piace sciare.　　　We like skiing.

4) In the present perfect, **piacere** is conjugated with **essere**. The past participle agrees with the subject.

Ti **è piaciuto** quel libro?　　　Did you like that book?

Mi **è piaciuta** la tua festa.　　　I liked your party.

Gli **sono piaciuti** i miei quadri.　　　He liked my paintings.

**B** Valerio tells what things he likes. Assume his role, and use *piace* or *piacciono* in your responses.

▶ le olive　　*Mi piacciono le olive.*

1　il formaggio
2　il dolce
3　quelle borse
4　le canzoni italiane
5　le sue scarpe

**C** Valerio tells what things Maria likes.

▶ il pane　　*Le piace il pane.*

1　l'antipasto　　3　il gelato　　5　i pomodori
2　il caffè　　4　la frutta　　6　le patate

**D** Valerio tells what his friends and relatives like to do.

▶ Marisa / ascoltare i dischi　　*A Marisa piace ascoltare i dischi.*

1　Paolo / fare una passeggiata
2　i miei fratelli / andare a sciare
3　mia zia / cucinare
4　lui / ballare
5　voi / andare a cavallo
6　loro / giocare a tennis
7　lei / divertirsi
8　Tina e Giulio / viaggiare in macchina

**E** Free replacement. Substitute 10 different infinitives for the italicized infinitive in the model sentence below.

▶ Ci piace *sciare.*

## III  The partitive with *di*

1) The partitive (equivalent to English *some* or *any*) is usually expressed in Italian by the preposition **di** and the definite article.

| | |
|---|---|
| Ecco **del** tè freddo. | Here is some iced tea. |
| Ho comprato **dei** dischi. | I bought some records. |
| Mangiamo **delle** olive. | Let's eat some olives. |

Here is a chart showing all the forms of the partitive:

| Masculine | | Feminine | |
|---|---|---|---|
| *Singular* | *Plural* | *Singular* | *Plural* |
| **del** pane | **dei** piatti | **della** carne | **delle** olive |
| **dello** zucchero | **degli** spinaci | **dell'**insalata | |
| **dell'**olio | | | |

2) The partitive is not normally used in negative sentences. Sometimes it is also omitted in interrogative sentences.

| | |
|---|---|
| **Non voglio dolci.** | I don't want (any) dessert. |
| **Non bevo vino.** | I don't drink wine. |
| **Vuoi latte e caffè?** | Do you want (some) coffee with milk? |
| **Volete carne o pesce?** | Do you want (some) meat or (some) fish? |

**F**  Marisa is at a party at Franco's home. There is much to eat, and Marisa plans to sample everything. Tell what she eats. Use the appropriate form of the partitive.

▶ la carne    *Prende della carne.*

1  la pasta
2  il pane
3  i dolci

4  il formaggio
5  l'insalata
6  il pollo

**G**  At a dinner party you are offered the following beverages. Say that you don't want any of the items offered.

▶ Vuoi del vino?    *No, non voglio vino.*

1  acqua minerale
2  caffè
3  liquore

4  birra
5  tè
6  latte

# IV Adverbs in -*mente*

Many Italian adverbs end in **-mente.** They are usually adverbs of manner and correspond to English adverbs ending in **-ly.**

| | |
|---|---|
| Luigi è arrivato **inaspettatamente.** | Luigi arrived *unexpectedly.* |
| Il professore parla **chiaramente.** | The professor speaks *clearly.* |
| Bambini, **ascoltate attentamente!** | Children, listen *attentively!* |

1) The ending **-mente** is added to the singular feminine form of the adjective.

| *masc. sing. adj.* | *fem. sing. adj.* | *adverb* |
|---|---|---|
| chiaro | chiara | **chiaramente** |
| attento | attenta | **attentamente** |
| inaspettato | inaspettata | **inaspettatamente** |
| triste | triste | **tristemente** |

2) Adjectives that end in **-le** or **-re** preceded by a vowel drop the final **-e** before adding **-mente.**

| *adjective* | *adverb* |
|---|---|
| difficile | **difficilmente** |
| facile | **facilmente** |
| popolare | **popolarmente** |

**H** Say that each of the following persons drives in a certain way.

▶ Piero / lento    *Piero guida lentamente.*

1 Gianni / veloce
2 Laura e Tina / tranquillo
3 Antonio / paziente
4 Paolo e Carlo / nervoso

**I** Form simple sentences, changing the adjectives to adverbs in -*mente.*

▶ ascoltare / attento    *Noi ascoltiamo attentamente.*

1 rispondere / raro
2 parlare / deciso
3 incontrarsi / casuale
4 arrivare / inaspettato
5 leggere / lento
6 viaggiare / comodo
7 scioperare / quotidiano
8 vestirsi / elegante
9 suonare / continuo
10 telefonare / improvviso

## *Lezione 20ª*

### SCIOPERO GENERALE

Oggi è giornata di sciopero, il secondo in poco più di un mese. I
sindacati lo hanno indetto° improvvisamente in segno di protesta contro       lo ... called it
il governo. Essi chiedono una decisa lotta contro il carovita e miglioramenti salariali per i lavoratori.

5    Il caos che regna° nella città è indescrivibile. Non tutti scioperano e       is
molta gente va a lavorare lo stesso. Sono aperti gli uffici statali, le banche
e alcune ditte private. I mezzi pubblici di trasporto sono fermi e ognuno

si arrangia come può? Ci sono automobili dappertutto. In ogni strada vi sono ingorghi. In circolazione vi sono pochi tassì e raramente se ne vede 10 uno libero.

*ognuno ... everyone does his/her best*

Anche i bar e le edicole dei giornali sono chiusi e bisogna fare a meno° del solito caffè e del giornale. Le misure di emergenza adottate dalle autorità sono inadeguate. I militari sono impiegati nei trasporti e nei grandi ospedali, ma il loro aiuto attenua solo minimamente il disagio 15 dello sciopero. Fino a tarda sera in tutta la città regnerà una confusione tale da rendere° ancora più complicata la solita vita quotidiana.

**bisogna** ... it's necessary to do without

**regnerà** ... there will be such a confusion as to make

**Domande**

1 Che giorno è oggi?
2 Chi ha indetto lo sciopero?
3 Che cosa chiedono i sindacati?
4 Scioperano tutti?
5 Cosa sono aperti?
6 Cosa sono fermi?
7 Cosa sono chiusi?
8 Che cosa regnerà nella città fino a tarda sera?

## Nota culturale: *Labor unions*

In Italy labor unions have always had great political and economic importance. Their power increased tremendously after the *autunno caldo* (hot autumn) of 1969, when there was a harsh struggle between management and workers, especially in the metal industry. Today each work category is represented by its own union, which in turn belongs to one of three major labor union confederations: the CGIL (*Confederazione Generale Italiana del Lavoro*), the CISL (*Confederazione Italiana Sindacati Lavoratori*), and the UIL (*Unione Italiana del Lavoro*).

Un manifesto dei sindacati dei lavoratori.

**Vocabolario**

*Nomi*

l'**aiuto**  help
l'**autorità**  authority
il **caos**  chaos
il **carovita**  cost of living
il **disagio**  discomfort
la **ditta**  firm
l'**edicola**  newsstand
la **lotta**  fight
il **militare**  military man
il **sindacato**  labor union
il **tassì**  taxi
il **trasporto**  transportation

*Verbi*

**adottare**  to adopt
**attenuare**  to lessen
**impiegare**  to employ
**scioperare**  to strike

*Aggettivi*

**deciso, -a**  decisive, strong
**generale**  general

**inadeguato-a**  inadequate
**indescrivibile**  indescribable
**privato, -a**  private
**quotidiano, -a**  daily
**solito, -a**  usual
**statale**  state

*Avverbi*

**improvvisamente**  unexpectedly
**minimamente**  minimally
**raramente**  rarely

*Altre parole ed espressioni*

**contro**  against
**in circolazione**  in circulation
**fino a tarda sera**  until late in the evening
**i miglioramenti salariali**  wage improvements
**le misure di emergenza**  emergency measures
**in segno di protesta**  as a sign of protest

**Pratica**

**A** True or false? Correct each false statement.

1  Lo sciopero generale è indetto dai militari.
2  I sindacati chiedono miglioramenti salariali.
3  Tutti vanno a lavorare lo stesso.
4  I mezzi pubblici di trasporto sono fermi.
5  Nella città non c'è molto traffico.
6  Nelle strade ci sono molti tassì liberi.
7  I bar e le edicole sono chiusi.
8  Le misure di emergenza sono inadeguate.
9  A causa dello sciopero i militari lavorano negli ospedali.

**B** You are a newspaper reporter and you are interviewing some of the workers on strike. You ask them:

a) how many times they have already gone on strike during the year
b) what they are striking for
c) what political party they represent (*rappresentare*)
d) what kind of work they do
e) where they work
f) how long the strike is going to last (*durare*)

## Ampliamento del vocabolario

### Mestieri, professioni ed altre occupazioni

| | | |
|---|---|---|
| meccanico | commercialista (*graduate in commerce*) | dirigente (*executive*) |
| idraulico (*plumber*) | | industriale |
| calzolaio (*cobbler*) | avvocato | operaio (*laborer*) |
| muratore (*mason*) | medico | impiegato |
| elettricista | architetto | commerciante (*business person*) |
| falegname (*carpenter*) | ingegnere | |
| | giornalista | |

**A** Answer the following questions.

1 Lei vuole svolgere una professione o un mestiere quando finisce la scuola?
2 Quale professione le piace svolgere?
3 Quale mestiere preferisce fare lei?
4 Che cosa fa suo padre?
5 Ha una professione sua madre?
6 Secondo lei, devono svolgere una professione le donne?

**B** Give the appropriate occupation or profession.

▶ Ha studiato architettura.     *architetto*

1 Lavora in un ufficio.
2 Lavora in un garage.
3 Scrive per un giornale.
4 Lavora in una fabbrica.
5 Vende e compra prodotti.
6 Lavora in un ospedale.
7 Ha studiato legge.
8 Ha studiato Economia e Commercio.

Annunci economici.

# Struttura ed uso

## I  The adverbs of place *ci* and *vi*

**Ci** and **vi**, meaning *there* or *here*, are used to refer to a previously-mentioned place. They are interchangeable, though **ci** is more common in speech.

| | | |
|---|---|---|
| Vai **in biblioteca?** | Sì, **ci** vado. | Yes, I'm going *there*. |
| Vieni qui **a Roma** spesso? | Sì, **ci** vengo spesso. | Yes, I come *here* often. |
| A che ora vai **da lei?** | **Ci** vado alle sei. | I'm going (*there*) at six. |

**Ci** and **vi** precede or follow the verb according to the rules for object pronouns. (See pp. 100 and 166.)

| | |
|---|---|
| Andrai in Inghilterra quest'estate? | Sì, **ci andrò.** |
| Vuoi andare al mare? | { Sì, **voglio andarci.** |
| | { Sì, **ci voglio andare.** |

**A** Ask another student if he/she often goes to the following places.

▶ Vai spesso in campagna?  *Sì, ci vado spesso.*
   *No, non ci vado spesso.*

1  al teatro
2  da tua zia
3  dai tuoi nonni
4  al ristorante
5  al bar
6  in centro
7  dal dentista
8  a casa di Giulia
9  alla partita di calcio
10  in Canadà
11  al mercato
12  in Italia

**B** Answer the following questions.
1  Va spesso al bar? a casa di amici? dai suoi nonni? dai suoi cugini? al ristorante?
2  Questo fine-settimana andrà in campagna? al mare? a giocare a tennis? a nuotare? a fare una gita?
3  Vuole andare a Perugia? a Milano? a Parigi? a Londra? a Firenze? a Madrid? ad Atene?
4  Vorrebbe (*would you like*) abitare a Milano? a Parigi? a Londra? a Madrid? a Firenze?

## II   The pronoun *ne*

1) The pronoun **ne** is used when referring back to phrases introduced by the preposition **di.**

| | |
|---|---|
| Hai **dei libri** interessanti? | Sì, **ne** ho. |
| Chi vuole **del vino?** | Giorgio **ne** vuole. |
| Chi parla **delle elezioni?** | Roberto **ne** parla. |

2) **Ne** is also used to refer to a direct object introduced by a number or by an expression of quantity.

| | |
|---|---|
| Hai **due cugini?** | Sì, **ne** ho **due.** |
| **Quanti fratelli** hai? | **Ne** ho **quattro.** |

3) While the English equivalent of **ne** (*of it, of them, some of it, some of them,* etc.) is often implied rather than stated, the Italian pronoun **ne** is always expressed.

| | |
|---|---|
| Ha delle olive? | Do you have some olives? |
| Sì, **ne** ho. | Yes, I have (*some*). |
| No, non **ne** ho. | No, I don't (have *any*). |

4) In the present perfect, **ne** precedes the verb and acts as a direct-object pronoun, therefore requiring agreement of the past participle.

| | |
|---|---|
| **Quante mele** ha preso? | **Ne** ha **prese** tre. |
| **Quanti bambini** hai visto al parco? | **Ne** ho **visti** molti. |

5) **Ne** precedes or follows the verb according to the rules for object pronouns. (See pp. 100 and 166.)

| | |
|---|---|
| Compri della carta? | **Ne** compri? |
| Voglio mangiare del pane. | { Voglio mangiar**ne.** <br> { **Ne** voglio mangiare. |

**C**  Ask another student if he/she has any of the items indicated.

▶ Hai dei libri?   *Sì, ne ho.*
   *No, non ne ho.*

1  dei dischi
2  dei soldi
3  delle piante
4  dei vestiti
5  dei cappelli
6  dei guanti

**D** Ask another student how many of the following relatives and items he/she has.

| | | | |
|---|---|---|---|
| 1 | gonne | 5 | sorelle |
| 2 | giacche | 6 | cravatte |
| 3 | fratelli | 7 | cugini |
| 4 | zie | 8 | dischi |

**E** You are hostessing a party and you ask some of your guests if they have had any of the foods indicated. Play both roles.

▶ Hai preso dell'antipasto?  *Sì, ne ho preso.*
                              *No, non ne ho preso.*

▶ Hai preso della pasta?  *Sì, ne ho presa.*
                           *No, non ne ho presa.*

| | | | |
|---|---|---|---|
| 1 | del burro | 6 | della frutta |
| 2 | del pane | 7 | delle olive |
| 3 | degli spaghetti | 8 | dell'insalata |
| 4 | del dolce | 9 | del tè |
| 5 | del pollo | 10 | del caffè |

## III   Indefinite adjectives

The adjectives in boldface type in the sentences below are frequently used to express an indefinite quantity of something, or to refer in rather vague terms to an item.

| | |
|---|---|
| Ecco **alcuni** dischi. | Here are some records. |
| Mangia **qualche** mela. | Eat some apples. |
| Prendi **un po' di** dolce. | Have some dessert. |
| Hanno **pochi** amici. | They have few friends. |
| Qui c'è **molta** gente. | There are lots of people here. |
| Ha **troppe** gonne. | She has too many skirts. |
| Ha **parecchie** giacche. | He has several jackets. |
| Telefona **ogni** mattina. | She telephones every morning. |
| Studiate l'**altra** lezione. | Study the other lesson. |
| Legge **tutto** il pomeriggio. | He reads the whole afternoon. |

1) **Alcuni, -e** and **qualche** both mean *some*. **Alcuni, -e** is used only in the plural; **qualche** is invariable and it is followed by a singular noun. **Un po' di** is used to express *some* in the sense of *a little, a bit of.*

2) **Altro** (**altra,** etc.) is usually preceded by an article, and **tutto** (**tutta,** etc.) is usually followed by an article. **Ogni** is invariable and is always used with a singular noun.

**F** Ask other students whether there are many of the following things in their city or town.

    ▶ ristoranti    S¹: Ci sono molti ristoranti?
                   S²: *Sì, ci sono molti ristoranti.*
                       *No, ci sono pochi ristoranti.*

1  teatri
2  negozi
3  università
4  scuole
5  automobili
6  ristoranti

**G** Restate each of the following sentences with the appropriate form of *altro*.

    ▶ La signora è arrivata.    *L'altra signora è arrivata.*

1  La gente va a Roma.
2  I tassì sono liberi.
3  Lo studente risponde alle domande.
4  I bambini sono qui.
5  Le bambine si divertono.
6  L'amico arriva alle dieci.

**H** Franco makes a statement about something and Mario agrees with him. Assume Mario's role, and add the appropriate form of *tutto*.

    ▶ I bar sono aperti.    *Sì, tutti i bar sono aperti.*

1  I mezzi di trasporto sono fermi.
2  Le ditte private sono chiuse.
3  I giovani vanno a votare.
4  Gli uffici statali sono enormi.
5  Le vittime sono all'ospedale.
6  Il personale del negozio è simpatico.

**I** Complete each phrase with a logical ending.

    ▶ Ogni giorno ...    *Ogni giorno cammino per via Nazionale.*

1  Ogni sera ...
2  Ogni domenica ...
3  Ogni studente ...
4  Ogni città italiana ...
5  Ogni estate ...
6  Ogni ragazza ...

**J** Complete with the correct form of the adjective in parentheses.

▶ Mia zia ha (parecchio) vestiti.     *Mia zia ha parecchi vestiti.*

1  Mia nonna ha (troppo) pazienza.
2  Sergio ha (molto) amici.
3  Ha finito (tutto) il gelato.
4  Hanno invitato (alcuno) amiche.
5  Mangia (qualche) panino.
6  Siamo stati in Italia per (poco) giorni.

## IV  Indefinite pronouns

The most common indefinite pronouns are **qualcuno, qualcosa, qualche cosa, tutto** (*all, everything*), **tutti, tutte** (*everyone*), and **ognuno** (*each one, everyone*).

| | |
|---|---|
| **Qualcuno** è entrato prima di me. | *Someone* entered before me. |
| Hai **qualcosa** da darmi? | Do you have *something* to give me? |
| Ho comprato **qualche cosa** per lui. | I bought *something* for him. |
| Abbiamo finito **tutto.** | We finished *everything*. |
| **Tutti** sono in macchina. | *Everyone* is in the car. |
| **Ognuno** deve fare il proprio lavoro. | *Each one* must do his/her own work. |

Note that except for **tutti, tutte,** the indefinite pronouns are used with third person singular forms of the verb when they are the subject of a sentence.

**K**  Replace the indicated words with the cued indefinite pronouns. Make any necessary verb changes.

▶ *Laura* guarda il telegiornale.     *Qualcuno guarda il telegiornale.*
  (qualcuno)
▶ *Noi* leggiamo il giornale.     *Ognuno legge il giornale.*
  (ognuno)

1  *L'architetto* parla con il cameriere.  (tutti)
2  *Il giornalista* scrive per quel giornale.  (qualcuno)
3  *Ho lasciato* la giacca in automobile.  (ognuno)
4  *Mia sorella* arriva presto.  (tutti)
5  *Tutti* sono partiti.  (ognuno)
6  Hanno *dei libri* da darmi?  (qualcosa)

# V Ordinal numbers

Ordinal numbers are used to rank things. In Italian they agree in gender and number with the noun they modify.

| | |
|---|---|
| Leggiamo **la prima lezione**. | We read the first lesson. |
| È **il secondo sciopero** del mese. | It is the second strike of the month. |

The first ten ordinals have the following forms:

| | |
|---|---|
| primo, -a, -i, -e | sesto, -a, -i, -e |
| secondo | settimo |
| terzo | ottavo |
| quarto | nono |
| quinto | decimo |

After **decimo,** ordinal numbers are formed by dropping the last vowel of the cardinal numbers and adding **-esimo, -esima, -esimi, -esime.** Numbers ending in accented **-é (ventitré, trentatré,** etc.) retain the final **-e.**

| | |
|---|---|
| undicesimo, -a, -i, -e | ventesimo, -a, -i, -e |
| dodicesimo | ventunesimo |
| tredicesimo, *etc.* | ventiduesimo |
| | ventitreesimo, *etc.* |

**L** Marco and some of his friends are waiting to enter a theater. Tell their position in line. Use the ordinal form of the numbers.

> ▶ Marco (3)     *È il terzo.*
> ▶ Gianni e Lidia (21)     *Sono i ventunesimi.*

| | | | |
|---|---|---|---|
| 1 | Giacomo (18) | 6 | Silvia e Maria (20) |
| 2 | Mirella (23) | 7 | Giorgio (25) |
| 3 | Gina (11) | 8 | Carla (33) |
| 4 | Paolo (70) | 9 | Luisa (90) |
| 5 | Franco (1) | 10 | Piero e Pina (12) |

**M** Answer the following questions.

1 Qual è il secondo giorno della settimana?
2 Qual è il decimo mese dell'anno?
3 Quale lezione segue la nona?
4 Chi è stato il primo presidente degli Stati Uniti?
5 Quale mese dell'anno è giugno?
6 Quale lezione studiamo adesso?

**Ripasso**

**A** Complete the sentences with a suitable adverb from the list below.

| | | | | |
|---|---|---|---|---|
| bene | molto | troppo | abbastanza | presto |
| male | poco | tanto | quasi | tardi |
| sempre | ieri | adesso | ora | là |
| mai | domani | allora | poi | qui |

▶ Maria non sta ...    *Maria non sta bene / male.*

1  Perché bevi ...?
2  Giampiero lavora ....
3  Ho mangiato ... in quel ristorante.
4  Nelle strade c'è ... traffico.
5  ... tutti hanno scioperato.
6  Franco arriverà ....
7  ... siamo andati al cinema.
8  Domani mattina ti alzerai ...?
9  Ho ... finito i compiti.
10  Prima andiamo da Rosa e ... da Pina.

**B** Ask another student if he/she sees certain items in the drawings below. Use a partitive construction in the question, and *ne* in the answer.

▶ Vedi dei cappelli?    *Sì, ne vedo due.*
▶ Vedi delle macchine?    *No, non ne vedo.*

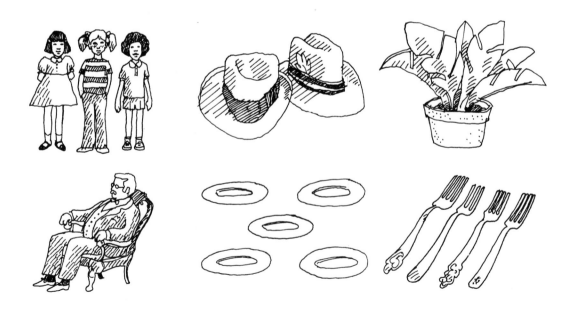

Ciclismo. Giro d'Italia.

## *Ampliamento del vocabolario*

### I numeri da 100 in poi

| | |
|---|---|
| 100 = cento | 1.000 = mille |
| 101 = centouno | 1.100 = millecento |
| 120 = centoventi | 1.420 = millequattrocentoventi |
| 150 = centocinquanta | 2.000 = duemila |
| 200 = duecento | 3.000 = tremila |
| 300 = trecento | 4.000 = quattromila |
| 400 = quattrocento | 5.000 = cinquemila |
| 500 = cinquecento | 10.000 = diecimila |
| 600 = seicento | 15.000 = quindicimila |
| 700 = settecento | 100.000 = centomila |
| 800 = ottocento | 200.000 = duecentomila |
| 900 = novecento | 1.000.000 = un milione |

Note the use of a period instead of a comma in numbers starting with 1000.

**A** Read aloud in Italian each noun phrase.

▶ 150 biglietti      *centocinquanta biglietti*

1) 365 giorni
2) 1.000 lire
3) 400 lavoratori
4) 15.000 persone
5) 950 posti
6) 1.000.000 di dollari
7) 2.000 anni
8) 1.420 studenti

**B** Answer the following questions.

1) Quanto costa un biglietto per il teatro?
2) Quanto costa un biglietto ferroviario Roma-Milano?
3) Quanto costa questo paio di scarpe?
4) Quanto costano due biglietti per la partita di calcio?
5) Qual è la data di oggi?

## Struttura ed uso

### I  Two object pronouns

1) When both indirect- and direct-object pronouns occur with the same verb, the indirect object precedes the direct object. The indirect object pronouns **mi, ti, ci** and **vi** become **me, te, ce** and **ve** before **lo, li, la** and **le.**

| | |
|---|---|
| Mi chiede un favore. | **Me lo** chiede. |
| Ti ha comprato il biglietto. | **Te l'**ha comprato. |
| Ci danno il dizionario. | **Ce lo** danno. |
| Vi scrivono la lettera. | **Ve la** scrivono. |

2) The indirect-object pronouns **gli** and **le** become **glie** before **lo, li, la** and **le.** The combination is written as one word.

| | |
|---|---|
| Gli spedisco il questionario. | **Glielo** spedisco. |
| Gli do le riviste. | **Gliele** do. |
| Le ho comprato il libro. | **Gliel'**ho comprato. |
| Le daremo i soldi. | **Glieli** daremo. |

Here is a chart showing the combinations of indirect- and direct-object pronouns.

| Indirect-object pronouns | + lo | + la | + li | + le |
|---|---|---|---|---|
| **mi** | me lo | me la | me li | me le |
| **ti** | te lo | te la | te li | te le |
| **gli** }<br>**le** } | glielo | gliela | glieli | gliele |
| **ci** | ce lo | ce la | ce li | ce le |
| **vi** | ve lo | ve la | ve li | ve le |
| **gli** | glielo | gliela | glieli | gliele |

Note: The indirect-object pronoun **loro** (which is used mostly in writing) always follows the verb and does not combine with any direct-object pronouns.

3) The reflexive pronouns **mi, ti, si, ci, vi** and **si** become **me, te, se, ce, ve** and **se** before **lo, li, la** and **le.**

| | |
|---|---|
| Mi metto la giacca. | **Me la** metto. |
| Si lava le mani. | **Se le** lava. |

4) The pronoun **ne** (*of it, of them*) behaves like a direct-object pronoun. When it occurs with **gli** or **le, gli** or **le** become **glie** and are attached to it.

| | |
|---|---|
| Mi danno dell'acqua. | **Me ne** danno. |
| Vi offrono del tè. | **Ve ne** offrono. |
| Gli do del formaggio. }<br>Le do del formaggio. } | **Gliene** do. |

**A** Franco asks Mario if he does the following things. Take Mario's role.

▶ Fai i compiti a tua sorella?  *Sì, glieli faccio.*
*No, non glieli faccio.*

1 Compri i biglietti a Michele?
2 Chiedi un favore a Mario?
3 Vendi la macchina a tuo zio?
4 Fai una telefonata a tua madre?
5 Presenti Elena a me e a Pino?
6 Porti un libro a noi?

**B** Answer the following questions, using two object pronouns in your responses.

▶ Ti metti l'impermeabile?  *Sì, me lo metto.*
  *No, non me le metto.*

▶ Dai del caffè agli amici?  *Sì, gliene do.*
  *No, non gliene do.*

1 Mandi dei fiori a Luisa?    4 Ti lavi spesso le mani?
2 Ti fai la doccia?           5 Ti offrono dei dolci?
3 Dai del formaggio ai bambini?  6 Ti metti i guanti?

**C** Restate the following sentences using two object pronouns in your response.

▶ Compro la carta per Paolo.  *Gliela compro.*
▶ Chiede il certificato a noi.  *Ce lo chiede.*

1 Comprano il biglietto a me.
2 Mandano il questionario a Teresa.
3 Facciamo un piacere a Giovanni.
4 Facciamo le spese alla nonna.
5 Preparano gli spaghetti a me.
6 Giorgio offre il caffè a Maria.
7 Faccio una domanda all'impiegato.
8 Abbiamo prestato il giornale a Mario.

**D** Answer the following questions, using two object pronouns.

1 Paga il caffè ai suoi amici?
2 Fa delle domande al professore?
3 Prepara la colazione a suo fratello?
4 Chiede l'indirizzo ai suoi amici?
5 Fa una telefonata a Lucia?
6 Compra i fiori a sua madre?

Bambini che giocano a pallone.

## II Interrogative adjectives

In the following exchanges the words in boldface type are interrogative adjectives.

| | |
|---|---|
| **Quale** giornale compri? | *Which* newspaper do you buy? |
| **Quali** dischi hai? | *Which* records do you have? |
| **Quanto** caffè devo preparare? | *How much* coffee must I prepare? |
| **Quante** persone hai invitato? | *How many* persons have you invited? |
| **Che** libro è? | *What* book is it? |
| **Che** riviste sono? | *What* magazines are they? |

1) **Quale** (*which, what*) agrees with the noun in the plural only.

2) **Quanto** has four forms. **Quanto** and **quanta** mean *how much;* **quanti** and **quante** mean *how many.*

3) **Che** (*what*) is invariable.

**E** Eugenio and Gino are standing on a street corner waiting for Laura and Elena. Eugenio points out something or someone to Gino, but Gino is not sure what he's talking about. Take Gino's role, using *quale, quali* or *che* in your questions.

▶ Guarda la studentessa!     *Quale studentessa? / Che studentessa?*

1  la macchina
2  le biciclette
3  il negozio di moda
4  quella ragazza
5  i militari
6  il muratore

**F** Complete the questions based on the following statements. Use *che* or the appropriate form of *quale* or *quanto.*

▶ Gianna ha telefonato ad un'amica.     *A quale amica ha telefonato?*

1  Ho perso delle cravatte . ... cravatte hai perso?
2  Hanno delle sedie nuove. ... sedie nuove hanno?
3  Comprano del formaggio. ... formaggio comprano?
4  Leggono dei giornali. ... giornali leggono?
5  Sono le tre. ... ore sono?
6  Ci sono sei piatti in tavola. ... piatti ci sono in tavola?
7  Gli piacciono le camicie francesi. ... camicie gli piacciono?
8  Oggi è martedì. ... giorno è oggi?

**G** Answer the following questions.

1 Quali giornali compra?
2 Quali riviste compra?
3 Quanti libri legge ogni mese?
4 Che musica preferisce?
5 Che film preferisce?
6 Quanti fratelli e sorelle ha?
7 Che giorno è oggi?
8 Che ore sono?

## III   Interrogative pronouns

In the following exchanges the words in boldface type are interrogative pronouns.

| | |
|---|---|
| **Che cosa** ⎫ | |
| **Cosa** ⎬ studiate? | *What* do you study? |
| **Che** ⎭ | |
| **Qual** è la tua borsa? | *Which* pocketbook is yours? |
| **Quali** sono i tuoi guanti? | *Which* are your gloves? |
| **Quanto** ne vuoi? | *How much* do you want (of it)? |
| **Quante** ne prendi? | *How many* are you taking (of them)? |
| **Chi** è entrato? | *Who* entered? |
| A **chi** scrivi? | *To whom* are you writing? |
| Di **chi** è la giacca? | *Whose* jacket is it? |

1) **Quale** becomes **qual** before **è** (*is*).

2) **Chi** can mean both *who* and *whom.*

**H** Michele is telling Paolo about persons or things he has seen. Paolo doesn't hear too well and asks Michele to repeat his statements. Take Paolo's role. Use *chi?* for persons and *cosa?* for objects.

▶ Ho visto un film americano.     *Cosa hai visto?*
▶ Ho visto una bella ragazza.     *Chi hai visto?*

1 tre macchine sportive
2 una partita di calcio
3 lo zio di Stefano
4 la signora Dini
5 uno spettacolo divertente
6 quattro aerei

I Complete each question with an appropriate interrogative pronoun.

▶ Preferisce questo piatto. *Quale preferisce?*

1 Abito con mia madre. Con ... abito?
2 Abbiamo preso tre mele. ... ne abbiamo prese?
3 Gianni telefona spesso a Piera. A ... telefona spesso?
4 Ecco cinque panini. ... ne vuoi?
5 Faccio un favore a Paolo. A ... faccio un favore?
6 Parla il professore. ... parla?
7 Scrivono due lettere. ... ne scrivono?
8 È la borsa di Susanna. Di ... è la borsa?

J Answer the following questions.

1 Con chi parla spesso al telefono?
2 Chi arriva in ritardo a scuola?
3 Che cosa ha fatto di bello ieri sera?
4 Con che cosa scrive?
5 Qual è il suo posto?
6 Di chi è questo libro?
7 Scrive molte lettere? Quante ne scrive ogni settimana?
8 Mangia molto pane? Quanto ne mangia ogni giorno?

# Lezione 22ᵃ

### "FORZA NAPOLI!"

È domenica mattina. Sono le nove e Roberto dorme ancora profondamente. All'improvviso un rumore assordante lo sveglia. Roberto si affaccia alla finestra della sua stanza e vede passare giù nella strada una lunga fila di automobili e torpedoni pieni di gente che sta fischiando,
5 cantando e suonando strumenti vari. Poi dalla scritta "Forza Napoli" capisce di che cosa si tratta.                                    di ... what it's all about

Nel pomeriggio è in programma allo stadio Olimpico l'incontro di calcio Roma-Napoli, molto sentito dai tifosi di entrambe le squadre. Roberto si chiede: "Ma arrivano a quest'ora? Non hanno forse dormito?

230

10 Certo, con l'autostrada hanno impiegato meno di° tre ore, ma, perbacco, io direi che potrebbero fare meno rumore."

    Nel frattempo la lunga fila di automobili continua e, toh, quello cos'è°? È un autocarro che trasporta un asino infiocchettato d'azzurro.° Poi segue Pulcinella, una maschera del teatro napoletano, che saluta tutti
15 allegramente. Un'altra auto trasporta una bara, che dovrebbe significare la sicura sconfitta della Roma. Infine altre automobili con bandiere azzurre, una vera invasione!

    Ma quella laggiù, che cos'è? Sì, è proprio una bandiera giallorossa,° sono i colori della Roma! Bene, finalmente i tifosi romani cercano di
20 opporsi a quelli napoletani e pian piano spuntano altre bandiere giallorosse. È il festoso preludio di quell'insieme di sentimenti e di tifo appassionato che esploderà in tutta la sua potenza durante la partita.

*hanno ... they took less than*

*toh ... I say, what's that*
*asino ... donkey tasseled in blue*

*yellow and red*

**Domande**

1 Che giorno è?
2 Che ora è?
3 Che vosa sveglia Roberto?
4 Che cosa è in programma nel pomeriggio?
5 Chi è Pulcinella?
6 Che cosa fa Pulcinella?
7 Che cosa fanno i tifosi romani?

## Nota culturale: *Italian folklore*

Before Italy became a nation in 1870, each region had its own customs and popular traditions. The local folklore gave the individual regions their own special character. Some aspects of folklore were expressed in dances, songs, costumes and festivities. In modern Italy, many of the old folkloristic traditions are disappearing, and those that have survived have been adapted to fit the needs of changing times.

Pulcinella is a Neapolitan masked character of the *commedia dell'arte* that first appeared in the theater in the sixteenth century. Later it was also introduced in England, where it was called *Punch*, the male character in the famous "Punch-and-Judy" puppet show.

Una donna in costume abruzzese.

**Vocabolario**

*Nomi*

l'**auto**  car
l'**autocarro**  truck
l'**autostrada**  highway
la **bandiera**  banner, flag
la **bara**  coffin
la **fila**  line
l'**invasione** *f.*  invasion
la **maschera**  masked character
la **potenza**  power
il **preludio**  prelude
il **rumore**  noise
la **sconfitta**  defeat
la **scritta**  caption
il **sentimento**  feeling
lo **strumento**  instrument
il **tifo**  rooting
il **tifoso**  fan
il **torpedone**  motorcoach

*Aggettivi*

**appassionato, -a**  passionate
**assordante**  deafening
**entrambe** (*m. pl.* **entrambi**)  both
**festoso, -a**  merry
**napoletano, -a**  Neapolitan
**pieno, -a**  full
**vario, -a**  different

*Avverbi*

**allegramente**  cheerfully
**finalmente**  finally
**giù**  down su - up
**infine**  at the end
**laggiù**  down there
**profondamente**  soundly

*Verbi*

**affacciarsi (a)**  to look out
**cantare**  to sing
**chiedersi**  to wonder
**fischiare**  to whistle
**opporsi**  to object, to oppose
**potrebbero**  they could
**salutare**  to greet
**spuntare**  to appear
**svegliare**  to awaken
**suonare**  to play (an instrument)
**trasportare**  to transport

*Altre parole ed espressioni*

**perbacco**  by Jove

**"Forza Napoli"**  Go ahead Naples
**nel frattempo**  in the meantime
**pian piano**  little by little

**Pratica**

**A** Choose the answer that best completes each statement according to the reading selection on page 231.

1  Roberto si affaccia alla finestra …
   a) della cucina
   b) del salotto
   c) della sua stanza

2  La gente sta fischiando …
   a) e suonando strumenti vari
   b) canzoni popolari
   c) e giocando a pallone

3  Roberto capisce di che si tratta quando …
   a) vede la lunga fila di automobili
   b) sente suonare
   c) vede la scritta "Forza Napoli"

4 L'incontro di calcio è molto sentito …
   a) dai tifosi della squadra napoletana
   b) dai tifosi di entrambe le squadre
   c) dai tifosi romani

5 Con l'autostrada, da Napoli a Roma si può arrivare …
   a) in un giorno
   b) in mezz'ora
   c) in meno di tre ore

6 Le due squadre si incontreranno …
   a) a Napoli
   b) allo stadio Olimpico di Roma
   c) in piazza

**B** Say if the following statements are true or false.

1 Sono le nove e Roberto è allo stadio.
2 Un rumore assordante sveglia Roberto.
3 La strada è piena di gente, macchine e torpedoni.
4 L'azzurro è il colore della squadra romana.
5 È in programma l'incontro di calcio Roma-Napoli.
6 Un asino guida un'automobile.

## Ampliamento del vocabolario

### Rivenditori e negozi

| | |
|---|---|
| il giornalaio *newsvendor* | l'edicola *newsstand* |
| il libraio *bookseller* | la libreria *bookstore* |
| il farmacista *pharmacist* | la farmacia *pharmacy* |
| il panettiere *baker* | la panetteria *bakery* |
| il fruttivendolo *fruitvendor* | la frutteria *fruit shop* |
| il macellaio *butcher* | la macelleria *butcher's shop* |
| il droghiere *grocer* | la drogheria *grocery shop* |
| il salumiere *delicatessen seller* | la salumeria *delicatessen* |
| il lattaio *milkman* | la latteria *dairy* |
| il pescivendolo *fishseller* | la pescheria *fish market* |

Some of the words listed above can be used in the feminine by using a feminine article and changing the final vowel to **a**.

| | |
|---|---|
| la giornalaia | la lattaia |
| la panettiera | la libraia |

Roma. Un negozio.

Complete each sentence with an appropriate noun .

1 Il droghiere lavora in una ... *farmacia*
2 Il giornalaio vende ... *giornalistas*
3 Dal panettiere compriamo ... *la pane*
4 Compro del prosciutto dal ...
*macellaio* 5 ... vende carne.
*La Latteria* 6 ... vende latte.
7 Compro del pesce fresco dal ... *pescheria*
*Un Farmacista* 8 ... lavora in una farmacia.
9 Compriamo pere e banane dal ... *frutteria*
10 Compro una rivista in un' ... *pedecda*

## Struttura ed uso

### I The progressive tenses

Italian often uses the present and imperfect tenses to express on-going
actions, in situations in which English uses a progressive tense.

**Discutono** di politica.      *They're discussing* politics.
**Fa** colazione.      *He's eating* lunch.

**Dormivamo** quando sono entrati.      *We were sleeping* when they came in.
**Scrivevo** mentre **leggevi**.      *I was writing* while *you were reading.*

Italian also has a set of progressive tenses which "zero in" more specifically on an on-going action.

| | | |
|---|---|---|
| *Present progressive:* | — Cosa **stai facendo?** | What *are you doing?* |
| | — **Sto leggendo** il giornale. | *I'm reading* the newspaper. |
| *Past progressive:* | — Cosa **stavi facendo** ieri quando ho telefonato? | What *were you doing* yesterday when I telephoned? |
| | — **Stavo studiando.** | *I was studying.* |

Here is a chart showing the complete conjugation of the present and the past progressive of **studiare.**

| | *Present Progressive* | *Past Progressive* |
|---|---|---|
| io | sto studiando | stavo studiando |
| tu | stai studiando | stavi studiando |
| lui/lei | sta studiando | stava studiando |
| noi | stiamo studiando | stavamo studiando |
| voi | state studiando | stavate studiando |
| loro | stanno studiando | stavano studiando |
| | *I'm studying, you're studying, etc.* | *I was studying, you were studying, etc.* |

1) The present progressive consists of the present tense of **stare** and the **-ando (-endo)** form of the main verb.

2) The past progressive consists of the imperfect tense of **stare** and the **-ando (-endo)** form of the main verb.

Here are the **-ando (-endo)** forms of a regular **-are, -ere,** and **-ire** verb. They consist of the infinitive stem plus **-ando** or **-endo.**

| *Infinitive* | *-ando (-endo) form* |
|---|---|
| studiare | studi**ando** |
| rispondere | rispond**endo** |
| aprire | apr**endo** |

The following verbs have irregular forms:

bere: bevendo
dire: dicendo
fare: facendo

Object and reflexive pronouns may precede **stare** or they may follow and be attached to the **-ando (-endo)** form.

Paola la sta guardando.
Paola sta guardandola.

Marco si sta vestendo.
Marco sta vestendosi.

**A** Restate in the present progressive.

▶ Guardo la televisione.   *Sto guardando la televisione.*

1   Ascoltate la radio.   ~~sta ascoltan~~   4   Beve un tè freddo.
2   Gioco a tennis.                           5   Scrivi una lettera.
3   Leggiamo una rivista.                     6   Finiscono i compiti.

**B** Restate in the past progressive.

▶ Prendevo un tè freddo.   *Stavo prendendo un tè freddo.*

1   Leggeva il giornale.   *stava leggendo il giornale*
2   Compravano le scarpe.   *stavo comprando le scarpe*
3   Scendevi dall'autobus.   *stavi scendendo dall'autobus.*
4   I ragazzi fischiavano.
5   Andavamo allo stadio.
6   Parlavate con la zia.
7   Anna salutava il professore.
8   Diceva molte bugie.

**C** Say that you are doing the following things. Use direct-object pronouns.

▶ guardare la televisione   *La sto guardando.*
                             *Sto guardandola.*

1   vedere il film
2   comprare il pane
3   mangiare la frutta
4   aspettare il treno

**D** Say that you are doing the following things. Use reflexive pronouns.

▶ lavarsi le mani   *Mi sto lavando le mani.*
                     *Sto lavandomi le mani.*

1   mettersi la giacca
2   prepararsi per uscire
3   vestirsi adesso
4   recarsi in centro

**E** Ask a friend what he/she is doing at the moment. He/she answers using the cues indicated.

▶ guardare la partita    *S¹ Cosa stai facendo?*
                             *S² Sto guardando la partita.*

1 suonare il piano
2 aiutare Gino
3 scrivere una cartolina
4 pulire la casa
5 telefonare a Paolo
6 bere un caffè
7 comprare un libro

## II The relative pronoun *che*

The relative pronoun **che** (equivalent to the English relative pronouns *who, whom, which,* or *that*) replaces nouns or pronouns that designate persons, things, or abstract ideas. **Che** may be the subject or the direct object of a dependent clause. In the first two sentences below, **che** is the subject of the dependent clause; in the last two sentences, **che** is the direct object.

| | |
|---|---|
| Ecco il ragazzo **che** si è affacciato alla finestra. | There is the boy *who* looked out of the window. |
| Ecco i biglietti **che** erano sul tavolo. | There are the tickets *that* were on the table. |
| Ecco il ragazzo **che** ho conosciuto ieri. | There is the boy (*that*) I met yesterday. |
| Ecco i biglietti **che** ho comprato stamattina. | There are the tickets (*that*) I bought this morning. |

Note that the relative pronoun **che** is never omitted in Italian. In English, *whom, which* and *that* are often omitted when they function as the direct object of a dependent clause.

**F** You are seated at an outdoor café with Mario. Ask him who some of the people are that you see.

▶ Quel ragazzo parla con Maria.    *Chi è quel ragazzo che parla con Maria?*

1 Quell'uomo fischia.
2 Quel signore beve il caffè.
3 Quella signora parla al telefono.
4 Quella ragazza legge.
5 Quelle bambine parlano francese.
6 Quei ragazzi giocano a pallone.

**G** Express your preference about the following things. Use the verb *preferire.*

> ▸ la lezione    *Questa è la lezione che preferisco.*
> ▸ i cibi    *Questi sono i cibi che preferisco.*

| | | | | | |
|---|---|---|---|---|---|
| 1 | i dischi | 4 | il ristorante | 7 | la frutta |
| 2 | il libro | 5 | le verdure | 8 | l'automobile |
| 3 | la giacca | 6 | la pasta | 9 | la squadra |

**H** Complete the following sentences with an appropriate original ending.

> ▸ Mi piacciono le persone che …    *Mi piacciono le persone che sono allegre.*

1  Mi piacciono le ragazze che …
2  Conosco la signora che …
3  Ho letto il giornale che …
4  Abbiamo visto il film che …
5  Ho un amico che …
6  È Paola che …
7  Stanno guardando lo spettacolo che …
8  Ho ricevuto la lettera che …

## III   The relative pronoun *cui*

The relative pronoun **cui** is used only after a preposition. **Cui** refers to both persons and objects. In conversation, **dove** is also used to refer to places.

| | |
|---|---|
| Ecco l'amico **di cui** parlo spesso. | There's the friend I often talk about. |
| Ecco la signora **con cui** è uscita mia madre. | There's the lady with whom my mother left. |
| Ecco i signori **a cui** abbiamo telefonato. | There are the gentlemen whom we telephoned. |
| Ecco il negozio ⎰**in cui**⎱ lavoro. ⎱**dove** ⎰ | There is the store ⎰in which⎱ I work. ⎱where ⎰ |

**I** Roberto shows his friends some pictures of his trip to Italy. Assume his role. Use *in cui* for places and *con cui* for persons.

> ▸ l'albergo    *Ecco l'albergo in cui sono stato.*
> ▸ gli amici    *Ecco gli amici con cui sono stato.*

| | | | | | | | |
|---|---|---|---|---|---|---|---|
| 1 | la città | 3 | l'osteria | 5 | il paese | 7 | il bar |
| 2 | lo zio | 4 | la villa | 6 | il ristorante | 8 | i parenti |

**J** At the soccer game, Giorgio asks Roberto who the people around them are. Assume Roberto's role.

▶ Giorgio: Chi è quel signore?   *Roberto: È il signore di cui ti ho parlato.*

1 Chi è quella signora bionda?
2 Chi sono quei giovani?
3 Chi è quel ragazzo?
4 Chi è quella ragazza con la bandiera?
5 Chi è quell'uomo con il cappello?
6 Chi sono quei ragazzi che fischiano?

**K** Complete the following sentences with an appropriate phrase using *cui.*

▶ Ecco l'ufficio in ...   *Ecco l'ufficio in cui lavoro.*

1 Ecco la signorina di ...
2 Telefono agli amici con ...
3 Scrivo una lettera alla signora a ...
4 Parli con gli studenti con ...
5 È il film di ...
6 Sono le studentesse a ...

Costumi della Sardegna.

# IV  The Conditional

The conditional tense (or mood) consists of the future stem (see p. 154) plus the conditional endings. The conditional endings are always the same. Here is the conditional of a regular -are, -ere, and -ire verb.

|  | abitare | spendere | finire |
|---|---|---|---|
| io | abiterei | spenderei | finirei |
| tu | abiteresti | spenderesti | finiresti |
| lui/lei | abiterebbe | spenderebbe | finirebbe |
| noi | abiteremmo | spenderemmo | finiremmo |
| voi | abitereste | spendereste | finireste |
| loro | abiterebbero | spenderebbero | finirebbero |
|  | *I would live, etc.* | *I would spend, etc.* | *I would finish, etc.* |

Verbs that have an irregular future stem also have an irregular conditional stem.

| Infinitive | Future and Conditional Stem | Conditional tense (mood) |
|---|---|---|
| andare | andr- | andrei, etc. |
| avere | avr- | avrei, etc. |
| bere | berr- | berrei, etc. |
| dare | dar- | darei, etc. |
| dovere | dovr- | dovrei, etc. |
| essere | sar- | sarei, etc. |
| fare | far- | farei, etc. |
| potere | potr- | potrei, etc. |
| vedere | vedr- | vedrei, etc. |
| venire | verr- | verrei, etc. |
| volere | vorr- | vorrei, etc. |

One use of the conditional is to refer to a hypothetical action or state in the future.

**Vedrei** quel film volentieri.  *I would gladly see that film.*
**Berresti** un caffè?  *Would you have some coffee?*
**Mangerebbe** tutto quello che c'è sul tavolo.  *He would eat everything on the table.*

**L** Ask a friend if he/she would do the following things.

▶ andare al cinema

S¹: *Andresti al cinema?*
S²: *Sì, andrei al cinema.*
   *No, non andrei al cinema.*

1 venire con me
2 giocare a tennis
3 scrivere allo zio

4 comprare una macchina
5 fare una gita
6 mangiare del pesce

**M** Tell what each person would be likely to do. Use the cues indicated.

▶ Paolo: spendere tutti i soldi    *Paolo spenderebbe tutti i soldi.*

1 Lisa: viaggiare da sola
2 io: partire per l'Italia
3 tu: vendere la macchina
4 loro: venire con noi
5 mia madre: restare a casa
6 Franco: telefonare a Laura
7 voi: incominciare a studiare
8 mia sorella ed io: andare in montagna

# V Use of the conditional to express polite wishes or requests, and obligation

The conditional is used to express a polite wish or request.

| | |
|---|---|
| Voglio dei biglietti. | I want some tickets. |
| **Vorrei** dei biglietti. | *I'd like* some tickets. |
| Puoi farmi un favore? | Can you do me a favor? |
| **Potresti** farmi un favore? | *Could you* do me a favor? |

The conditional is also used to express obligation in the sense of the English *should* or *ought to*.

| | |
|---|---|
| Dovete lavorare di più. | You have to work harder. |
| **Dovreste** lavorare di più. | *You should / ought to* work harder. |

**N** Say what the following people would like to order at the restaurant. Use *volere* in each statement.

▶ Gianni / degli spaghetti    *Gianni vorrebbe degli spaghetti.*

1 io / del pesce
2 le signorine / dei ravioli
3 Roberto / del brodo

4 tu / della carne
5 noi / dell'insalata
6 mio padre / del pollo

**O** Ask the following people if they could phone later. Use *potere* in each statement.

▶ Maria     *Potresti telefonare più tardi?*
▶ il signor Dini     *Potrebbe telefonare più tardi?*

1 Mario
2 Anna e Giorgio
3 i signori Martinelli
4 il professore
5 i signori

**P** Franco tells what the following people should do. Assume his role and use *dovere*.

▶ tu / lavarti le mani     *Dovresti lavarti le mani.*

1 voi / fare attenzione
2 Roberto / cercare i suoi guanti
3 noi / partire fra poco
4 la signora Boni / venire con noi alla partita
5 loro / opporsi alle sue idee
6 Susanna e Kathy / telefonare alle amiche

**Ripasso**

**A** Read the following article about a soccer game. Then write five questions and answers based on it. Use interrogative adjectives and pronouns.

*Torino-Bologna: 2-2*

Ieri allo stadio Comunale, il Torino ed il Bologna hanno giocato una splendida partita. L'incontro è finito due a due di fronte a cinquantamila tifosi. In una bella giornata di primavera le due squadre hanno offerto uno spettacolo interessante per tutti i novanta minuti della partita. I tifosi sono rimasti contenti ed hanno applaudito molto alla fine dell' incontro.

**B** Complete the responses in the following conversational exchanges. Use two object pronouns.

▶ Scrivete una cartolina a Monica?     *Sì, gliela scriviamo.*

1 Compri una cravatta a tuo zio? Sì, ... compro.
2 Prepari il caffè a Franco? No, non ... preparo.
3 Spieghi le lezioni ai ragazzi? Sì, ... spiegherò più tardi.
4 Ci presterete la macchina? Sì, ... presteremo.
5 Presenterai i tuoi genitori al professore? No, non ... presenterò.
6 Vi ha offerto il dolce Marisa? Sì, ... offerto.

**C** Write captions for the following drawings, indicating what everybody is doing. Use progressive constructions with *stare*.

**D** Complete the following sentences with the relative pronouns *che* or *cui* and any prepositions that are necessary.

▶ Leggo il libro ... ti ho parlato.    *Leggo il libro di cui ti ho parlato.*

1  Ho conosciuto una ragazza ... è molto bella.
2  Ecco il ragazzo ... vado a sciare.
3  Ho perso delle riviste ... erano molto interessanti.
4  Ecco l'amico ... abbiamo comprato il regalo.
5  Chi è la signora ... avete salutato?

**E** Roberto tells his friend Anna what he saw on Sunday morning before the Roma-Napoli game. Write a ten-line dialogue between them. Begin this way:

Roberto: Anna, sai che cosa ho visto domenica mattina?
Anna: Che cosa?
Roberto: Stavo ancora dormendo, quando ...

# Lezione 23ᵃ

## UN PROBLEMA MODERNO

*Franco partecipa ad un dibattito sull'ecologia. Un esperto risponde alle domande degli studenti.*

FRANCO    Crede lei che la gente abbia sviluppato oggi un interesse maggiore verso l'ecologia?

ESPERTO    Penso di sì. Oggi si parla spesso del problema ecologico e l'opinione pubblica segue con attenzione ogni nuova in-
5    chiesta.

| GIULIANA | Che ne dice della recente trasmissione sui mari e fiumi inquinati d'Italia mandata in onda dalla televisione? | |
|---|---|---|
| ESPERTO | È una conferma dell'attualità del problema ed una dimostrazione dei danni arrecati alla natura. | |
| 10 LUISA | Non pensa lei che il governo debba fare qualcosa per ridurre questo continuo inquinamento? | |
| ESPERTO | Non è facile. Ci sono di mezzo° enormi interessi personali e forti gruppi di pressione. Importante è che i mezzi d'informazione parlino dell'ecologia, che la gente segua il problema con interesse e che il governo cerchi una giusta soluzione. | ci ... there are involved |
| 15 FRANCO | Secondo lei, è l'inquinamento colpa del progresso? | |
| ESPERTO | Non direi.° Credo che sia da attribuire all'uso improprio della moderna tecnologia da parte di gente senza scrupoli. | I wouldn't say so |
| GIULIANA | Ritiene che debba cessare questo continuo attentato alla natura? | |
| 20 ESPERTO | Sì. Ormai è evidente che è in gioco la sorte stessa dell'umanità.° Con adeguate leggi dobbiamo salvaguardare una volta per tutte l'ambiente che ci circonda. | è in gioco ... the fate of humanity itself is at stake |

**Domande**

1 A che cosa partecipa Franco?
2 Di che cosa si parla spesso oggi?
3 Che cosa ha mandato in onda la televisione?
4 Che cosa dovrebbero fare i mezzi d'informazione?
5 Secondo l'esperto, è l'inquinamento colpa del progresso?
6 Che cosa dobbiamo salvaguardare?

## Nota culturale: *Ecology and industry in Italy*

Today Italy is one of the most industrialized countries in the world. Some of its leading industries are automobiles, machinery, appliances, and oil refineries. But industrial development has brought along air, river, and sea water pollution. In recent years, Italy has become more aware of these problems and some measures are being taken to reduce them.

È il futuro del verbo industrializzare.

## Vocabolario

**Nomi**

l'**ambiente** *m.*   environment
l'**attualità**   topic of the day
l'**attentato**   crime
la **colpa**   fault
l'**ecologia**   ecology
la **conferma**   confirmation
il **danno**   harm
il **dibattito**   discussion
la **dimostrazione**   demonstration
l'**inchiesta**   investigation, inquiry
l'**inquinamento**   pollution
l'**interesse** *m.*   interest
la **natura**   nature
il **progresso**   progress
lo **scrupolo**   scruple
la **soluzione**   solution
la **tecnologia**   technology
la **trasmissione**   program

**Verbi**

**arrecare**   to cause
**attribuire**   to attribute
**cessare**   to cease
**circondare**   to surround

**debba**   ought to
**ridurre**   to reduce
**ritenere**   to think
**salvaguardare**   to protect
**sviluppare**   to develop

**Aggettivi**

**adeguato, -a**   adequate
**ecologico, -a**   ecological
**evidente**   evident
**forte**   strong
**giusto, -a**   just
**improprio, -a**   improper
**inquinato, -a**   polluted
**maggiore**   greater
**recente**   recent

**Altre parole ed espressioni**

**gruppi di pressione**   pressure
   groups
**mandare in onda**   to show on the air
**i mezzi d'informazione**   the media
**l'opinione pubblica**   public opinion
**penso di sì**   I think so
**una volta per tutte**   once and for all

## Modificazioni

1   È importante che la gente **parli dell'ecologia.**
      segua l'inchiesta
      sviluppi un interesse maggiore
      cerchi una soluzione
      legga i giornali

2   Credo che la gente abbia **sviluppato un interesse maggiore.**
      seguito il problema
      trovato la soluzione
      guardato la trasmissione
      seguito l'inchiesta

3   È evidente che **è in gioco la sorte dell'umanità.**
      c'è un problema ecologico
      non c'è una facile soluzione
      non è colpa del progresso
      dobbiamo cessare l'inquinamento

**Pratica**

**A** Valeria calls up her friend Cristina to tell her that in the evening there is going to be a television program on ecology. They discuss when it is going to be on and what it deals with. Write the dialogue between them.

**B** You have to do a report on ecology. Interview some students and teachers in your school about what they think are some of the causes (*cause*) of pollution and how they can be reduced.

## *Ampliamento del vocabolario*

### Industria ed emigrazione

| | |
|---|---|
| la fabbrica *factory* | a tempo pieno *full time* |
| lo stabilimento *plant* | il turno di lavoro *work shift* |
| il concentramento *concentration* | la catena di montaggio *assembly line* |
| l'ambientamento *adjustment* | la produzione in serie *mass production* |
| l'igiene *m. hygiene* | la sovrappopolazione *overpopulation* |

Read the following passages, then answer the questions based on them.

In Italia vi sono varie industrie di automobili fra cui la più grande è la Fiat. La sede principale della Fiat è a Torino, la seconda città industriale dopo Milano. L'industria automobilistica dà lavoro a molti operai ed è la più importante dell'economia italiana.

1 Qual è la più grande industria di automobili in Italia?
2 Dov'è la sua sede principale?
3 Qual è la città più industriale d'Italia?
4 Qual è l'industria più importante dell'economia italiana?

Il concentramento di molte industrie nel settentrione d'Italia e la condizione prevalentemente agricola del meridione hanno causato una forte emigrazione di gente dal sud verso il nord. Questo fenomeno si è sviluppato particolarmente negli anni sessanta° e continua ancor oggi ad un ritmo più lento. Ciò° ha causato enormi problemi di ambientamento, sovrappopolazione ed igiene in molte città settentrionali.

negli ... in the sixties
this

1 In che parte d'Italia vi sono molte industrie?
2 Che cosa hanno causato le industrie del nord?
3 Quando si è sviluppato questo fenomeno?
4 Che cosa ha causato questo fenomeno?

## Struttura ed uso

### I  The present subjunctive

The subjunctive mood is frequently used in Italian. It usually occurs in dependent clauses introduced by **che** and it expresses an attitude towards an idea or fact rather than the fact itself.

| *Indicative* | *Subjunctive* |
|---|---|
| Pietro **studia** il problema. | Voglio che Pietro **studi** il problema. |
| **Cercano** una soluzione. | Bisogna che **cerchino** una soluzione. |
| Carla **arriva** domani. | Spero che Carla **arrivi** domani. |

The present subjunctive is formed by adding the present-subjunctive endings to the infinitive stem. Verbs like **capire** add **isc** between the stem and the ending in the first three persons singular and the third person plural.

Here is the present subjunctive of four regular verbs.

|  | **mandare** | **spendere** | **partire** | **capire** |
|---|---|---|---|---|
| che io | mandi | spenda | parta | capisca |
| che tu | mandi | spenda | parta | capisca |
| che lui/lei | mandi | spenda | parta | capisca |
| che noi | mand**iamo** | spend**iamo** | part**iamo** | cap**iamo** |
| che voi | mand**iate** | spend**iate** | part**iate** | cap**iate** |
| che loro | mand**ino** | spend**ano** | part**ano** | cap**iscano** |

1) To avoid confusion in the first three persons singular, subject pronouns are generally used.

> Bisogna che io parta.
> Bisogna che tu finisca di mangiare.
> Bisogna che lei mandi una cartolina a Luigi.

2) Verbs ending in **-care** and **-gare** add an **h** in all forms of the present subjunctive.

| **cercare** | | **pagare** | |
|---|---|---|---|
| cerchi | cerchiamo | paghi | paghiamo |
| cerchi | cerchiate | paghi | paghiate |
| cerchi | cerchino | paghi | paghino |

**A** Franca and Maria are discussing the topic of ecology. Franca suggests some things to be done about it. Take her role. Begin each sentence with *bisogna che* and use the present subjunctive in the dependent clause.

▶ noi / studiamo il problema  *Bisogna che noi studiamo il problema.*

1 tu / cercare una soluzione
2 voi / parlare del problema ecologico
3 governo / sviluppare delle leggi adeguate
4 noi / salvaguardare la natura
5 Laura e Tina / leggere delle riviste ecologiche
6 l'inquinamento / finire
7 la gente / seguire l'inchiesta
8 io / discutere con l'esperto

## II  Verbs with irregular present subjunctives

The following common verbs have irregular present subjunctives. Note that the endings are always the same regardless of whether they are **-are, -ere,** or **-ire** verbs.

| *Infinitive* | *Present Subjunctive* |
|---|---|
| andare | vada, andiamo, andiate, vadano |
| avere | abbia, abbiamo, abbiate, abbiano |
| bere | beva, beviamo, beviate, bevano |
| dare | dia, diamo, diate, diano |
| dire | dica, diciamo, diciate, dicano |
| dovere | debba, dobbiamo, dobbiate, debbano |
| essere | sia, siamo, siate, siano |
| fare | faccia, facciamo, facciate, facciano |
| potere | possa, possiamo, possiate, possano |
| stare | stia, stiamo, stiate, stiano |
| uscire | esca, usciamo, usciate, escano |
| venire | venga, veniamo, veniate, vengano |
| volere | voglia, vogliamo, vogliate, vogliano |

**B** Maria tells Anna that it is important that she do the following things. Take Maria's role. Use *è importante* at the beginning of each statement.

▶ fare il tuo lavoro  *È importante che tu faccia il tuo lavoro.*

1 uscire con Paolo
2 venire presto
3 potere partecipare al dibattito
4 bere molta acqua minerale
5 andare con loro
6 essere pronta per le sette
7 stare bene
8 dare un regalo alla zia
9 avere molta pazienza
10 volere trovare una soluzione

# III   The subjunctive with impersonal expressions

After certain impersonal expressions of necessity, probability, etc. the subjunctive is used in the dependent clause.

**Bisogna** che tu **studi.**            It's necessary that you study.
**È possibile** che lei **sia** in       It's possible that she's late.
   ritardo.
**Ḟ meglio** che **usciate** ora.        It's best that you go out now.

If the subordinate clause has no specific subject, the infinitive is used with impersonal expressions.

Bisogna **studiare.**      It's necessary to study.
È meglio **uscire.**       It's best to go out.

If the impersonal expression indicates certainty, the subjunctive is not used.

È vero che **studiano** molto.     It's true that they study a lot.

Here are some common impersonal expressions which usually require the subjunctive.

| | | | |
|---|---|---|---|
| è necessario | } *it's necessary* | è bene | *it's well (good)* |
| bisogna | | è meglio | *it's better (best)* |
| è possibile | *it's possible* | è giusto | *it's right* |
| è impossibile | *it's impossible* | è preferibile | *it's preferable* |
| è probabile | *it's probable* | è importante | *it's important* |
| è improbabile | *it's improbable* | | |

C  Form sentences using the impersonal expressions and the cues indicated.

▶ il governo / cercare una soluzione        *È importante che il governo cerchi*
   (è importante)                            *una soluzione.*

1   tutti / salvaguardare l'ambiente (è necessario)
2   noi / mettersi l'impermeabile (bisogna)
3   conoscere qualche lingua straniera (è bene)
4   tu / non fare mai niente (è vero)
5   voi / prendere dei posti subito (è meglio)
6   io / ascoltare le notizie alla radio (bisogna)
7   la gente / non capire il problema dell'inquinamento (è possibile)
8   Claudio / arrivare prima delle otto (è improbabile)
9   tu / prendere un biglietto di prima classe (è preferibile)
10  pagare il conto (è giusto)

# IV  The subjunctive with verbs of wish, will, or hope

The subjunctive is used in dependent clauses after verbs expressing wish, will, or hope if the subject of the dependent clause is different from the subject of the main clause. The infinitive is used if the subject of both clauses is the same.

| | |
|---|---|
| **Desiderano** che io **esca** con Roberto. | They want me to go out with Roberto. |
| **Voglio** che tu **finisca** i compiti. | I want you to finish your homework. |
| **Spero** che **visitiate** la nostra città. | I hope that you will visit our city. |

*But:*

| | |
|---|---|
| Desiderano **partire** con noi. | They wish to leave with us. |
| Voglio **finire** di leggere questo libro. | I want to finish reading this book. |
| Spero di **visitare** la vostra città. | I hope to visit your city. |

**D**  Michele's father wants him to do certain things. Take his role.

▶ studiare ogni giorno    *Voglio che tu studi ogni giorno.*

1  viaggiare spesso
2  vendere la macchina
3  andare in centro
4  uscire con Paola
5  fare una gita
6  lavorare in una fabbrica
7  risolvere questo problema
8  partecipare al dibattito

**E**  Restate the following sentences, using the indicated subject in the dependent clause.

▶ Desidera visitare la nonna. (tu)    *Desidera che tu visiti la nonna.*
▶ Spero di trovare il parcheggio. (lei)    *Spero che lei trovi il parcheggio.*

1  Spera di andare a Roma.  (noi)
2  Vogliono giocare a pallone.  (tu)
3  Desidero restare a casa.  (loro)
4  Speriamo di fare una gita questo fine-settimana.  (voi)
5  Vuole fare le spese in via Nazionale.  (io)
6  Sperano di portare dei dischi.  (lui)

## V The subjunctive with expressions of emotion, doubt, or belief

1) The subjunctive is used with expressions of emotion such as **essere contento** (*to be glad*), **essere felice** (*to be happy*), **dispiacere** (*to be sorry*), **avere paura, temere** (*to be afraid*), **essere sorpreso** (*to be surprised*), if the subject of the dependent clause is different from the subject of the main clause.

| | |
|---|---|
| **Sono contento** che tu **sia** qui. | I'm happy that you are here. |
| **Mi dispiace** che **partano** stasera. | I'm sorry that they are leaving tonight. |
| **Sono sorpreso** che **siate** già qui. | I'm surprised that you are already here. |

2) The subjunctive is also used with expressions of doubt, belief and disbelief such as **dubitare** (*to doubt*), **non essere sicuro** (*not to be sure*), **non sapere se** (*not to know if*), **sembrare, parere** (*to seem*), **credere** (*to believe*), **non credere** (*not to believe*).

| | |
|---|---|
| **Dubito** che **parli** italiano. | I doubt that he/she speaks Italian. |
| **Non sono sicuro** che Piero **studi.** | I'm not sure that Piero studies. |
| **Non so se parta** stasera. | I don't know if he/she is leaving tonight. |
| **Credo** che Giovanna **sia** arrivata. | I think Giovanna has arrived. |
| **Non credo** che Gianna **abiti** a Roma. | I don't think that Gianna lives in Rome. |

3) The infinitive is used with expressions of emotion, doubt, belief or disbelief, if the subject of the dependent clause is the same as the subject of the main clause.

| | |
|---|---|
| Sono contento di **essere** qui. | I'm happy to be here. |
| Mi dispiace **partire** così presto. | I'm sorry to leave so soon. |
| Non credo di **avere** finito. | I don't think I'm finished. |
| Credo di **giocare** bene. | I think I play well. |

**F** Say that the following people are happy about what they are doing; then say that you are happy about what they are doing. Use the expression *essere contento* in both sentences.

▶ Luisa parte per Pisa.    *Luisa è contenta di partire per Pisa.*
    *Sono contento/contenta che Luisa parta per Pisa.*

1  I miei genitori vanno al teatro.
2  Tu fai una festa per il tuo compleanno.
3  Voi potete restare a Roma.
4  Gianfranco usa la macchina di suo fratello.

5 Loro fanno una gita a Siena.
6 Maria mi presta i suoi dischi.
7 Mio padre parte per le vacanze.
8 Tu e Laura avete un lavoro interessante.

**G** Restate the following sentences, using the indicated subject in the dependent clause.

▶ È felice di parlare con la nonna. (tu)    *È felice che tu parli con la nonna.*

1 Teme di cadere.   (sua sorella)
2 I miei amici sono sorpresi di ricevere un regalo.   (io)
3 Temo di finire molto tardi.   (loro)
4 Mi dispiace di non andare in vacanza.   (mia sorella)
5 Hanno paura di non potere venire.   (tu)
6 Mi dispiace di sentire queste notizie.   (voi)

**H** Say that you doubt the following things.

▶ I giovani pensano al futuro.    *Dubito che i giovani pensino al futuro.*

1 L'inquinamento è un problema moderno.
2 La soluzione è adeguata.
3 Le industrie italiane sono molto importanti.
4 Anche gli Stati Uniti hanno il problema ecologico.
5 L'emigrazione ha causato molti problemi.
6 Il governo fa qualcosa.
7 Ci sono forti gruppi di pressione.

**I** Marco and Franco are talking about various things. Franco disagrees with Marco in most cases. Take his role, using the expression *non credo*.

▶ La squadra napoletana gioca bene.    *Non credo che la squadra napoletana giochi bene.*

1 I fiumi americani sono inquinati.
2 Questa legge è giusta.
3 I film italiani sono interessanti.
4 Giovanni e Paola vengono alla festa.
5 Giuliana cucina bene.
6 Le linee aree scioperano domani.

**J** Answer the following questions.
1 Crede che il calcio sia un gioco interessante?
2 Crede che ci siano molte industrie in Italia?
3 Crede che l'inquinamento sia colpa del progresso?
4 Crede che le trasmissioni televisive siano interessanti?
5 Crede che i genitori capiscano i figli?

## VI The present perfect subjunctive

The present perfect subjunctive is used in the dependent clause to indicate an immediate past action, when the verb in the main clause is in the present indicative. It is formed by the present subjunctive of **avere** or **essere** and the past participle of the main verb.

| | |
|---|---|
| Non credo che **abbiano trovato** il parcheggio. | I don't think that they *have found* a parking space. |
| È possibile che **sia** già **partito.** | It's possible that she *has* already *left* |
| Sono contento che **abbiate vinto** la partita. | I'm happy that you *have won* the game. |

K  Restate using the present perfect subjunctive.

▶ È probabile che Paola arrivi nel  *È probabile che Paola sia arrivata nel*
  pomeriggio.  *pomeriggio.*

1  È impossibile che tu mangi tutta quella pasta.
2  È possibile che voi non studiate abbastanza.
3  È bene che loro comprino una nuova macchina.
4  Spero che Maria non dica bugie a sua madre.
5  È giusto che Laura si vesta elegantemente.
6  Ho paura che lui non ascolti il medico.
7  Non so se voi guardiate il telegiornale.
8  È sorpreso che tu telefoni così tardi.

# *Lezione 24ª*

## UN'INCHIESTA

*Un giornalista della radio italiana si avvicina ad un gruppo di studenti fermi nel piazzale dell'università.*

GIORNALISTA   Salve, ragazzi. Sono un giornalista e sto preparando un'inchiesta per la trasmissione "Giovani di oggi". Vi dispiacerebbe rispondere ad alcune domande?

GIORGIO   No, faccia pure.° Che cosa vuole sapere?           go ahead

5 GIORNALISTA   Che cosa pensate dell'attuale situazione universitaria?

| | |
|---|---|
| GIORGIO | È un vero caos. Aule sovraffollate, pochi professori, mancanza di contatti tra università e mondo del lavoro, un futuro molto incerto... |
| LUCIANA | Se la riforma universitaria non entrerà presto in funzione,° avremo problemi più grandi di quelli attuali. |
| GIORNALISTA | Come vedete il vostro futuro? |
| PATRIZIA | Non molto roseo. Quantunque io abbia ancora un anno prima di laurearmi, so già che sarà difficilissimo trovare subito lavoro. |
| LUCIANA | Il fatto è che sebbene manchino persone specializzate in vari settori, non c'è agenzia od ufficio statale che ci informi della reale situazione del paese. |
| GIORNALISTA | Avete suggerimenti più concreti delle idee proposte dal governo? |
| GIORGIO | Certamente. Innanzitutto applicazione immediata della riforma e contatti più efficaci tra scuola e industria. |
| LUCIANA | Chiediamo anche l'istituzione di corsi specializzati a breve scadenza° per i diplomati in modo da evitare il sovraffollamento delle università. |
| PATRIZIA | E così facendo,° moltissimi giovani potrebbero trovare subito lavoro e la disoccupazione nel settore giovanile scenderebbe ad un livello più accettabile. |
| GIORNALISTA | Bene, grazie, ragazzi. È stata un'intervista interessante. Arrivederci. |

*non ... won't go soon into effect*

*a ... short-term*

*e ... and in so doing*

**Domande**

1 Dove sono il giornalista e gli studenti?
2 Che cosa sta preparando il giornalista?
3 Che cosa vuole sapere il giornalista?
4 Ci sono contatti tra l'università e il mondo del lavoro?
5 Com'è il futuro degli studenti?
6 Che cosa è difficile trovare quando gli studenti finiscono l'università?
7 Quali sono alcuni suggerimenti che danno gli studenti?

**Vocabolario**

*Nomi*

l'**applicazione** *f.* application
il **caos** chaos
il **contatto** contact
il **corso** course
il **diplomato** graduate
la **disoccupazione** unemployment
l'**intervista** interview

l'**istituzione** *f.* institution
il **livello** level
la **mancanza** lack
il **mondo** world
il **piazzale** courtyard, plaza
la **riforma** reform
il **settore** sector
il **sovraffollamento** overcrowding
il **suggerimento** suggestion

## Aggettivi

**accettabile**  acceptable
**concreto, -a**  concrete
**efficace**  efficient
**giovanile**  young
**immediato, -a**  immediate
**incerto, -a**  uncertain
**reale**  real
**roseo, -a**  rosy
**sovraffollato, -a**  overcrowded
**specializzato, -a**  specialized
**universitario, -a**  university

## Verbi

**avvicinarsi**  to go near, approach
**evitare**  to avoid
**informare**  to inform
**laurearsi**  to graduate
**mancare**  to be lacking
**proporre (proposto)**  to propose

## Altre parole ed espressioni

**certamente**  certainly
**innanzitutto**  first of all
**in modo da**  so as
**presto**  soon
**quantunque**  although
**salve**  hello
**sebbene**  although

## Nota culturale: *Italian universities*

In Italy there are many universities, on the average one or two for each of the twenty regions. Most of the Italian universities are controlled by the state, while a number of them are private. Milan, for instance, has two universities run by the state, and two independent ones. Italy has some of the oldest European universities, such as the University of Bologna, founded in 1158, and the University of Padova, founded in 1221. All Italian universities have an urban setting, and campus life American style is practically nonexistent. There are no university-sponsored dormitories and students live independently, although the university is the focus of their intellectual, political, and social activities.

Today the Italian university system is undergoing many changes because of pressures and requests made to the government by students, professors, and society. These requests are due to the fact that the university's old structures and teaching methods are no longer compatible with the demands of today's Italian life and economy. Often student demonstrations are held to push for university reforms by the government, which is usually totally occupied with many other different problems.

## Modificazioni

1  Quantunque io **abbia tempo,** non posso venire.
       sia pronto
       voglia
       desideri
       faccia

2 **Vi dispiacerebbe** rispondere ad alcune domande?
Vi piacerebbe
Potreste
Vorreste

3 Avete suggerimenti più **concreti** delle idee proposte?
interessanti
importanti
utili

4 So che sarà **difficilissimo.**
facilissimo
interessantissimo
felicissimo
divertentissimo

**Pratica**

**A** Imagine that you are a radio reporter and are going to interview some students. Ask them their opinions about the university and how prepared they feel about entering the world of work.

**B** Prepare some questions and answers about possibilities of employment after graduation and have a panel discussion in class.

## Ampliamento del vocabolario

### Nomi alterati

In Italian a number of different suffixes can be attached to certain nouns to give them a diminutive, endearing, augmentative or pejorative meaning. These changes cannot be made haphazardly with all nouns, for meaningless words would result.

Here are some of the most common suffixes that are used to alter the meaning of nouns. The suffixes are attached to the noun after dropping the final vowel.

1) The endings **-ino, -ina,** and **-etto, -etta** are attached to some nouns to make diminutive or endearing words out of them.

| -ino | | -ina | |
|------|------|------|------|
| vestito | vesti**no** | sorella | sorel**lina** |
| **-etto** | | **-etta** | |
| pezzo | pezz**etto** | casa | cas**etta** |

**A** Form the diminutive of the following nouns by using the *-ino* or *-ina* endings.

| | | | |
|---|---|---|---|
| 1 | pasta | 6 | mano |
| 2 | fratello | 7 | cavallo |
| 3 | ragazzo | 8 | letto |
| 4 | uccello | 9 | visita |
| 5 | nonna | 10 | cappello |

**B** Form the diminutive of the following nouns by using the *-etto* and *-etta* endings.

| | | | |
|---|---|---|---|
| 1 | lago | 6 | chiesa |
| 2 | barca | 7 | albergo |
| 3 | borsa | 8 | viaggio |
| 4 | villa | 9 | cugino |
| 5 | giardino | 10 | libro |

2) The ending **-one** is attached to some nouns to make them augmentative. Feminine nouns generally become masculine when made augmentative.

**-one**

un ragazzo     un ragazz**one**     una casa     un cas**one**

**C** Form the augmentative of the following nouns by attaching *-one* to them.

| | | | |
|---|---|---|---|
| 1 | un libro | 4 | una stanza |
| 2 | una squadra | 5 | un piede |
| 3 | una donna | 6 | un palazzo |

3) The endings **-accio, -accia** are the most common suffixes used to make pejorative nouns.

**-accio**                    **-accia**

tempo          temp**accio**     gente     gent**accia**

**D** Form the pejorative of the following nouns by using the *-accio* and *-accia* endings.

| | | | |
|---|---|---|---|
| 1 | fatto | 5 | uccello |
| 2 | giornale | 6 | strada |
| 3 | parola | 7 | erba |
| 4 | vento | 8 | barca |

**E** Complete each sentence with an appropriate altered noun from the list.

ventaccio          casetta
chiesette          fratellino
stanzone           laghetto
viaggetto          cappellino
pezzetto           erbacce

1  Abbiamo fatto un bel ... in Piemonte.
2  Quel giardino è pieno di ... .
3  Nevica e tira un ... freddo.
4  Ho una ... vicino al mare.
5  In quel parco c'è un ... .
6  In Umbria ci sono molte belle ... .
7  Mi dai un ... di formaggio?
8  La bambina gioca con il ... .
9  La signora Marini porta un ... rosso.
10  L'aula di chimica è quello ... a destra.

## Struttura ed uso

### I  The subjunctive after conjunctions

The subjunctive is used in dependent clauses introduced by the following conjunctions:

| | | |
|---|---|---|
| affinché<br>di modo che<br>perché | *so that, in order that* | Lavora **affinchè** i figli possano andare all'università.<br>Partiamo presto **di modo che** possiate prendere il treno delle nove.<br>Parlate lentamente **perché** tutti vi capiscano. |
| benché<br>sebbene<br>quantunque<br>nonostante | *although, even though* | Studia ancora **benché** sia mezzanotte.<br>Esce **sebbene** faccia molto freddo.<br>**Quantunque** mi laurei non troverò lavoro.<br>Parte **nonostante** stia male. |
| in caso che | *in case that, in the event that* | Lascia il numero di telefono **in caso che** lui voglia parlarti. |
| a meno che | *unless* | Verremo da te **a meno che** nevichi. |
| prima che | *before* | Cucino **prima che** tu venga. |
| purché | *provided that* | Verrà **purché** gli preparino un bel dolce. |
| senza che | *without* | Studiate **senza che** ve lo dica vostra madre |

**A** You are going to Rome with some friends. Say that you will arrive early so that each one of your friends can do what he/she wants. Use the conjunction *affinché*.

▶ Carlo può andare dallo zio.    *Arriveremo presto affinché Carlo possa andare dallo zio.*

1  Tina può vedere il Colosseo.
2  Mariella e Anna possono visitare i Musei Vaticani.
3  Tu puoi telefonare ai tuoi parenti.
4  Voi potete incontrare i vostri amici.
5  Noi possiamo fare delle spese.
6  Susanna può andare a Villa Borghese.


**B** Say that you are going to do certain things even though certain conditions exist. Use the conjunction *sebbene*.

▶ andare in centro / essere tardi    *Vado in centro sebbene sia tardi.*

1  comprare una motocicletta / costare molto
2  uscire lo stesso / fare freddo
3  cercare già lavoro / laurearsi fra sei mesi
4  andare alla partita / piovere
5  finire la colazione / essere in ritardo
6  fare una visita alla zia / abitare lontano


## II  Comparison of equality

1) Comparisons of equality are usually made using the patterns **tanto ... quanto** and **così ... come.** Both constructions are the equivalent of the English *as ... as.* **Tanto** and **così** may be omitted from the comparison.

| | |
|---|---|
| Tina è (**tanto**) simpatica **quanto** Gianni. | Tina is as nice as Gianni. |
| Giacomo e (**così**) alto **come** Giuseppe. | Giacomo is as tall as Giuseppe. |
| Io guido (**così**) lentamente **come** Paolo. | I drive as slowly as Paolo. |


2) Comparisons of equality which are made with nouns use the construction **tanto (-i, -a, -e) ... quanto. Tanto** agrees with the noun it precedes.

| | |
|---|---|
| Maria ha **tanta** pazienza **quanto** me. | Maria has as much patience as I. |

**C** Adriana and Mariella are discussing some of their relatives and acquaintances. Adriana compares some of them to each other. Take her role. Use *(tanto) … quanto* or *(così) … come.*

▶ Mario / intelligente / Michele     *Mario è (tanto) intelligente quanto Michele.*
                                                    *Mario è (così) intelligente come Michele.*

1 Laura / alta / Maria
2 Luigi / nervoso / Piero
3 il signor Toselli / ricco / la signora Salmi
4 Stefano / allegro / Nicola
5 mia cugina / grassa / Adriana
6 Franco e Marisa / fortunati / noi

**D** Say that you have as many of the following things as Gianni.

▶ cravatte     *Ho tante cravatte quanto Gianni.*

| | | | |
|---|---|---|---|
| 1 | piante | 4 | libri |
| 2 | dischi | 5 | piatti |
| 3 | riviste | 6 | matite |

PALAZZO GALLENGA, SEDE DELLA UNIVERSITÀ ITALIANA PER STRANIERI

UNIVERSITA' ITALIANA
PER STRANIERI

PERUGIA

CORSI DI ALTA CULTURA
E DI LINGUA, LETTERATURA, STORIA
E ARTE D'ITALIA

ANNO ACCADEMICO 1974
15 GENNAIO - 15 MARZO
1° APRILE - 30 GIUGNO
1° LUGLIO - 30 SETTEMBRE
1° OTTOBRE - 23 DICEMBRE

STAB. TIPOGRAFICO « GRAFICA » DI SALVI & C. - PERUGIA, VIA DELLE STREGHE, 31

Catalogo universitario.

## III Comparisons of inequality

1) Comparisons of inequality are usually made with the patterns **più ... di** (*more ... than*) and **meno ... di** (*less ... than*).

| | |
|---|---|
| Maria è **più** bella **di** Sara. | Maria is more beautiful than Sara. |
| Lavoro **più** intensamente **di** voi. | I work more intensely than you. |
| Stefano ha **meno** pazienza **di** Anna. | Stefano has less patience than Anna. |
| Paolo è **meno** intelligente **di** Anna. | Paolo is less intelligent than Anna. |

2) **Che** is used to translate *than* when the two items being compared relate to the same subject.

| | |
|---|---|
| Sono **più** alto **che** grasso. | I'm taller than I am fat. |
| Gli piace **più** leggere **che** guardare la TV. | He likes to read more than he likes to watch TV. |
| Preferisce **più** stare a Roma **che** a Palermo. | He prefers living in Rome to living in Palermo. |

**E** Form comparisons with the cues given. Use **più ... di** for items 1–5 and **meno ... di** for items 6–10.

▶ Filippo / intelligente / Roberto   *Filippo è più intelligente di Roberto.*

1  Francia / grande / Austria
2  Carlo / fortunato / lei
3  mia sorella / simpatica / te
4  professore / gentile / lui
5  ingegner Dini / energico / dottor Celli

▶ Luisa / magra / me   *Luisa è meno magra di me.*

6  la nostra casa / elegante / della tua
7  rivista / interessante / giornale
8  Franco / povero / Roberto
9  Luisa / giovane / me
10  Mario / silenzioso / sua sorella

**F** Franca tells what she prefers. Assume her role.

▶ andare a piedi / andare in macchina   *Mi piace più andare a piedi che andare in macchina.*

1  la carne / il pesce
2  cantare / ballare
3  sciare / pattinare
4  viaggiare / restare a casa
5  lui / lei
6  stare in campagna / stare in città

Studenti
di liceo.

**G** Complete with an appropriate ending.

▶ Visitiamo più ...    *Visitiamo più musei che chiese.*

1   A Michele piace più ...
2   Preferisco più ...
3   Mio fratello è meno ...
4   Mangio più ...
5   L'Italia è meno ...

## IV   The relative superlative

In relative superlative constructions, one or several persons or things are compared to other persons or things in a group. Relative superlatives usually consist of the patterns **il (la, i, le) più ... di** (*the most ... in/of*) or **il (la, i, le) meno ... di** (*the least ... in/of*).

Giovanni è **il più** intelligente **della** classe.

John is the most intelligent in the class.

Rosa e Maria sono **le più** basse **della** famiglia.

Rosa and Maria are the shortest in the family.

Enrico è **il meno** simpatico **dei** miei cugini.

Enrico is the least nice of my cousins.

When the superlative immediately follows a noun, no definite article is used with **più** or **meno.**

Gianna è la studentessa **più** intelligente **della** classe.

**H** Form relative superlatives with the cues given.

▶ Carla / bella / tutte    *Carla è la più bella di tutte.*

1 questo programma / interessante / tutti
2 il fiume Po / inquinato / tutti
3 la lezione d'italiano / facile / tutte
4 quei vestiti / eleganti / tutti
5 Laura / silenziosa / tutti
6 via Nazionale / lunga / tutte
7 questo problema / complicato / tutti
8 questi palazzi / alti / tutti

**I** You have just arrived in Rome and you want to know where some of the most beautiful things to see are. Use relative superlatives.

▶ le fontane    *Dove sono le fontane più belle?*

1 i monumenti
2 le vie
3 le chiese
4 i musei
5 le piazze
6 i parchi

## V  The absolute superlative

The absolute superlative is usually expressed in English with the adverbs *very* or *extremely* plus the adjective or adverb. In Italian it can be formed by adding the suffixes **-issimo** (**-a, -i, -e**) to adjectives, and **-issimo** to adverbs, after dropping the final vowel.

| | |
|---|---|
| Questo quadro è bello. | Questo quadro è **bellissimo.** |
| Questa lezione è facile. | Questa lezione è **facilissima.** |
| Sono dei problemi difficili. | Sono dei problemi **difficilissimi.** |
| Sto bene. | Sto **benissimo.** |

Absolute superlatives can also be made by placing adverbs such as **molto** or **assai** before adjectives or adverbs.

| | |
|---|---|
| Quello spettacolo è noioso. | Quello spettacolo è **molto (assai)** noioso. |
| Parla lentamente. | Parla **molto** lentamente. |

Adjectives in **-co** and **-go** add an **h** before **-issimo;** adjectives in **-io** drop the **-io.**

| | |
|---|---|
| È una signora ricca. | È una signora **ricchissima.** |
| È un fiume largo. | È un fiume **larghissimo.** |
| È un palazzo vecchio. | È un palazzo **vecchissimo.** |

**J** Use an absolute superlative construction to describe the following persons or things. First use the suffix -*issimo,* then the adverbs *molto* or *assai* plus the adjective.

▶ Massimo è nervoso.    *Massimo è nervosissimo.*
      *Massimo è molto nervoso.*

1  I suoi capelli sono lunghi.
2  Questa borsa è vecchia.
3  Mio padre sta male.
4  Perugia è una città antica.
5  Questa trasmissione è divertente.
6  Luca studia poco.
7  Quella chiesetta è bella.
8  Il volo Boston-Roma è comodo.

**Ripasso**

**A** Two friends are discussing ecology. Write a ten-line dialogue between them. Use the subjunctive as much as possible. The following vocabulary may be useful.

| | |
|---|---|
| l'ecologia | a meno che |
| l'inquinamento | credere |
| la tecnologia moderna | salvaguardare |
| bisogna che | i mari |
| è necessario | i fiumi |
| sebbene | i laghi |
| purché | l'aria (*air*) |

**B** In a telephone conversation Maria and Paola are comparing some of their friends. Maria says that they compare equally, but Paola disagrees. Take both roles.

▶ Luisa / intelligente / Giovanni    *Luisa è (tanto) intelligente quanto Giovanni.*
      *No, Luisa è più intelligente di Giovanni.*

1  Michele / antipatico / Giorgio
2  Paolo e Cristina / allegro / Pietro e Gina
3  Luigi / simpatico / Silvia
4  Gianni / fortunato / Massimo
5  Barbara / elegante / Monica

**C** Describe each of the objects below with an adjective of your choice. Use a relative superlative construction, and end each sentence with the phrase ... *che io abbia mai visto.*

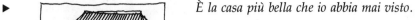

▶    *È la casa più bella che io abbia mai visto.*

**D** You are being interviewed by a newspaper reporter concerning school reforms. You give him some of your opinions on the subject. Begin each sentence with *Credo che.*

▶ situazione / non cambiare    *Credo che la situazione non sia cambiata.*

1  i professori / non informare gli studenti della situazione attuale
2  non esserci / abbastanza contatto con il mondo del lavoro
3  le università / non preparare molto bene gli studenti
4  il governo / non suggerire delle soluzioni adatte
5  gli studenti / dovere scioperare
6  la RAI / dovere mandare in onda dei programmi sulla riforma universitaria

# Lezione 25ᵃ

## CRISI DI GOVERNO

*Franco, Marisa e Paola si incontrano a piazza Venezia.*

MARISA   Franco, hai saputo che ieri sera il governo si è dimesso?

FRANCO   Dici davvero?

PAOLA   Ma non hai ascoltato la radio?

FRANCO   No, stamattina ho dormito fino a tardi.

5   MARISA   Qui c'è un giornalaio, prendiamo un giornale.

FRANCO   Mi dia "Il Messaggero",° per favore.

                                                      Roman daily
                                                      newspaper

| | |
|---|---|
| GIORNALAIO | Lo prenda lei. È in quel pacco di giornali alla sua sinistra? alla ... to your left |
| MARISA | Però non fermiamoci qui a leggere. |
| FRANCO | Sediamoci su quella panchina laggiù, così staremo più tranquilli. |
| PAOLA | Certo questa caduta del governo è una cosa grave. |
| FRANCO | Ma, non troppo. Conosci forse qualcuno che si preoccupi più del necessario? |
| PAOLA | Dici sul serio? |
| FRANCO | Sì. La gente si è ormai abituata a queste continue crisi politiche e non si chiede più chi va al governo, ma quanto tempo esso resterà in carica. |
| MARISA | Mi sembri un po' cinico, non ti pare? |
| FRANCO | Non direi. Il fatto è che da molti anni abbiamo governi di coalizione formati dagli stessi partiti politici. Tutti alla prima grande difficoltà cadono immancabilmente. |
| PAOLA | Ma non si potrebbero formare governi più stabili, più forti? |
| FRANCO | In teoria sì, e talvolta si indicono anche le elezioni politiche anticipate. Ma siccome ognuno vota per lo stesso partito, la nuova situazione politica non cambia di molto, e si riforma un governo simile a quello precedente? |

*Line numbers in margin: 10, 15, 20, 25*

non ... doesn't change much
simile ... similar to the preceding one

**Domande**

1 Che cosa è successo ieri sera?
2 Dove vanno Marisa, Paola e Franco?
3 Che cosa comprano?
4 Dove vanno a sedersi?
5 A che cosa si è abituata la gente?
6 Perché non cambia di molto la nuova situazione politica?

**Vocabolario**

*Nomi*

la **caduta** fall
la **coalizione** coalition
la **difficoltà** difficulty
il **pacco** package
la **teoria** theory

*Verbi*

**abituarsi (a)** to get used (to)
**dimettersi** to resign
**fermarsi** to stop
**preoccuparsi** to worry
**riformare** to form again

*Aggettivi*

**cinico, -a** cynical
**grave** serious
**stabile** stable

*Altre parole ed espressioni*

**immancabilmente** without fail
**siccome** since
**talvolta** sometimes
**in carica** in charge
**dici davvero?** are you serious?
**dici sul serio** are you serious?
**non ti pare?** don't you think so?

## Nota culturale: *Italian newspapers*

Almost every major city has its own daily newspaper (*quotidiano*) in Italy. Some cities have more than one. Rome, for instance, has *Il Messaggero, Il Tempo, Paese Sera* and *L'Unità*. The best Italian newspaper, *Il Corriere della Sera*, is published in Milan. Another excellent newspaper, *La Stampa*, is published in Turin. Florence has *La Nazione*, and Naples, *Il Mattino*.

Alcuni quotidiani italiani.

**Modificazioni**

1  Hai saputo che **il governo si è dimesso?**
       c'è una crisi politica
       ci saranno le elezioni anticipate
       ci sarà una riforma universitaria
       parto per l'Italia

2  Sediamoci **su quella panchina.**
      sull'erba (*grass*)
      su quelle poltrone (*armchairs*)
      su quel divano (*couch*)
      su quelle sedie

3  Conosci **qualcuno qui?**
      quel ragazzo
      molta gente
      Roma
      l'Italia

4   Mi dia **"Il Messaggero,"** per favore.
    un giornale
    una rivista
    quel libro

**Pratica**   **A** Ask a friend to go with you to a newsstand. You have heard about a government crisis and you want to buy a newspaper to find out more about it.

**B** Role-play a radio reporter who is asking various people on the street what their opinion is about the latest government crisis. Start off each conversation by asking the individual to state his or her name and occupation.

## *Ampliamento del vocabolario*

### La politica

| | | |
|---|---|---|
| la repubblica | il ministro | il deputato |
| la monarchia | il primo ministro | il senatore |
| la costituzione | il consiglio dei ministri | il parlamento |
| lo stato | il presidente della repubblica | il senato |
| | | la camera dei deputati |

Read the following passage about Italy's history and government, then answer the questions based on it.

*Italia: storia ed amministrazione*

Lo stato italiano è nato con il nome di Regno° d'Italia nel 1861 come continuazione dell'antico regno di Sardegna.° Nel 1922 con la salita al potere° del fascismo, la costituzione albertina del 1848 subì° profonde modificazioni e cambiamenti. Caduto il regime fa- 
5 scista nel 1943, con il referendum del 1946 il popolo italiano ha scelto° al posto della° monarchia la repubblica. Dal 1948, con l'entrata in vigore della nuova costituzione, l'Italia è una repubblica democratica.
    Al vertice° dello stato vi sono vari organi che eser- 
10 citano la funzione esecutiva (governo), legislativa (parlamento), e giurisdizionale (magistratura), ognu-

*Marginal glosses:*
Kingdom

Sardinia/ salita ... coming to power underwent

chose/ al ... in place of the

al vertice ... at the head

no nei limiti stabiliti dalla costituzione. Il presidente della repubblica rappresenta l'unità dello stato
15 e promuove° ed armonizza l'attività degli altri organi.                    promotes
Il parlamento è formato dalla Camera dei Deputati
(630 membri) e dal Senato (315 membri). La linea
politica del governo° è determinata dal consiglio dei        linea ... government
ministri, composto dal presidente del consiglio e dai              policy
20 singoli° ministri. Nel settore giudiziario molto impor-      individual
tante è la Corte Costituzionale, che ha il compito di
assicurare° l'esatta applicazione della costituzione.        ha ... is responsible for

1  Che forma di governo ha l'Italia?
2  Che governo aveva prima del 1922?
3  Chi è salito al potere nel 1922?
4  In che anno c'è stato il referendum?
5  Quando è entrata in vigore la nuova Costituzione?
6  Quali sono gli organi costituzionali dello stato?
7  Chi determina la linea politica del governo?

## Struttura ed uso

### I  Formal commands

The **lei-** and **loro**-command forms are identical to the third person
singular and the third person plural forms of the present subjunctive. As
in the case of informal commands, subject pronouns are not used with
**lei-** and **loro**-commands.

Here are the formal commands of four regular verbs:

|               | ascoltare  | rispondere  | partire  | finire     |
|---------------|------------|-------------|----------|------------|
| lei-*command* | ascolti!   | risponda!   | parta!   | finisca!   |
| loro-*command*| ascoltino! | rispondano! | partano! | finiscano! |

In negative formal commands, **non** precedes the command form.

Compri questa camicia!      Non compri questa camicia!
Prenda questo giornale!     Non prenda questo giornale!

Verbs with irregular present subjunctives (see p. 249) also have irregular
formal commands.

Vada con il bambino, per favore!
Faccia attenzione!
Abbiano pazienza un momento!

**A** The professor asks his/her students to do certain things. Take his/her role.

▶ signorina: prendere il dizionario     *Signorina, prenda il dizionario.*

1  signorine: mettere i libri sul banco
2  signor Martinelli: leggere per favore
3  signorina: andare alla lavagna
4  signori: non scrivere sul libro
5  signorine: non parlare per favore
6  signori: aprire il quaderno

**B** Change the following sentences to formal commands.

▶ La signora telefona a suo marito.     *Signora, telefoni a suo marito!*

1  La signorina va dal farmacista.
2  Lei fa le spese.
3  Il signore guarda la televisione.
4  Loro mangiano la frutta.
5  I signori parlano con il libraio.
6  La signora chiude la finestra.

**C** Repeat Exercise B, forming negative commands.

▶ La signora telefona a suo marito.     *Signora, non telefoni a suo marito!*


## II  Commands with single-object pronouns

1) A single-object pronoun (direct, indirect or reflexive) usually follows and is attached to a **tu-, noi-,** or **voi**-command. It may precede or follow a negative **tu**-command.

| | *Affirmative* | *Negative* |
|---|---|---|
| **tu**-commands: | Invita**lo** per domani! | { Non invitar**lo** per domani! <br> { Non **lo** invitare per domani! |
| | Manda**gli** il libro! | { Non mandar**gli** il libro! <br> { Non **gli** mandare il libro! |
| | Alza**ti** ora! | { Non alzar**ti** ora! <br> { Non **ti** alzare ora! |
| **noi**-commands: | Aspettiamo**lo** a casa! <br> Diamo**le** un disco! <br> Fermiamo**ci** al bar! | Non aspettiamo**lo** a casa! <br> Non diamo**le** un disco! <br> Non fermiamo**ci** al bar! |
| **voi**-commands: | Ascoltate**li**! <br> Telefonate**gli**! <br> Sedete**vi** qui! | Non ascoltate**li**! <br> Non telefonate**gli**! <br> Non sedete**vi** qui! |

2) The indirect-object pronoun **loro** follows **tu-, noi-,** and **voi-**commands, but is not attached to them.

     Telefoniamo **loro!**

**D** Maria asks Gabriele whether she should invite the persons indicated to her birthday party. Assume Gabriele's role, and use appropriate direct-object pronouns in your responses.

▶ Invito Gregorio? (sì)    *Sì, invitalo!*
▶ Invito Stefano? (no)    *No, non invitarlo!*

| | |
|---|---|
| 1  Invito Carlo? | 4  Invito Sandro e Mirella? |
| 2  Invito Lucia? | 5  Invito i nostri cugini? |
| 3  Invito Marco e Giorgio? | 6  Invito le amiche di Paola? |

**E** Roberto asks Carlo whether they should phone the persons indicated to invite them to the movies. Assume Carlo's role and use appropriate indirect-object pronouns in your responses.

▶ Telefoniamo a Maria? (sì)    *Sì, telefoniamole.*
▶ Telefoniamo a Sergio? (no)    *No, non telefoniamogli.*

| | |
|---|---|
| 1  Telefoniamo a tua cugina? | 4  Telefoniamo a Michele? |
| 2  Telefoniamo a tuo zio? | 5  Telefoniamo a Pino e a Gianni? |
| 3  Telefoniamo a Cristina e a Paola? | 6  Telefoniamo ai nonni? |

**F** Restate the following questions as commands.

▶ Giovanni, ti lavi le mani?    *Giovanni, lavati le mani!*
▶ Ragazze, vi vestite in fretta?    *Ragazze, vestitevi in fretta!*

1  Enrico, ti prepari per partire?
2  Ragazzi, vi alzate presto la mattina?
3  Anna, ti metti il cappotto?
4  Bambini, vi svegliate?
5  Carla e Gino, vi fermate alla stazione?
6  Massimo, ti diverti al teatro?

**G** Restate the following commands, replacing the italicized words with an appropriate object pronoun.

▶ Prendi *il pane!*    *Prendilo!*
▶ Scrivi *a Pietro!*    *Scrivigli!*

1  Comprate *il giornale!*
2  Leggi *quel libro!*
3  Pietro, non guardare *la televisione!*

4 Non ascoltate *quel professore!*
5 Rispondi *alla mamma!*
6 Telefoniamo *agli amici!*

3) A single-object pronoun (direct, indirect, or reflexive) usually precedes a formal command.

|                 | *Affirmative*                  | *Negative*                           |
| --------------- | ------------------------------ | ------------------------------------ |
| **lei**-commands:  | **Lo** apra!<br>**Gli** scriva!<br>**Si** avvicini! | Non **lo** apra!<br>Non **gli** scriva!<br>Non **si** avvicini! |
| **loro**-commands: | **Lo** aprano!<br>**Gli** scrivano!<br>**Si** avvicinino! | Non **lo** aprano!<br>Non **gli** scrivano!<br>Non **si** avvicinino! |

4) The indirect-object pronoun **loro** always follows a formal command.

Scriva **loro!**

**H** Restate the following commands, replacing the italicized words with an appropriate object pronoun.

▶ Beva *il caffè!*    Lo beva.
▶ Comprino *la frutta!*    La comprino.

1 Signorina, legga *questa rivista!*
2 Chiedano le informazioni *all'impiegato.*
3 Creda *a me.*
4 Signori, ascoltino *le ultime notizie.*
5 Signora Paolini, *chiuda la porta.*
6 Signorine, rispondano *al professore.*

**I** Do Exercise H again, this time giving negative commands.

▶ Beva *il caffè!*    Non lo beva!
▶ Comprino *la frutta!*    Non la comprino!

## III   Object pronouns and monosyllabic commands

With certain monosyllabic **tu**-commands, such as **da', di', fa', sta',** and **va',** the initial consonant of the pronoun is doubled, except with the pronoun **gli.**

| | |
| --- | --- |
| Da**mmi** il libro! | Give me the book! |
| Fa**mmi** vedere le tue scarpe! | Let me see your shoes! |
| Di**cci** cosa è successo! | Tell us what happened! |
| Sta**lle** vicino! | Stay near her! |

**J** Restate the following sentences, substituting a single object pronoun for the italicized words.

▶ Mario, di' qualcosa *a me!*    *Mario, dimmi qualcosa!*
▶ Teresa, da' la macchina *a Franco!*    *Teresa, dagli la macchina!*

1  Di' *a Paola* di venire a casa!
2  Sta' vicino *a noi!*
3  Da' la borsa *a Carla!*
4  Di' *ai signori* di alzarsi!

5  Da' una sedia *a me!*
6  Fa' la spesa *alla zia!*
7  Sta' a sentire *la tua amica!*
8  Fa' una telefonata *a Filippo!*

## IV  Commands with two object pronouns

1) In affirmative and negative **tu-, noi-,** and **voi-**commands, two object pronouns usually follow the verb and are attached to it. In negative **tu**-commands, two object pronouns may precede or follow the verb. The indirect-object or reflexive pronoun always precedes the direct-object pronoun.

| | |
|---|---|
| Porta**melo!** | Non portar**melo!** |
| | Non **me lo** portare! |
| Mandiamo**glielo!** | Non mandiamo**glielo!** |
| Spedite**cela!** | Non spedite**cela!** |
| Mettiamo**celo!** | Non mettiamo**celo!** |

2) In affirmative and negative **lei-** and **loro-**commands, two object pronouns precede the verb.

| | |
|---|---|
| **Glielo** dia! | Non **glielo** dia! |
| **Ce li** mandino! | Non **ce li** mandino! |
| **Se la** metta! | Non **se la** metta! |

3) The indirect-object pronoun **loro** always follows the verb.

Diamolo **loro!**

**K** Tell a classmate to give you the following classroom objects.

▶ la penna    *Dammela.*

1  la matita
2  le riviste

3  i fogli di carta
4  il cancellino

5  i libri
6  i quaderni

**L** Tell your mother *not* to buy for you the following articles of clothing.

▶ la giacca verde    *Non comprarmela!*

1  la gonna lunga
2  i guanti neri

3  le scarpe bianche
4  il cappotto

5  la camicetta rosa
6  i pantaloni di lana

**M** Tell a waiter at the restaurant to bring you and your friends the following foods or beverages.

▶ il caffè    *Ce lo porti, per favore.*

1  il formaggio
2  la minestra
3  la bistecca
4  gli spaghetti

5  il pesce
6  le mele
7  il dolce
8  i ravioli

**N** Restate each command, substituting an object pronoun for the italicized noun phrase.

▶ Portami *i fiori!*    *Portameli!*

1  Comprategli *il caffè!*
2  Fatele *questo favore!*
3  Si pulisca *le mani!*
4  Gli dia *la notizia!*
5  Bambini, dateci *il pallone!*

6  Non gli restituiscano *i libri!*
7  Non vendiamogli *la moto-cicletta!*
8  Mi venda *quel quadro!*
9  Non offrirgli *il gelato!*
10 Ci paghi *il conto!*

## V  Conoscere **and** *sapere*

The verbs **conoscere** and **sapere** both correspond to *to know,* but they are not interchangeable in Italian. **Conoscere** is regular in most cases, but **sapere** is irregular in the present tense, in the future and in the present subjunctive. Here are the forms of **sapere.**

| *Present:* | so | sappiamo |
|---|---|---|
|  | sai | sapete |
|  | sa | sanno |

*Future:*    io saprò, etc.

*Present subjunctive:*    che io sappia, etc.

1) **Conoscere** is usually used *to indicate familiarity or acquaintance with* people, places, and sometimes things (such as school subjects). **Conoscere** is always followed by a direct-object noun, a pronoun, or a proper noun.

| | |
|---|---|
| **Conosco** degli Italiani. | I know some Italians. |
| **Conosciamo** Firenze. | We know Florence. |
| **Conoscete** la storia d'Italia? | Do you know the history of Italy? |
| **Conosce** Franco molto bene. | He/she knows Franco very well. |

2) **Sapere** is used in the sense of *to know a fact* or *to know how to*. It can be followed by a direct-object noun, a clause, or an infinitive.

| | |
|---|---|
| **So** l'indirizzo di Francesco. | I know Francesco's address. |
| **Sappiamo** il numero di telefono di Silvia. | We know Silvia's telephone number. |
| **So** dove lavori. | I know where you work. |
| **Sanno** con chi lavori. | They know with whom you work. |
| | |
| **Sapete** sciare bene? | Do you know how to ski well? |
| **Sai** guidare? | Do you know how to drive? |

**O** Franca asks the persons indicated if they know various people and places.

▶ tu: Paola    *Conosci Paola?*
▶ lei: la Spagna    *Conosce la Spagna?*

| | |
|---|---|
| 1  voi: l'amica di Giorgio | 4  Giovanna: Boston |
| 2  loro: Venezia | 5  lei: i signori De Santis |
| 3  tu: mio cugino | 6  ragazzi: la signorina Meli |

**P** Ask the following people if they know the time.

▶ Sergio    *Sai che ora è?*

| | |
|---|---|
| 1  il professore | 4  i signori Celli |
| 2  Fabrizio e Carlo | 5  Rossana |
| 3  tu | 6  il conducente dell'autobus |

**Q** Ask a classmate if he/she knows how to do the following things.

▶ pattinare    *Sai pattinare?*

| | |
|---|---|
| 1  parlare spagnolo | 4  nuotare |
| 2  cantare | 5  sciare |
| 3  andare a cavallo | 6  giocare a pallone |

**R** Filippo asks some information about Susanna. Assume Filippo's role. Begin each sentence with *Sai* or *Conosci*.

▶ dove abita    *Sai dove abita?*

| | |
|---|---|
| 1  i suoi fratelli | 6  i suoi genitori |
| 2  dove lavora | 7  chi sono le sue amiche |
| 3  suo zio | 8  che farà questo fine-settimana |
| 4  il suo indirizzo | 9  quando ritornerà a casa |
| 5  con chi è uscita | 10  sua sorella |

# *Lezione 26ᵃ*

## IN LIBRERIA

Il professor Baldini è un critico letterario e gli piace leggere molto. Se potesse, leggerebbe tutto il giorno. Se poi fosse più ricco, gli piacerebbe avere una biblioteca migliore di quella che ha.

Due giorni fa° il professor Baldini ha comprato alla libreria "La
5  Minerva" un volume di poesie del Montale, un romanzo di Pavese ed un altro di Calvino. Quantunque avesse letto una buona critica su un romanzo di Moravia, non ha potuto comprarlo a causa del prezzo. Lui già sapeva che i libri costavano molto, ma gli sembrava assurdo che dovesse pagare una cifra così grande. "È colpa dell'inflazione", gli aveva
10  detto la cassiera, porgendogli° un questionario che la libreria aveva fatto preparare per una ricerca di mercato.°

**due** ... two days ago

handing to him

**ricerca** ... market survey

**Domande**

1 Chi è il professor Baldini?
2 Che cosa farebbe se potesse?
3 Che cosa avrebbe se fosse più ricco?
4 Che cosa ha comprato due giorni fa alla libreria "La Minerva"?
5 Che cosa non ha potuto comprare? perché?
6 Che cosa gli ha detto la cassiera?
7 Che cosa gli ha dato la cassiera?

## Nota culturale: *Contemporary Italian literature*

Italian writers have been very productive, especially since the end of World War II. Some contemporary Italian fiction has inspired movie directors to make great films out of novels, such as Alberto Moravia's *The Two Women*, and Giorgio Bassani's *The Garden of the Finzi-Contini's*. In addition to Moravia and Bassani, there are many other well-known writers of contemporary Italian fiction, among them Vasco Pratolini, Carlo Cassola, Elsa Morante, and Natalia Ginzburg.

It is in the field of poetry, however, that Italian writers have been most creative and original. Giuseppe Ungaretti, Eugenio Montale, and Salvatore Quasimodo are three of the pillars of twentieth-century Italian poetry. Their poems have universal appeal for their intensity, purity, creative use of language, and an underlying existential tone. Two of the poets, Quasimodo and Montale, have been awarded the Nobel Prize for Literature, the former in 1959, the latter in 1975.

Salvatore Quasimodo

Eugenio Montale

# SONDAGGIO

1  Le piace leggere?  ☐ sì  ☐ poco  ☐ molto

2  Che cosa legge spesso?  ☐ giornale  ☐ rivista
   ☐ narrativa  ☐ saggistica
   ☐ poesia

3  Che tipo di letteratura preferisce?  ☐ classica
   ☐ contemporanea

4  Fra i maggiori scrittori classici, quali la interessano di più?

☐ Dante  ☐ Tasso

☐ Petrarca  ☐ Manzoni

☐ Boccaccio  ☐ Leopardi

☐ Ariosto  ☐ (altri) . . . . . . .

5  Fra gli scrittori contemporanei quali la interessano

   maggiormente?

☐ Moravia  ☐ Morante

☐ Pavese  ☐ Cassola

☐ Buzzati  ☐ Calvino

☐ Pratolini  ☐ (altri) . . . . . . .

6  Qual è l'ultimo libro che ha letto?  . . . . . . .

7  Legge libri di autore straniero?  ☐ sì  ☐ no

8  Preferisce le opere straniere in lingua originale?
   ☐ sì  ☐ no

9  Quanti libri legge in media ogni mese?  ☐ uno  ☐ tre
   ☐ due  ☐ più di tre

10  Se avesse più tempo libero, leggerebbe di più?
    ☐ sì  ☐ no

## Vocabolario

*Nomi*

l'**autore** *m.*   author
la **cassiera**   cashier
la **cifra**   amount
la **critica**   criticism
il **critico**   critic
l'**inflazione** *f.*   inflation
la **letteratura**   literature
la **narrativa**   fiction
l'**opera**   work
la **poesia**   poetry
il **romanzo**   novel
la **saggistica**   non-fiction
lo **scrittore** *m.*   writer
il **sondaggio**   poll
il **volume**   volume

*Aggettivi*

**assurdo, -a**   absurd
**contemporaneo, -a**   contemporary
**letterario, -a**   literary
**migliore**   better

*Verbi*

**interessare**   to interest

*Altre parole ed espressioni*

**fra**   among
**maggiormente**   to a great degree
**tutto il giorno**   all day long
**è colpa dell'inflazione**   it's the fault
   of inflation
**in media**   on the average

## Modificazioni

1  Gli sembrava assurdo che **dovesse pagare tanto.**
   il libro costasse tanto
   la cassiera parlasse così
   tutti leggessero così poco
   avessero pochi volumi di poesie

2  Legge **le migliori** opere della letteratura contemporanea.
   maggiori
   peggiori
   più belle
   più interessanti

3  **Quanti libri legge** in media ogni mese?
   Quante opere critica
   Quanti film vede
   A quanti concerti va
   A quante feste va
   A quante conferenze (*lectures*) va

4  Se potesse, **leggerebbe tutto il giorno.**
   viaggerebbe più spesso
   scriverebbe ogni giorno
   andrebbe a nuotare adesso
   giocherebbe a tennis con me
   partirebbe stamattina

**Pratica**     **A** Conduct a poll among your fellow students about their reading habits. Use some of the questions from the questionnaire on page 281.

**B** You may want to conduct a market survey about a product or a service (public transportation, for instance). Prepare from six to ten appropriate questions to use as the basis for your research project.

## Ampliamento del vocabolario

### Prefixes

Four of the most common prefixes in Italian are:

**in-     s-     dis-     ri-**

1) The prefixes **in-**, **s-**, and **dis-** usually imply negation or an opposite meaning. **In-** is used with certain adjectives, **s-**, and **dis-** are used with certain adjectives, verbs, or nouns.

| | | | |
|---|---|---|---|
| **in-** | utile *useful* | **in**utile *useless* | |
| | felice *happy* | **in**felice *unhappy* | |
| **s-** | fortuna *luck* | **s**fortuna *bad luck* | |
| | consigliare *to advise* | **s**consigliare *to advise against* | |
| | conosciuto,-a *known* | **s**conosciuto *unknown* | |
| **dis-** | piacere *pleasure* | **dis**piacere *displeasure, misfortune* | |
| | fare *to do* | **dis**fare *to undo* | |
| | organizzato, -a *organized* | **dis**organizzato, -a *disorganized* | |

**A** Restate each sentence, using the prefix *in-* with the italicized words. Give the English equivalent of each response.

▶ È un lavoro *utile.*    È un lavoro inutile. (*It's a useless job.*)

1  La riforma è *adeguata.*       3  Questo bambino è molto *felice.*
2  Quello è un uomo molto *deciso.*   4  La partenza di Michele è *certa.*

**B** Restate each sentence, using the prefix *s-* with the italicized words. Give the English equivalent of each response.

▶ Che *fortuna!*    Che sfortuna! (*What bad luck!*)

1  Questo scrittore è *conosciuto.*
2  Il professore ha fatto una critica *favorevole.*
3  È stata un'esperienza *piacevole.*
4  Il libraio ci *consiglia* di comprare questo libro.

**C** Restate each sentence, using the prefix *dis-* with the italicized words. Give the English equivalent of each response.

▶ Lo dice con interesse.    *Lo dice con disinteresse. (He/She says it with disinterest.)*

1   Questo palazzo è *abitato*.
2   Lavorano con *attenzione*.
3   La mamma ha *fatto* il letto di Cristina.
4   I lavoratori *obbediscono* ai sindacati.

2) The prefix **ri-** implies repetition when used with certain verbs.

leggere    *to read*      **ri**leggere   *to read again*
aprire    *to open*       **ri**aprire   *to reopen*

**D** Restate each sentence, using the prefix *ri-* with each italicized word. Give the English equivalent of each response.

▶ Voglio *vedere* quel film.    *Voglio rivedere quel film. (I want to see that picture again.)*

1   Ha *guardato* quella rivista.
2   Hanno *eletto* quel rappresentante.
3   Penso di *telefonare* a Graziella.
4   Ci ha detto di *leggere* quel romanzo.

## Struttura ed uso

## I   The imperfect subjunctive

The imperfect subjunctive is used in dependent clauses, instead of the present subjunctive, when the verb in the main clause is in a past tense or is in the conditional.

| | |
|---|---|
| Maria voleva che io **andassi** con lei. | Maria wanted me to go with her. |
| Speravo che Carla **arrivasse** presto. | I was hoping that Carla would arrive early. |
| Vorrebbe che tu **leggessi** questo libro. | He/she would like you to read this book. |

The imperfect subjunctive is formed by adding the endings **-ssi, -sse, -ssimo, -ste,** and **-ssero** to the first person singular of the imperfect indicative minus the final **-vo.**

|  | 1st. pers. sing.<br>Imperfect Indicative | 1st. pers. sing.<br>Imperfect Subjunctive |
|---|---|---|
| trovare | trovavo | trovassi |
| bere | bevevo | bevessi |
| avere | avevo | avessi |
| dire | dicevo | dicessi |

Here is the imperfect subjunctive of a regular **-are, -ere,** and **-ire** verb.

|  | **studiare** | **leggere** | **partire** |
|---|---|---|---|
| che io | studiassi | leggessi | partissi |
| che tu | studiassi | leggessi | partissi |
| che lui/lei | studiasse | leggesse | partisse |
| che noi | studiassimo | leggessimo | partissimo |
| che voi | studiaste | leggeste | partiste |
| che loro | studiassero | leggessero | partissero |

The following verbs are irregular in the imperfect subjunctive.

dare: dessi, dessi, desse, dessimo, deste, dessero
essere: fossi, fossi, fosse, fossimo, foste, fossero
stare: stessi, stessi, stesse, stessimo, steste, stessero

**A** This morning Marco received a phone call from a friend. State what the friend wanted Marco to do for him. Use the cues indicated.

▶ vendere la motocicletta   *Voleva che gli vendesse la motocicletta.*

1 telefonare il giorno dopo
2 comprare un romanzo
3 fare un favore
4 spiegare la lezione
5 prendere un libro in biblioteca
6 insegnare a giocare a tennis
7 dare un libro di poesie
8 restituire dei dischi

**B** Restate using the pronouns indicated as subjects of the dependent clause.

▶ Volevo telefonare alla nonna. (tu)   *Volevo che tu telefonassi alla nonna.*

▶ Temeva di essere in ritardo. (suo padre)   *Temeva che suo padre fosse in ritardo.*

1 Aveva paura di parlare. (noi)
2 Le dispiaceva telefonare. (io)
3 Erano contenti di fare la gita. (tu)
4 Volevano discutere di politica. (lei)
5 Preferirei ascoltare la musica. (loro)
6 Era importante rispondere alle domande. (voi)
7 Dubitavate di conoscerla. (noi)

Leggendo un romanzo.

C Begin each statement with the word or phrase indicated. Make the necessary changes in the verb form.

▶ Va all'ufficio postale.   *Era importante che andasse all'ufficio*
   (Era importante che … )   *postale.*

1  Vieni in vacanza con me. (Volevo che …)
2  Va in Francia. (Occorreva che …)
3  Cucino bene. (Mia sorella non credeva che …)
4  Leggo un libro di poesie. (Era sorpreso che …)
5  Hanno fretta. (Sembrava che …)
6  Lavorano fino alle sette. (Era possibile che …)
7  Finiscono di leggere il romanzo. (Era necessario che …)
8  Il treno era in ritardo. (Era probabile che …)

## II  The pluperfect subjunctive

The pluperfect subjunctive consists of the imperfect subjunctive forms of **essere** or **avere** plus the past participle of the verb. It is used when the action of the verb in the dependent clause occurred before the action of a past-tense verb in the main clause.

Dubitavo che Gino **fosse venuto.**   I doubted that Gino had come.
Speravo che tu **avessi trovato** i   I hoped that you had found the
   soldi.   money.

**D** Restate each sentence, changing the verb in the dependent clause to the pluperfect subjunctive.

▶ Era probabile che lui arrivasse in ritardo.    *Era probabile che lui fosse arrivato in ritardo.*

1 Era meglio che lei finisse di studiare.
2 Era naturale che loro comprassero una casa nuova.
3 Speravano che lui vendesse la motocicletta.
4 Non sapevo se venisse prima di me.
5 Era impossibile che voi trovaste dei posti liberi.
6 Non era giusto che i lavoratori scioperassero.

## III Contrary-to-fact *se*-clauses

The imperfect or pluperfect subjunctive is used in contrary-to-fact **se**-clauses; the main clause, which accompanies the **se**-clause, is expressed in the conditional.

**Scriverei** molte lettere, se **avessi** tempo.    I *would write* lots of letters, if I *had* the time.

**Leggerebbero** tutto il giorno, se **potessero**.    They *would read* all day if they *could*.

**E** Maria tells Giancarlo what she would do if she had time. Assume Maria's role, and use the cues indicated.

▶ andare in Italia    *Se avessi tempo, andrei in Italia.*

1 leggere più poesie
2 visitare Firenze
3 scrivere più spesso
4 fare un viaggio all'estero
5 giocare a tennis con Anna
6 organizzare una festa

**F** Giancarlo tells Maria what he would do if certain conditions existed. Assume Giancarlo's role. Use the cues indicated.

▶ partire / se anche tu potere venire    *Partirei se anche tu potessi venire.*

1 pagare il conto / se venire il cameriere
2 venire / se Paolo invitarmi
3 comprare un bel quadro / se avere i soldi
4 comprare la macchina / se sapere guidare
5 andare a mangiare al ristorante / se non costare troppo
6 alzarsi tardi / se non avere molto da fare
7 fare una telefonata / se avere un gettone
8 giocare a pallone / se non dovere studiare

# IV   Irregular comparatives and superlatives of adjectives

1) A few adjectives have both a regular and an irregular form in the *comparative* and *relative superlative*. The regular form is usually used in a literal sense; the irregular form is used in a figurative sense.

| | |
|---|---|
| Questi dolci sono **più buoni** dei miei. | These candies are *better* than mine. |
| Questo dizionario è **migliore** del tuo. | This dictionary is *better* than yours. |

Here are the most common irregular comparatives and superlatives.

| | | *comparative* | | *superlative* | |
|---|---|---|---|---|---|
| **buono, -a** | good | **migliore** | better | il/la **migliore** | (the) best |
| **cattivo, -a** | bad | **peggiore** | worse | il/la **peggiore** | (the) worst |
| **grande** | big, great | **maggiore** | bigger, greater | il/la **maggiore** | (the) biggest, (the) greatest |
| **piccolo, -a** | small | **minore** | smaller | il/la **minore** | (the) smallest |

**Maggiore (il maggiore)** and **minore (il minore)** are also used in the sense of *older* (*oldest*), and *younger* (*youngest*).

When **migliore, peggiore, maggiore,** and **minore** precede a masculine singular noun that does not begin with **z** or **s** + consonant, the final **e** is dropped.

   Chi è il miglior professore d'italiano?

2) **Buono, cattivo, grande,** and **piccolo** also have irregular superlative *absolute* forms. These *irregular* superlative absolutes are interchangeable with the *regular* superlative absolutes (see p. 265).

| | |
|---|---|
| buono: **ottimo** (*very good*) | grande: **massimo** (*maximum*) |
| cattivo: **pessimo** (*very bad*) | piccolo: **minimo** (*minimum*) |

> **G** Franco states that the persons indicated are older, younger, better, or worse than he is. Use the appropriate irregular form of the adjectives indicated.
>
> ▶ Laura: grande    *Laura è maggiore di me.*
>
> 1  mio cugino Paolo: cattivo
> 2  Giorgio e Pietro: buono
> 3  tu: piccolo
> 4  mia sorella: grande
> 5  i miei fratelli: piccolo
> 6  tu e Gino: cattivo

**H** Complete the following sentences with the irregular relative superlative form of the cued adjectives.

▶ Gianni è ... dei suoi fratelli. (grande)    *Gianni è il maggiore dei suoi fratelli.*

1 Quello studente è ... di tutti. (buono)
2 Luigi era ... di tutti i miei amici. (cattivo)
3 Adriana è ... delle sorelle. (piccolo)
4 I nostri professori sono ... dell'università. (buono)
5 Mia sorella Carla è ... di tutti noi. (grande)

**I** Answer the following questions.

1 Chi è il maggiore dei suoi fratelli e sorelle? Chi è il minore?
2 Chi è il migliore della classe?
3 Qual è il miglior programma della televisione?
4 Qual è il peggior programma della televisione?
5 Chi è il migliore scrittore di romanzi italiani? Di romanzi americani?

## V   Irregular comparisons of adverbs

A few adverbs have irregular comparative forms. There are no regular comparatives for these adverbs.

Riccardo sta **bene.**     Riccardo is *well.*
Ieri stava **meglio.**     Yesterday he was *better.*

Here are the adverbs with irregular comparatives.

| adverb | | comparative | |
|---|---|---|---|
| **bene** | well | **meglio** | better |
| **male** | badly | **peggio** | worse |
| **poco** | little | **meno** | less |
| **molto** | much | **più** | more |

**J** Luisa states how the persons indicated do something in comparison to her. Use the comparatives for the cued adverbs.

▶ Carlo / cantare / male    *Carlo canta peggio di me.*

1 Giulio e Caterina / nuotare / bene
2 Pietro / mangiare / molto
3 Lisa / leggere / poco
4 Anna e Tina / parlare / male
5 Elena / scrivere / bene

**Ripasso**

**A** Ask your friend Roberto to take the objects shown and then to buy them. Use the *tu*-command form.

▶ 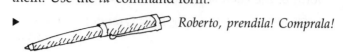 *Roberto, prendila! Comprala!*

Now ask Mr. Boni to do the same, but use the *lei*-command form.

▶ 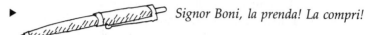 *Signor Boni, la prenda! La compri!*

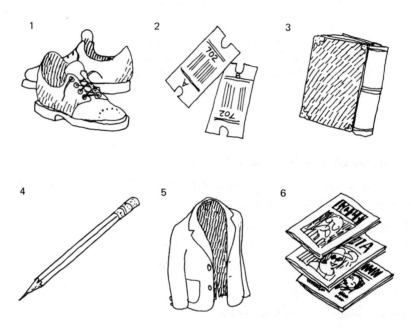

**B** Restate the following sentences. Use two object pronouns in your responses.

▶ Giorgio, porta il libro a me!    *Giorgio, portamelo!*

1 Marisa, manda la lettera a Carlo.
2 Signora, dia la rivista a Marina!
3 Bambini, lavatevi le mani!
4 Chi mi porta i giornali?
5 Signorine, comprino i biglietti per noi!
6 Anna, fa' le valigie per me!
7 Valeria, compra la camicetta ad Anna!
8 Pietro e Michele, pagate il conto a loro!
9 Signorina, faccia la prenotazione al signor Tini!

**C** Write a paragraph of about 10 sentences about your best friend. Throughout the paragraph, use *conoscere* and *sapere* as often as possible in telling what you know about him/her. Talk about his/her interests, abilities, where he/she lives, whom he/she knows, where he/she goes, etc.

**D** Complete the following sentences with suitable phrases.

▸ Voleva che noi ...    *Voleva che noi studiassimo di più.*

1  Dubitavo che lui ...
2  Era il migliore amico che io ...
3  Era impossibile che noi ...
4  Non sapevano se tu ...
5  Se non avesse nevicato,...
6  Giorgio verrebbe se ...
7  Verremmo a vederti se ...
8  Pagherei il conto se ...

**E** Maria and Michele compare their friends. Maria says positive things about the first person mentioned in each comparison, while Michele says the opposite. Assume Michele's role.

▸ Maria: Luisa canta meglio di    Michele: *No, Luisa canta peggio di*
   Giorgio.                               *Giorgio.*

1  Paolo balla meglio di Sergio.
2  Caterina parla italiano meglio di Alberto.
3  Gino nuota meglio di sua sorella.
4  Patrizia gioca a tennis meglio di Barbara.

**F** Unscramble the letters in the following words. These are names of famous Italian contemporary writers mentioned in the previous chapter. The circled letters will then form the name of another famous Italian writer.

▸ L I I A T A    *ITALIA*

1  OMANLET     Ⓞ _ _ _ _
2  ACOSLSA     _ _ Ⓞ _ _ _
3  ATOMRNE     _ _ Ⓞ _ _ _ _
4  REAGNUTIT   _ _ Ⓞ _ _ _ _ _
5  ACILONV     _ _ _ Ⓞ _ _
6  AQSIOMUDO   _ _ _ _ Ⓞ _ _ _ _
7  BIASASN     _ Ⓞ _ _ _ _

   _ _ _ _ _ _ _

# *Lezione 27ª*

## ANDIAMO AL CINEMA

*Franco, Marisa e Luciana parlano tra loro.*

MARISA   Che ne diresti di andare al cinema domani sera?

FRANCO   Mi dispiace, ma non posso. Marco ed io abbiamo deciso di andare al teatro Sistina.

LUCIANA   Che cosa andate a vedere?

5  FRANCO   Una satira politica. Si dice che sia un ottimo spettacolo e bisogna che vada a vederlo.

| | |
|---|---|
| MARISA | Di che cosa si tratta? |
| FRANCO | Della vita politica italiana dal dopoguerra ad oggi. Sono analizzati i rapporti tra il Partito comunista e la Democrazia cristiana ed il cosiddetto compromesso storico.° |
| LUCIANA | Noi invece andiamo a vedere un film di Lina Wertmüller. |
| MARISA | Fa parte di una serie che è dedicata alle registe europee e vorremmo vedere tutti i film che sono presentati. |
| FRANCO | Questo programma è stato per caso organizzato dal movimento femminista? |
| LUCIANA | Sì, perché? Hai forse qualcosa in contrario?° |
| FRANCO | No, assolutamente. Oggi nel mondo del cinema ci sono ottime registe che non hanno nulla da invidiare ai famosi Fellini, Antonioni, Risi, Bertolucci, ecc ... |
| MARISA | Bene. Noi dobbiamo andare adesso. Divertiti al teatro e salutaci Marco. |
| FRANCO | Buon divertimento anche a voi. Ciao. |

cosiddetto ... so-called historical compromise

hai ... have you any objections

**Domande**

1  Dove hanno deciso di andare Franco e Marco?
2  Che cosa vanno a vedere?
3  Di che cosa tratta lo spettacolo?
4  Dove vanno invece Marisa e Luciana?
5  Chi è Lina Wertmüller?
6  Di che serie fa parte il film che vanno a vedere le due ragazze?
7  Chi ha organizzato questo programma?
8  Chi sono Fellini, Antonioni, Risi e Bertolucci?

**Vocabolario**

*Nomi*

il **compromesso**  compromise
il **dopoguerra**  postwar period
il **rapporto**  relationship
il, la **regista**  (film) director
la **satira**  satire
la **serie**  series

*Verbi*

**analizzare**  to analyze
**dedicare**  to dedicate
**invidiare**  to envy
**organizzare**  to organize

*Altre parole ed espressioni*

**assolutamente**  absolutely
**per caso**  by chance
**buon divertimento anche a voi**  you have a good time, too
**di che cosa si tratta?**  what's it about? what does it deal with?
**il movimento femminista**  feminist movement
**salutaci Marco**  say hi to Marco for us

## Nota culturale: *The Italian motion-picture industry*

Since World War II, the Italian motion picture industry has produced many high-quality films. Italian movie directors such as De Sica, Fellini, Visconti, and Antonioni have achieved international renown for their exceptional film directing. In recent years, younger directors have also become well known. They are extremely talented people who deal with controversial themes, such as the paradoxes of a consumer's society, today's politics, and contemporary life-styles. Among the best-known male directors are Mauro Bolognini, Bernardo Bertolucci, and Marco Ferreri. Two women directors stand out for their boldness, perception, and creativity — Liliana Cavani and Lina Wertmüller, whose works have had great success in and out of Italy.

Federico Fellini che dirige un suo film.

| Modificazioni | | |
|---|---|---|
| | 1 | **Abbiamo deciso di** andare al teatro. |
| | | Pensiamo di |
| | | Stiamo per *(we are about to)* |
| | | Telefoniamo prima di |
| | | Non riusciamo ad |
| | 2 | **Si dice** che sia un ottimo spettacolo. |
| | | Si crede |
| | | Si pensa |
| | | Si spera |
| | | Si dubita |
| | 3 | **La serie è dedicata** alle registe europee. |
| | | Lo spettacolo è dedicato |
| | | Il programma è dedicato |
| | | La presentazione è dedicata |
| | | La festa è dedicata |
| | 4 | I film **sono analizzati** dagli studenti. |
| | | sono presentati |
| | | sono discussi |
| | | sono visti |
| | | sono scelti |

**Pratica**  **A** Imagine you are a film director. Prepare to answer questions like the following: What kind of film would you want to direct (*dirigere*)? a social satire? a political satire? a comedy? a drama? a musical (*commedia musicale*)? What would be the title of your film? Which actor (*attore*) and actress (*attrice*) would you pick for the major roles (*parti principali*)?

**B** Rewrite the dialogue on p. 292, in narrative form. Begin your composition as follows:

> Marisa chiede a Franco se vuole andare al cinema. Franco le risponde che ...

## Ampliamento del vocabolario

### Noun suffixes

Four of the most common noun suffixes in Italian are:

**-essa    -ia (-eria)    -ista    -zione**

1) The suffix **-essa** is at times used to make titles or names of professions feminine.

il professore    la professor**essa**

**A** Give the corresponding female titles for the following.

1. dottore
2. avvocato
3. studente
4. poeta
5. presidente

2) The suffixes **-ia** or **-eria** usually signal the name of a shop which sells a certain item.

il farmaco (*medicine*)    la farma**cia** (*pharmacy*)
il libro (*book*)    la lib**reria** (*bookstore*)

**B** Give the name of the shops that sell the following items. You may need to refer to the list of shops on p. 233.

1. latte
2. biglietto
3. pesce
4. frutta
5. salumi
6. pane

3) The suffix **-ista** usually signals the names of persons who perform certain activities.

   il piano  (*piano*)    il/la pian**ista**  (*pianist*)

> **C** Form nouns that refer to persons. Use the suffix *-ista*.
>
> | | | | |
> |---|---|---|---|
> | 1 | violino | 4 | dente |
> | 2 | farmaco | 5 | automobile |
> | 3 | arte | 6 | regia |

4) The suffix **-zione** can at times be used to form nouns from verbs.

   | *verb* | *noun* |
   |---|---|
   | coltivare | coltiva**zione** |

> **D** Give the name of a thing related to the following verbs.
>
> | | | | | | |
> |---|---|---|---|---|---|
> | 1 | preparare | 3 | creare | 5 | conversare |
> | 2 | continuare | 4 | presentare | 6 | manifestare |

## Struttura ed uso

### I   The passive voice

In passive constructions the subject of the sentence is the recipient of the action. In Italian, the tenses of the passive voice are formed by the corresponding tense of **essere** and the past participle of the verb being used. The past participle agrees in gender and number with the subject.

| | |
|---|---|
| I film **sono presentati** dagli studenti. | The films *are presented* by the students. |
| Il programma **è stato organizzato** da Nino. | The program *has been organized* by Nino. |
| La partita **sarà giocata** sotto la pioggia. | The game *will be played* in the rain. |

In Italian, the passive voice is used mostly when one wants to emphasize the "receiver" rather than the "doer" of an action. The direct object of an active construction becomes the subject of a passive construction.

| *Active* | *Passive* |
|---|---|
| Mario ha preparato il menù. | Il menù è stato preparato da Mario. |

If the "doer" is expressed, it is preceded by the preposition **da.**

**A** Restate the following sentences in the passive voice.

▶ Aldo ha scritto la poesia.    *La poesia è stata scritta da Aldo.*

1 La libreria ha fatto la ricerca di mercato.
2 Il professore ha pagato la cassiera.
3 Paola e Maria hanno preparato la tavola.
4 Organizzerà la festa per domenica.
5 Moravia ha scritto molti romanzi.
6 Molta gente ha visto la partita.

Antonioni mentre dirige una scena di *Zabriskie Point.*

## II Impersonal constructions with *si*

Impersonal constructions with **si** consist of **si** plus a verb form in the third person singular or plural. They are used to express sentences with indefinite subjects. The English equivalent is usually expressed with *one, people, they,* or *we* plus a verb form, or by a passive construction.

| | |
|---|---|
| A Firenze **si mangia** bene. | *One eats* well in Florence. |
| Non **si parla** inglese in classe. | *We (People/They) don't speak* English in class. |
| Qui **si parla** italiano. | Italian *is spoken* here. |

The verb form is in the third person plural when it is used with a plural direct object.

| | |
|---|---|
| A Roma **si vedono** molti **monumenti.** | One sees many monuments in Rome. |

**B** Form sentences using the impersonal construction with *si*. Use the cues indicated.

▶ non / vendere / libri / in questo negozio     *Non si vendono libri in questo negozio.*

▶ in quel bar / discutere / sempre / sport     *In quel bar si discute sempre di sport.*

1 ogni domenica / andare / allo stadio
2 sentire / molti dischi italiani / alla radio
3 in questa casa / bere / solo / acqua minerale
4 qui / parlare / spagnolo
5 partire / alle sette / per la montagna
6 bere / molte aranciate / quando fa caldo
7 non / mangiare / bene / in quel ristorante
8 da qui / non / uscire

**C** Restate the following sentences. Use impersonal constructions with *si*.

▶ Arrivano a Napoli a mezzogiorno.     *Si arriva a Napoli a mezzogiorno.*

▶ In questo ristorante mangiamo bene.     *In questo ristorante si mangia bene.*

1 Là prendiamo l'autobus per andare ai Castelli.
2 In quella piazza trovano difficilmente il parcheggio.
3 Domani visitiamo i musei della città.
4 In quel negozio vendono dischi americani.
5 In quella rivista analizzano i rapporti tra i vari partiti politici.
6 Sabato organizzano una festa per il suo compleanno.

Lina Wertmüller e l'attore Giancarlo Giannini.

## III Verbs that take a preposition before an infinitive

1) Certain verbs are followed by the preposition **a** when they are used before an infinitive.

| | | |
|---|---|---|
| aiutare | *to help* | Lo **aiuto a** fare i compiti. |
| andare | *to go* | **Andate a** studiare? |
| cominciare | *to begin* | **Cominciate a** mangiare alle otto? |
| continuare | *to continue* | Luisa **continua a** nuotare in piscina. |
| divertirsi | *to enjoy oneself* | **Si divertono a** giocare a pallacanestro. |
| imparare | *to learn* | Maria Pia **impara a** guidare la macchina. |
| insegnare | *to teach* | Il professore c'**insegna a** parlare italiano. |
| invitare | *to invite* | T'**invito a** prendere un caffè. |
| mettersi | *to begin to* | **Ti metti a** cantare adesso? |
| riuscire | *to succeed* | **Siamo riusciti a** trovare una soluzione. |
| venire | *to come* | **Vengo a** portarti il libro. |

2) Other verbs require the preposition **di** when followed by an infinitive.

| | | |
|---|---|---|
| avere paura | to be afraid | **Ho paura di** andare in motocicletta. |
| cercare | to strive | **Cerchiamo di** non finire tutti i soldi. |
| chiedere | to ask | **Chiede di** essere scusato. |
| credere | to believe | **Crede di** sapere molto di più. |
| decidere | to decide | Mariella **decide di** partire da sola. |
| dimenticarsi | to forget | Si sono **dimenticati di** portare gli sci. |
| dire | to say, to tell | Gli **ho detto di** preparare la tavola. |
| finire | to finish | **Avete finito di** giocare? |
| pensare | to think | **Penso di** fare un viaggio a Parigi. |
| permettere | to permit | Mia madre mi **permette di** tornare a casa tardi. |
| ricordarsi | to remember | **Ti sei ricordato di** comprare il giornale? |
| preoccuparsi | to worry | **Si preoccupano di** arrivare in ritardo. |
| scrivere | to write | Gli **abbiamo scritto di** venire da noi. |
| sperare | to hope | **Spera di** arrivare prima di Lucio. |
| temere | to fear | Luigi **teme di** perdere il treno. |
| suggerire | to suggest | **Suggerisco di** andare al teatro. |

**D** Piero tells Giuseppe what he is doing. Take his role. Use the cues indicated and the preposition *a* in your sentences.

▶ incominciare / studiare  *Incomincio a studiare.*

1  andare / vedere un film francese
2  mettersi / leggere il giornale
3  continuare / mangiare
4  imparare / ballare
5  aiutare / cucinare
6  non riuscire / finire i compiti

**E** Form sentences using the following cues. Use the preposition *di* in your sentences.

▶ io / temere / lavorare troppo  *Temo di lavorare troppo.*

1  tu / finire / studiare
2  lui / pensare / leggere un po'
3  noi / suggerire / fare una gita
4  loro / decidere / fare un viaggio
5  Mario / cercare / telefonare a Giovanni
6  Graziella / avere paura / guidare sulla neve
7  tu / avere bisogno / andare in vacanza
8  io / credere / avere ragione

## IV   Special uses of *da*

1) The preposition **da** expresses purpose or necessity, when it is used before an infinitive that depends on a noun.

| | |
|---|---|
| Ho comprato una macchina **da** scrivere. | I bought a typewriter. |
| Ho una casa **da** vendere. | I have a house to sell. |
| Cerco un libro **da** leggere. | I'm looking for a book to read. |

2) The preposition **da** is also used before an infinitive that depends on the words **qualcosa, molto, poco, parecchio, niente, nulla** and **tanto.**

| | |
|---|---|
| Ho tanto **da** fare. | I have much to do. |
| C'è qualcosa **da** mangiare? | Is there anything to eat? |
| Non abbiamo niente **da** dire. | We don't have anything to say. |

**F** Form sentences with the cues indicated. Use the preposition *da.*

▶ io / avere / molto / leggere    *Ho molto da leggere.*

1   voi / avere / tanto / imparare
2   i ragazzi / avere / festa / organizzare
3   io / avere / favore / chiederti
4   quei registi / avere / poco / dire
5   mia madre / avere / qualcosa / comprare
6   noi / avere / lavoro / finire
7   tu / avere / parecchio / fare
8   i turisti / avere / molto / vedere

# Lezione 28ᵃ

## ARCHITETTURA 2000

*Marisa scrive una lettera al cugino Luigi, studente di architettura a Padova.*

Caro Luigi,

l'ultima volta che ti telefonai mi dicesti che ti sarebbe piaciuto andare a vedere una mostra sull'architettura. Ti scrivo appunto per farti sapere che al Palazzo dei Congressi all'EUR° hanno aperto una mostra intitolata "Architettura 2000".

elegant, modern<br>section of Rome

5    Sono sicura che ti piacerà vederla e quindi non appena puoi, prendi il treno e vieni a Roma. Io e la mia amica Luciana andammo a visitarla la

settimana scorsa e non mi è possibile descriverti tutto quello che vedemmo. Pensa che la mostra è divisa in tanti settori ed ognuno di essi è
dedicato alla casa, all'arredamento, ai nuovi disegni urbanistici, alle
10 future linee architettoniche, una cosa proprio meravigliosa. Tra l'altro, le
maggiori industrie nazionali hanno anche presentato le ultime novità e
creazioni dei migliori architetti e disegnatori. Io e Luciana rimanemmo
così sbalordite che, senza volerlo° passammo tutta la giornata là dentro.     without realizing it
    Credo di averti incuriosito abbastanza e spero quindi di rivederti
15 quanto prima. Saluta gli zii da parte mia e a te un caro abbraccio. Con
affetto,

*Marisa*

| Domande | |
|---|---|
| | 1  A chi scrive Marisa? |
| | 2  Che cosa studia Luigi? |
| | 3  Che cosa sarebbe piaciuto vedere a Luigi? |
| | 4  Come si chiama la mostra che hanno aperto al Palazzo dei Congressi? |
| | 5  Con chi è andata a vedere la mostra Marisa? |
| | 6  Quali sono alcuni dei settori della mostra? |
| | 7  Che cosa hanno presentato le maggiori industrie nazionali? |

**Vocabolario**

*Nomi*

l'**abbraccio**  hug
l'**arredamento**  interior decoration, furniture
il **disegnatore**  designer
il **disegno**  design
la **mostra**  exhibition
la **novità**  novelty
il **settore**  sector

*Aggettivi*

**architettonico, -a**  architectural
**urbanistico, -a**  urban

*Verbi*

**descrivere**  to describe
**incuriosire**  to make curious
**intitolare**  to title

*Altre parole ed espressioni*

**appunto**  just
**con affetto**  affectionately
**là dentro**  in there
**quanto prima**  as soon as possible
**quindi**  therefore
**Palazzo dei Congressi**  Convention Hall
**saluta gli zii da parte mia**  say hello to uncle and aunt for me

**Pratica**

Choose the answer that best completes each statement.

1  Marisa scrive ...
   a) agli zii
   b) a Luciana
   c) al cugino

2  Luigi studia architettura a ...
   a) Torino
   b) Padova
   c) Venezia

3  C'è una mostra …
   a) al Palazzo Gallenga Stuart
   b) ai Musei Vaticani
   c) al Palazzo dei Congressi

4  La mostra è divisa …
   a) in tanti settori
   b) in tre settori
   c) in due parti

5  Uno dei settori è dedicato …
   a) a quadri originali
   b) all'arredamento
   c) agli scrittori moderni

6  Nella mostra ci sono anche le ultime novità …
   a) degli studenti
   b) dei migliori registi
   c) dei migliori disegnatori

## Nota culturale: *Art and design in Italy*

Italy has had a long and rich artistic tradition. Giotto, Leonardo, Michelangelo, and many other painters, sculptors, and architects have for centuries been acclaimed as some of the greatest artists that have ever lived. Many contemporary Italian artists, like Guttuso, the painter, and Manzù, the sculptor, enjoy world-wide recognition.

This long tradition in art, style, and craftsmanship has helped to give modern Italy a leading position in the world of design. With the economic boom of the sixties, design experienced a rebirth in connection with technological research and industrial products. Today Italy is in the forefront of quality design, the result of long experience with the arts and the need to produce high-grade, functional industrial products.

The refined creativity of Italian designers can be observed in objects that range from elegant modern furniture, to exquisite fabrics, well-engineered automobiles, typewriters, appliances, and artistic ceramic tiles, just to name a few. Some products representative of contemporary Italian design have been chosen for permanent exhibition at the Museum of Modern Art, in New York City.

Un elegante negozio a Roma.

# Ampliamento del vocabolario

## Word families

Nouns, verbs, adjectives, and sometimes adverbs are often related in sets referred to as word families. If you know one of the items in a word set, you are often able to recognize or to form the others.

| noun | verb | adjective | adverb |
|------|------|-----------|--------|
| telefono | telefonare | telefonico, -a | telefonicamente |
| studio | studiare | studioso, -a | studiosamente |

Give as many words as possible that are related to the following:

1 divertimento
2 viaggiatore
3 lavorare
4 eleggere
5 impiego
6 interessante
7 produrre
8 fine

# Struttura ed uso

## I  The preterit tense

The preterit tense is a past tense which consists of one word. It is used most often to express an action completed in the *distant past*. It is sometimes referred to as the "historical past" because it is used by writers in referring to historical events or to events that took place a long time before. In conversation, it is occasionally used when a speaker refers to an historical event or to an event that took place in the distant past.

| | |
|---|---|
| Dante Alighieri **incontrò** Beatrice vicino al fiume Arno. | Dante Alighieri met Beatrice near the Arno river. |
| Tre anni fa **visitai** mio zio. | Three years ago I visited my uncle. |
| L'estate scorsa **andammo** a vedere una mostra al Palazzo dei Congressi. | Last summer we went to see an exhibit at the Convention Hall. |

Murano. Lavorazione del vetro.

Un lampadario moderno.

Tavolini da salotto.

Lavorazione dell'argento.

**Disegno industriale ed artigianato**

Poltrone e divani di un salotto contemporaneo.

The preterit is used to refer to a completed action that occurred during an on-going action in the distant past. The on-going action is expressed in the imperfect tense.

**Andai** in Francia con i miei genitori quando avevo dieci anni.

I went to France with my parents when I was ten years old.

**Mangiarono** dei panini mentre aspettavano il treno.

They ate some sandwiches while they were waiting for the train.

The preterit tense is formed by adding the preterit endings to the infinitive stem. Here are the forms of a regular **-are**, **-ere**, and **-ire** verb.

|  | **comprare** | **temere** | **finire** |
|---|---|---|---|
| io | compr**ai** | tem**ei** | fin**ii** |
| tu | compr**asti** | tem**esti** | fin**isti** |
| lui/lei | compr**ò** | tem**è** | fin**ì** |
| noi | compr**ammo** | tem**emmo** | fin**immo** |
| voi | compr**aste** | tem**este** | fin**iste** |
| loro | compr**arono** | tem**erono** | fin**irono** |

**A** Ask a classmate if he/she did the following things when he/she went to Italy five years ago. Use the preterit tense.

▶ Partisti da New York?   *Sì, partii da New York.*

1  Andasti in aereo?
2  Arrivasti a Roma in otto ore?
3  Visitasti i Musei Vaticani?
4  Dormisti all'albergo Bernini?
5  Uscisti spesso la sera?
6  Potesti entrare al Quirinale?

**B** Form sentences with the cues provided. Use the appropriate form of the preterit.

▶ Luisa e Laura / temere / arrivare tardi   *Luisa e Laura temerono di arrivare tardi.*

1  Roberto / parlare / avvocato
2  bambini / dormire / a casa / nonni
3  zia / andare / medico
4  Franco / vendere / macchina / Luigi
5  noi / finire / pulire / casa
6  tu / credere / potere partire / il giorno dopo

## II  Verbs with irregular preterits

The following verbs have irregular preterit forms. A more complete list
is given in the Appendix on p. 321.

| *Infinitive* | *Preterit* |
|---|---|
| avere | ebbi, avesti, ebbe, avemmo, aveste, ebbero |
| conoscere | conobbi, conoscesti, conobbe, conoscemmo, conosceste, conoberro |
| dare | diedi, desti, diede, demmo, deste, diedero |
| essere | fui, fosti, fu, fummo, foste, furono |
| fare | feci, facesti, fece, facemmo, faceste, fecero |
| leggere | lessi, leggesti, lesse, leggemmo, leggeste, lessero |
| nascere | nacqui, nascesti, nacque, nascemmo, nasceste, nacquero |
| prendere | presi, prendesti, prese, prendemmo, prendeste, presero |
| sapere | seppi, sapesti, seppe, sapemmo, sapeste, seppero |
| scrivere | scrissi, scrivesti, scrisse, scrivemmo, scriveste, scrissero |
| vedere | vidi, vedesti, vide, vedemmo, vedeste, videro |
| venire | venni, venisti, venne, venimmo, veniste, vennero |
| volere | volli, volesti, volle, volemmo, voleste, vollero |

**C** Restate the following sentences in the preterit.

▶ Ho visto delle ragazze americane    *Vidi delle ragazze americane a Roma.*
   a Roma.

1  Vogliono partire per Venezia.
2  Teresa è venuta a Milano.
3  Prendiamo l'aereo per Torino.
4  Tina legge un romanzo di Pavese.
5  Hai visto quella commedia di Pirandello?
6  I miei amici fanno una gita in montagna.

**D** Complete the following sentences with the appropriate preterit form of
the infinitive in parenthesis.

▶ Mentre erano a Pisa, ... una    *Mentre erano a Pisa, fecero una gita al*
   gita al mare. (fare)    *mare.*

1  Mentre pagavano il conto, ... un amico. (vedere)
2  I miei zii ... a Napoli, mentre io ero in vacanza. (venire)
3  Suo fratello Carlo ... mentre noi eravamo in Svizzera. (nascere)
4  Marcello e Luisa mi ... una cartolina quando abitavo a Boston. (scrivere)
5  (Io) ... l'aereo per la prima volta quando avevo quattordici anni.
   (prendere)

## III The future perfect tense

The future perfect consists of the future of **avere** or **essere** plus the past participle of the main verb. The future perfect is used to express a future action that will be completed *before* another action takes place.

| | |
|---|---|
| Quando ritorneremo a casa, la mamma **avrà finito** di cucinare. | When we return home, mother will have finished cooking. |
| **Si saranno** già **alzati** quando arriverete da loro. | They will have already gotten up, when you arrive at their house. |
| Partiranno per Venezia appena **sarà venuta** Carla. | They will leave for Venice, as soon as Carla has arrived. |

The future tense is also used to express probability in the past.

| | |
|---|---|
| Franca **avrà** già **mangiato.** | Franca *has probably* already *eaten.* |
| Maria **sarà andata** a Roma. | Maria *must have gone* to Rome. |

Here are the forms of the future perfect of **parlare** and **andare**. Note that the past participle agrees with the subject when the verb is conjugated with **essere**.

| | parlare | andare |
|---|---|---|
| io | avrò parlato | sarò andato, -a |
| tu | avrai parlato | sarai andato, -a |
| lui/lei | avrà parlato | sarà andato, -a |
| noi | avremo parlato | saremo andati, -e |
| voi | avrete parlato | sarete andati, -e |
| loro | avranno parlato | saranno andati, -e |
| | *I will have spoken, etc.* | *I will have gone, etc.* |

**E** Massimo tells Giovanna what the following people will have done by five o'clock.

▶ Lisa / telefonare a Luisa      *Lisa avrà telefonato a Luisa.*

1 Giorgio / uscire
2 Paolo / andare al bar
3 voi / mangiare
4 Maria / tornare a casa
5 i miei nonni / arrivare
6 mia sorella / scrivere due lettere
7 tuo padre / guardare la partita
8 i nostri amici / finire le spese

**F** Tell where the following people have probably gone. Use the future perfect to express probability in the past.

▶ Marta e Tina / all'università     *Marta e Tina saranno andate all'università.*

1 Paola / in centro
2 i ragazzi / al parco
3 Luigi / in piscina

4 la nonna / al mercato
5 il signor Ciccone / al ristorante
6 le signorine Conti / al teatro

**G** Answer the following questions with a logical response. Use the future perfect.

▶ Dov'è andata Maria?     *Sarà andata da Paolo.*

1 Dove sono andati i ragazzi?
2 Cosa ha preparato sua madre?
3 A che ora è partito il rapido?
4 Com'è venuto il suo amico a scuola?
5 Che cosa ha bevuto Gianni al bar?
6 A che ora è arrivato Roberto?

## IV The pluperfect tense

The pluperfect tense consists of the imperfect of **avere** or **essere** plus a past participle. The pluperfect denotes an action that *had* taken place.

| | |
|---|---|
| **Avevo comprato** della frutta fresca. | I *had bought* some fresh fruit. |
| La signorina **aveva perso** i guanti. | The young lady *had lost* her gloves. |
| Sapevo che **erano partiti** alle dieci. | I knew that they *had left* at ten. |

Here are the forms of the pluperfect of **studiare** and **arrivare.** Note that the past participle agrees with the subject when the verb is conjugated with **essere.**

| | studiare | arrivare |
|---|---|---|
| io | avevo studiato | ero arrivato, -a |
| tu | avevi studiato | eri arrivato, -a |
| lui/lei | aveva studiato | era arrivato, -a |
| noi | avevamo studiato | eravamo arrivati, -e |
| voi | avevate studiato | eravate arrivati, -e |
| loro | avevano studiato | erano arrivati, -e |
| | *I had studied, etc.* | *I had arrived, etc.* |

**H** Restate the following sentences in the pluperfect.

▶ Michele è partito.    *Michele era partito.*
▶ Noi abbiamo visto la mostra.    *Noi avevamo visto la mostra.*

1  L'architetto ha fatto il disegno del palazzo.
2  Carlo e Antonio hanno perduto il pallone.
3  Marisa ha scritto agli amici.
4  Luigi e Luciana hanno studiato architettura.
5  Marisa ha passato la giornata all'EUR.
6  Tu sei arrivato in ritardo.
7  Noi siamo andati al cinema.
8  Voi siete partiti senza salutarci.

**I** Give the Italian equivalents of the following sentences. Use the appropriate form of the pluperfect tense.

1  My brother said that he had found my gloves.
2  Mrs. Forte said that she had brought some olives.
3  We knew that Tina had spent all her money.
4  I knew that her friends had gone to Florence.

**Ripasso**

**A** Write a letter to a friend, narrating a visit to a local exhibit (automobile, architecture, painting, or film). Use the preterit as much as possible. Include information about the following topics: where you went, when you went, with whom you went, things you saw, people you met, and plans for future visits to other exhibits.

**B** Make up sentences in the passive voice, using the nouns indicated.

▶ il pranzo    *Il pranzo è stato preparato da mio fratello.*

1  il programma
2  lo spettacolo
3  il Palazzo dei Congressi
4  il romanzo
5  la politica
6  il film

**C** Answer the following questions, using impersonal constructions with *si.*
1  Che cosa si fa in biblioteca?
2  Dove si beve un buon espresso?
3  Quali sono alcune lingue che si parlano in Europa?
4  Perché si va al mare?
5  Perché si va in montagna?
6  Come si dice *exhibition* in italiano?

**D** Teresa asks Giovanni the following questions. Take Giovanni's role and use the future perfect in your answers.

▶ Chi ha visitato la mostra?    *Luigi l'avrà visitata.*

1 Quando è arrivato il professore?
2 Cosa ha preparato tua madre per colazione?
3 Cosa si è messo Paolo?
4 Quale film ha visto Gianna?
5 Con chi è partito tuo zio?
6 Quando ha scritto tuo fratello?

# APPENDICES

# A. English Equivalents of Dialogs

The English equivalents (not literal translations) of the core material in *Lezione 1ª* to *Lezione 9ª* are provided in this appendix for out-of-class reference.

## Lezione 1ª

AN UNEXPECTED MEETING

*Stefano meets a friend in Piazza Colonna.*

STEFANO  Hi, Luciana. How are you?
LUCIANA  Fine, thanks, and you?
STEFANO  Just fine, thanks!
LUCIANA  Where are you going in such a hurry?
STEFANO  To the stadium. And what are you doing here?
LUCIANA  I'm waiting for Mario. We're going to the Vatican Museums.

## Lezione 2ª

WHAT'S NEW?

*Franco Benotti, a student at the University of Rome, is talking with Marisa Martinelli, a student at the scientific high school. Franco is twenty years old and Marisa is eighteen.*

MARISA  Hi Franco, what's new?
FRANCO  I'm going to the university now.
MARISA  You are? Which department?
FRANCO  Law school. And you? Are you still attending high school?
MARISA  Yes, the last year.
FRANCO  Do you still live on Nazionale Street?
MARISA  No, I live on Vittorio Avenue now . . . Excuse me, what time is it, please?
FRANCO  It's eleven-thirty.
MARISA  Oh, it's late! I have to go. I have an important appointment.

FRANCO  All right, see you later then.
MARISA  Bye.

## Lezione 3ª

A QUESTIONNAIRE

Marisa lives with her family in Rome on Italia Avenue, Number 28. Marisa's father is a doctor and works in a hospital in the city. Her mother is a teacher and teaches Italian in a junior high school.

One evening, Marisa's father returns home and finds a questionnaire for the new census. The head of the family must respond to the questions and return the questionnaire to city hall.

## Lezione 4ª

WHAT ARE YOU DOING THIS EVENING?

*Franco wants to phone Marisa. He enters a bar, buys a token, and dials the number. Marisa answers.*

MARISA  Hello? Who is it?
FRANCO  Hi, Marisa. It's me, Franco. What are you doing this afternoon?
MARISA  Homework, unfortunately. I also have to study my lessons for tomorrow.
FRANCO  And this evening?
MARISA  I don't have anything to do.
FRANCO  Do you want to come have a cup of coffee with me?
MARISA  That's a good idea. What time?
FRANCO  At seven.
MARISA  Where?
FRANCO  At the bar "Gli Sportivi" near the train station.
MARISA  See you this evening.

## Lezione 5ᵃ

WHAT WOULD YOU LIKE?

*Franco and Marisa are at the bar "Gli Sportivi."*

WAITER  Would you like to order something?
MARISA  Yes, an orangeade, please.
WAITER  And you, sir?
FRANCO  A cup of coffee, with lots of milk.
WAITER  Fine, right away.
FRANCO  Well, Marisa, what's new?
MARISA  Nothing special. Every day I go to school, in the evening I read, and sometimes I go out with my friends.
FRANCO  As for me, I have lots of free time. You know, I don't have to attend classes at the university.
MARISA  What do you do, then?
FRANCO  I often go to the movies, or the theater, or take trips with friends.
MARISA  You're really lucky!


## Lezione 6ᵃ

A DATE FOR SUNDAY EVENING

*Marisa and Franco continue the conversation at the bar "Gli Sportivi."*

FRANCO  Are you free next Sunday?
MARISA  I think so, Why?
FRANCO  I have two tickets for the Eliseo Theater. Would you like to go with me?
MARISA  Yes, I'd love to. What's playing?
FRANCO  A play by Pirandello. It's very interesting.
MARISA  What time does the show begin?
FRANCO  At nine.
MARISA  Fine, agreed. I have to go home now, though.
FRANCO  Waiter, the check, please.
WAITER  Right away, sir. Here it is!


## Lezione 7ᵃ

AT PORTA PORTESE

*Marisa and her friend Paola are at the Porta Portese market and are going from one stall to the next.*

MARISA  What are you going to buy?

PAOLA  I don't know. I'd like to decorate my room with some original paintings.
MARISA  As for me, I'd like to find an inexpensive dress.
PAOLA  Then let's look around very carefully.
MARISA  Fine. Besides, it's a beautiful day and we're not in a hurry.
PAOLA  Do you have any particular color in mind for your dress?
MARISA  Yes, I'd like a red or green wool skirt and a blue velvet jacket. If it's possible, also a white sweater with a turtle neck.
PAOLA  Hmm. That's really an elegant outfit!
MARISA  Yes, but I don't want to spend much money. That's the reason we're here at Porta Portese.


## Lezione 8ᵃ

CAN YOU GIVE ME A RIDE?

*Franco is talking with his brother Enrico.*

FRANCO  Enrico, where are you going this morning?
ENRICO  To work, like every day, naturally. Don't you know that?
FRANCO  Yes, I do, I didn't mean to be funny.
ENRICO  Then what do you want?
FRANCO  Can you give me a ride on your motorcycle?
ENRICO  And where's your car?
FRANCO  At the repair shop. It's in that garage in front of the trolley stop.
ENRICO  Where do you have to go?
FRANCO  To the doctor's. I have an appointment for nine o'clock.
ENRICO  OK, but hurry up. I don't want to be late.
FRANCO  I'm almost ready. I'll get my jacket and come.


## Lezione 9ᵃ

THE SAME OLD BUREAUCRACY!

*Stefano is in the registrar's office at the University of Rome.*

STEFANO  Pardon me, I need a registration certificate.

EMPLOYEE  Why do you need the certificate?
STEFANO  To postpone military service for a year.
EMPLOYEE  You must present a written request on a sheet of government-stamped paper.
STEFANO  When can I come pick up the certificate?

EMPLOYEE  At the end of the month.
STEFANO  But excuse me, why so late? I just don't understand.
EMPLOYEE  At this time we have lots of work to do and much paper work to finish.
STEFANO  I understand. There's nothing that can be done, it's the same old bureaucracy. Good-by.

# B.  Sound-Spelling Correspondences

| | *Suono* | *Ortografia* | *Esempi* |
|---|---|---|---|
| **Vocali** | /a/ | a | casa |
| | /e/ | e | bene |
| | /i/ | i | incontro |
| | /o/ | o | poco |
| | /u/ | u | uno |
| **Consonanti** | /b/ | b | banco |
| | /č/ | c before *e* and *i* | cento, ciao |
| | /k/ | { ch before *e* and *i* | che, chi |
| | | { c before *a*, *o* and *u* | amico, amica, culturale |
| | /d/ | d | dieci |
| | /f/ | f | favore |
| | /ǧ/ | g before *e* and *i* | gennaio, gita |
| | /g/ | { gh before *e* and *i* | lunghe, dialoghi |
| | | { g before *a*, *o* and *u* | Garibaldi, governo, gusto |
| | no sound | h | ha, hanno |
| | /l/ | l | lettera |
| | /m/ | m | mano |
| | /n/ | n | nome |
| | /p/ | p | pratica |
| | /kw/ | qu | qui |
| | /r/ | r | radio |
| | /s/ | s | signore |
| | /z/ | s | rosa |
| | /t/ | t | telefono |
| | /v/ | v | venire |
| | /ts/ | z | zucchero, piazza |
| | /dz/ | z | zero, azzurro |
| | /ʃ/ | sc before *e* and *i* | scientifico, conoscere |
| | /sk/ | { sc before *a*, *o* and *u* | scarpa, esco, scusa |
| | | { sch before *e* and *i* | fresche, freschi |
| | /ʎ/ | gli | gli, egli, luglio |
| | /ŋ/ | gn | signore |

# C. Regular Verbs

| -are | -ere | -ire | -ire (isc) |
|------|------|------|------------|
| comprare | vendere | partire | finire |

### Present Indicative

| | | | |
|------|------|------|------------|
| compro | vendo | parto | finisco |
| compri | vendi | parti | finisci |
| compra | vende | parte | finisce |
| compriamo | vendiamo | partiamo | finiamo |
| comprate | vendete | partite | finite |
| comprano | vendono | partono | finiscono |

### Imperfect

| | | | |
|------|------|------|------------|
| compravo | vendevo | partivo | finivo |
| compravi | vendevi | partivi | finivi |
| comprava | vendeva | partiva | finiva |
| compravamo | vendevamo | partivamo | finivamo |
| compravate | vendevate | partivate | finivate |
| compravano | vendevano | partivano | finivano |

### Future

| | | | |
|------|------|------|------------|
| comprerò | venderò | partirò | finirò |
| comprerai | venderai | partirai | finirai |
| comprerà | venderà | partirà | finirà |
| compreremo | venderemo | partiremo | finiremo |
| comprerete | venderete | partirete | finirete |
| compreranno | venderanno | partiranno | finiranno |

### Conditional

| | | | |
|------|------|------|------------|
| comprerei | venderei | partirei | finirei |
| compreresti | venderesti | partiresti | finiresti |
| comprerebbe | venderebbe | partirebbe | finirebbe |
| compreremmo | venderemmo | partiremmo | finiremmo |
| comprereste | vendereste | partireste | finireste |
| comprerebbero | venderebbero | partirebbero | finirebbero |

### Preterit

| | | | |
|------|------|------|------------|
| comprai | vendei | partii | finii |
| comprasti | vendesti | partisti | finisti |
| comprò | vendè | partì | finì |
| comprammo | vendemmo | partimmo | finimmo |
| compraste | vendeste | partiste | finiste |
| comprarono | venderono | partirono | finirono |

## Commands

| | | | |
|---|---|---|---|
| compra | vendi | parti | finisci |
| comprate | vendete | partite | finite |
| compri | venda | parta | finisca |
| comprino | vendano | partano | finiscano |
| compriamo | vendiamo | partiamo | finiamo |

## Present Subjunctive

| | | | |
|---|---|---|---|
| compri | venda | parta | finisca |
| compri | venda | parta | finisca |
| compri | venda | parta | finisca |
| compriamo | vendiamo | partiamo | finiamo |
| compriate | vendiate | partiate | finiate |
| comprino | vendano | partano | finiscano |

## Imperfect Subjunctive

| | | | |
|---|---|---|---|
| comprassi | vendessi | partissi | finissi |
| comprassi | vendessi | partissi | finissi |
| comprasse | vendesse | partisse | finisse |
| comprassimo | vendessimo | partissimo | finissimo |
| compraste | vendeste | partiste | finiste |
| comprassero | vendessero | partissero | finissero |

## Past Participles

| | | | |
|---|---|---|---|
| comprato | venduto | finito | partito |

## Present Perfect Indicative

| | | | |
|---|---|---|---|
| ho | | | sono |
| hai | | | sei ⎰ partito (-a) |
| ha | comprato venduto | finito | è |
| abbiamo | | | siamo |
| avete | | | siete ⎰ partiti (-e) |
| hanno | | | sono |

## Pluperfect

| | | | |
|---|---|---|---|
| avevo | | | ero |
| avevi | | | eri ⎰ partito (-a) |
| aveva | comprato venduto | finito | era |
| avevamo | | | eravamo |
| avevate | | | eravate ⎰ partiti (-e) |
| avevano | | | erano |

| | | | |
|---|---|---|---|
| avrò<br>avrai<br>avrà<br>avremo<br>avrete<br>avranno | } comprato venduto | finito | sarò<br>sarai } partito (-a)<br>sarà<br>saremo<br>sarete } partiti (-e)<br>saranno |

Present Perfect Subjunctive

| | | | |
|---|---|---|---|
| abbia<br>abbia<br>abbia<br>abbiamo<br>abbiate<br>abbiano | } comprato venduto | finito | sia<br>sia } partito (-a)<br>sia<br>siamo<br>siate } partiti (-e)<br>siano |

Pluperfect Subjunctive

| | | | |
|---|---|---|---|
| avessi<br>avessi<br>avesse<br>avessimo<br>aveste<br>avessero | } comprato venduto | finito | fossi<br>fossi } partito (-a)<br>fosse<br>fossimo<br>foste } partiti (-e)<br>fossero |

# D.   *Avere* and *essere*

**avere**   to have

| Present | Imperfect | Future | Conditional |
|---|---|---|---|
| ho | avevo | avrò | avrei |
| hai | avevi | avrai | avresti |
| ha | aveva | avrà | avrebbe |
| abbiamo | avevamo | avremo | avremmo |
| avete | avevate | avrete | avreste |
| hanno | avevano | avranno | avrebbero |

| Preterit | Commands | Present<br>Subjunctive | Imperfect<br>Subjunctive |
|---|---|---|---|
| ebbi | abbi | abbia | avessi |
| avesti | abbiate | abbia | avessi |
| ebbe | abbia | abbia | avesse |
| avemmo | abbiano | abbiamo | avessimo |
| aveste | abbiamo | abbiate | aveste |
| ebbero | | abbiano | avessero |

| Pres. Perf. Indicative | | Pluperfect | | Future Perfect | |
|---|---|---|---|---|---|
| ho | | avevo | | avrò | |
| hai | | avevi | | avrai | |
| ha | avuto | aveva | avuto | avrà | avuto |
| abbiamo | | avevamo | | avremo | |
| avete | | avevate | | avrete | |
| hanno | | avevano | | avranno | |

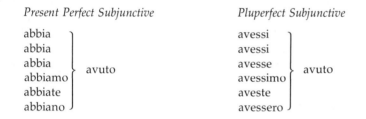

| Present Perfect Subjunctive | | Pluperfect Subjunctive | |
|---|---|---|---|
| abbia | | avessi | |
| abbia | | avessi | |
| abbia | avuto | avesse | avuto |
| abbiamo | | avessimo | |
| abbiate | | aveste | |
| abbiano | | avessero | |

**essere**  to be

| Present | Imperfect | Future | Conditional |
|---|---|---|---|
| sono | ero | sarò | sarei |
| sei | eri | sarai | saresti |
| è | era | sarà | sarebbe |
| siamo | eravamo | saremo | saremmo |
| siete | eravate | sarete | sareste |
| sono | erano | saranno | sarebbero |

| Preterit | Commands | Present<br>Subjunctive | Imperfect<br>Subjunctive |
|---|---|---|---|
| fui | sii | sia | fossi |
| fosti | siate | sia | fossi |
| fu | sia | sia | fosse |
| fummo | siano | siamo | fossimo |
| foste | siamo | siate | foste |
| furono | | siano | fossero |

*Pres. Perf. Indicative*

sono  
sei  } stato (-a)  
è

siamo  
siete  } stati (-e)  
sono

*Pluperfect*

ero  
eri  } stato (-a)  
era

eravamo  
eravate  } stati (-e)  
erano

*Future Perfect*

sarò  
sarai  } stato (-a)  
sarà

saremo  
sarete  } stati (-e)  
saranno

*Present Perfect Subjunctive*

sia  
sia  } stato (-a)  
sia

siamo  
siate  } stati (-e)  
siano

*Pluperfect Subjunctive*

fossi  
fossi  } stato (-a)  
fosse

fossimo  
foste  } stati (-e)  
fossero

# E.   Verbs Conjugated with *essere*

In addition to the verbs listed below, all reflexive verbs are conjugated with *essere*.

**andare**  to go  
**arrivare**  to arrive  
**cadere**  to fall  
**diventare**  to become  
**entrare**  to enter  
**essere**  to be  
**morire**  to die  
**nascere**  to be born  
**partire**  to depart  
**restare**  to remain

**rimanere**  to remain  
**ritornare**  to return  
**riuscire**  to succeed  
**salire***  to climb up  
**scendere**  to descend  
**stare**  to be  
**tornare**  to return  
**uscire**  to go out  
**venire**  to come

* Conjugated with *avere* when used with a direct object.

# F.   Verbs with Irregular Past Participles

| | | | | | |
|---|---|---|---|---|---|
| **aggiungere**  to add | **aggiunto** | **nascere**  to be born | **nato** |
| **apparire**  to appear | **apparso** | **offrire**  to offer | **offerto** |
| **appendere**  to hang | **appeso** | **perdere**  to lose | **perso** or **perduto** |
| **aprire**  to open | **aperto** | **porre**  to place | **posto** |
| **bere**  to drink | **bevuto** | **prendere**  to take | **preso** |
| **chiedere**  to ask | **chiesto** | **promettere**  to promise | **promesso** |
| **chiudere**  to close | **chiuso** | **proporre**  to propose | **proposto** |
| **cogliere**  to gather | **colto** | **proteggere**  to protect | **protetto** |
| **comprendere**  to understand | **compreso** | **raggiungere**  to arrive, reach | **raggiunto** |
| **concludere**  to conclude | **concluso** | **ridere**  to laugh | **riso** |
| **conoscere**  to know | **conosciuto** | **rimanere**  to remain | **rimasto** |
| **convincere**  to convince | **convinto** | **rispondere**  to answer | **risposto** |
| **coprire**  to cover | **coperto** | **rompere**  to break | **rotto** |
| **correre**  to run | **corso** | **scegliere**  to select | **scelto** |
| **correggere**  to correct | **corretto** | **scendere**  to get off, descend | **sceso** |
| **cuocere**  to cook | **cotto** | **scrivere**  to write | **scritto** |
| **decidere**  to decide | **deciso** | **soffrire**  to suffer | **sofferto** |
| **dire**  to say | **detto** | **sorridere**  to smile | **sorriso** |
| **discutere**  to discuss | **discusso** | **spendere**  to spend | **speso** |
| **essere**  to be | **stato** | **succedere**  to happen | **successo** |
| **fare**  to do, to make | **fatto** | **togliere**  to remove | **tolto** |
| **leggere**  to read | **letto** | **vedere**  to see | **visto** or **veduto** |
| **mettere**  to put | **messo** | **venire**  to come | **venuto** |
| **morire**  to die | **morto** | **vincere**  to win | **vinto** |
| **muovere**  to move | **mosso** | | |

# G.   Irregular Verbs

These verbs are irregular in the following forms only:

**andare**  *to go*
  *Pres. Ind.:* vado, vai, va, andiamo, andate, vanno
  *Future:* andrò, andrai, andrà, andremo, andrete, andranno
  *Conditional:* andrei, andresti, andrebbe, andremmo, andreste, andrebbero
  *Commands:* va', andate, vada, vadano, andiamo
  *Pres. Subj.:* vada, vada, vada, andiamo, andiate, vadano

**bere**  *to drink*
  *Pres. Ind.:* bevo, bevi, beve, beviamo, bevete, bevono
  *Imperfect:* bevevo, bevevi, beveva, bevevamo, bevevate, bevevano
  *Preterite:* bevvi, bevesti, bevve, bevemmo, beveste, bevvero
  *Future:* berrò, berrai, berrà, berremo, berrete, berranno
  *Conditional:* berrei, berresti, berrebbe, berremmo, berreste, berrebbero
  *Commands:* bevi, bevete, beva, bevano, beviamo
  *Pres. Subj.:* beva, beva, beva, beviamo, beviate, bevano
  *Imp. Subj.:* bevessi, bevessi, bevesse, bevessimo, beveste, bevessero

**chiudere**  *to close*
  *Preterite:* chiusi, chiudesti, chiuse, chiudemmo, chiudeste, chiusero

**conoscere**  *to know*
  *Preterite:* conobbi, conoscesti, conobbe, conoscemmo, conosceste, conobbero

**dare**  *to give*
  *Pres. Ind.:* do, dai, dà, diamo, date, danno
  *Preterite:* diedi, desti, diede, demmo, deste, diedero
  *Commands:* da', date, dia, diano, diamo
  *Pres. Subj.:* dia, dia, dia, diamo, diate, diano
  *Imp. Subj.:* dessi, dessi, desse, dessimo, deste, dessero

**dire**  *to say, tell*
  *Pres. Ind.:* dico, dici, dice, diciamo, dite, dicono
  *Commands:* di', dite, dica, dicano, diciamo
  *Imperfect:* dicevo, dicevi, deceva, dicevamo, dicevate, dicevano
  *Preterite:* dissi, dicesti, disse, dicemmo, diceste, dissero
  *Pres. Subj.:* dica, dica, dica, diciamo, diciate, dicano
  *Imp. Subj.:* dicessi, dicessi, dicesse, dicessimo, diceste, dicessero

**dovere**  *to have to, must*
  *Pres. Ind.:* devo, devi, deve, dobbiamo, dovete, devono
  *Future:* dovrò, dovrai, dovrà, dovremo, dovrete, dovranno
  *Conditional:* dovrei, dovresti, dovrebbe, dovremmo, dovreste, dovrebbero
  *Pres. Subj.:* debba, debba, debba, dobbiamo, dobbiate, debbano

**fare**  *to do, make*
  *Pres. Ind.:* faccio, fai, fa, facciamo, fate, fanno
  *Imperfect:* facevo, facevi, etc.
  *Preterite:* feci, facesti, fece, facemmo, faceste, fecero
  *Commands:* fa', fate, faccia, facciano, facciamo
  *Pres. Subj.:* faccia, faccia, faccia, facciamo, facciate, facciano
  *Imp. Subj.:* facessi, facessi, etc.

**leggere**  *to read*
  *Preterite:* lessi, leggesti, lesse, leggemmo, leggeste, lessero

**mettere**  *to place*
  *Preterite:* misi, mettesti, mise, mettemmo, metteste, misero

**morire**  *to die*
  *Pres. Ind.:* muoio, muori, muore, moriamo, morite, muoiono
  *Future:* morrò, morrai, morrà, etc.
  *Pres. Subj.:* muoia, muoia, muoia, moriamo, moriate, muoiano

**nascere**  *to be born*
  *Preterite:* nacqui, nascesti, nacque, nascemmo, nasceste, nacquero

**piacere**  *to be pleasing*
  *Pres. Ind.:* piaccio, piaci, piace, piacciamo, piacete, piacciono
  *Preterite:* piacqui, piacesti, piacque, piacemmo, piaceste, piacquero
  *Pres. Subj.:* piaccia, piaccia, piaccia, piacciamo, piacciate, piacciano

**potere**   *to be able*
  *Pres. Ind.:* posso, puoi, può, possiamo, potete, possono
  *Future:* potrò, potrai, potrà, etc.
  *Conditional:* poterei, potresti, etc.
  *Pres. Subj.:* possa, possa, possa, possiamo, possiate, possano

**prendere**   *to take*
  *Preterite:* presi, prendesti, prese, prendemmo, prendeste, presero

**rimanere**   *to remain*
  *Pres. Ind.:* rimango, rimani, rimane, rimaniamo, rimanete, rimangono
  *Preterite:* rimasi, rimanesti, rimase, rimanemmo, rimaneste, rimasero
  *Future:* rimarrò, rimarrai, etc.
  *Conditional:* rimarrei, rimarresti, etc.
  *Commands:* rimani, rimanete, rimanga, rimangano, rimaniamo
  *Pres. Subj.:* rimanga, rimanga, rimanga, rimaniamo, rimaniate, rimangano

**rispondere**   *to answer*
  *Preterite:* risposi, rispondesti, rispose, rispondemmo, rispondeste, risposero

**salire**   *to go up*
  *Pres. Ind.:* salgo, sali, sale, saliamo, salite, salgono
  *Pres. Subj.:* salga, salga, salga, saliamo, saliate, salgano

**sapere**   *to know*
  *Pres. Ind.:* so, sai, sa, sappiamo, sapete, sanno
  *Preterite:* seppi, sapesti, seppe, sapemmo, sapeste, seppero
  *Future:* saprò, saprai, etc.
  *Conditional:* saprei, sapresti, etc.
  *Commands:* sappi, sappiate, sappia, sappiano, sappiamo
  *Pres. Subj.:* sappia, sappia, sappia, sappiamo, sappiate, sappiano

**scegliere**   *to choose*
  *Pres. Ind.:* scelgo, scegli, sceglie, scegliamo, scegliete, scelgono
  *Preterite:* scelsi, scegliesti, scelse, scegliemmo, sceglieste, scelsero
  *Commands:* scegli, scegliete, scelga, scelgano, scegliamo
  *Pres. Subj.:* scelga, scelga, scelga, scegliamo, scegliate, scelgano

**scrivere**   *to write*
  *Preterite:* scrissi, scrivesti, scrisse, scrivemmo, scriveste, scrissero

**sedere**   *to sit*
  *Pres. Ind.:* siedo, siedi, siede, sediamo, sedete, siedono
  *Commands:* siedi, sedete, sieda, siedano, sediamo
  *Pres. Subj.:* sieda, sieda, sieda, sediamo, sediate, siedano

**stare**   *to be*
  *Preterite:* stetti, stesti, stette, stemmo, steste, stettero
  *Commands:* sta', state, stia, stiano, stiamo
  *Pres. Subj.:* stia, stia, stia, stiamo, stiate, stiano
  *Imp. Subj.:* stessi, stessi, stesse, stessimo, steste, stessero

**tenere**  *to keep*
Pres. Ind.: tengo, tieni, tiene, teniamo, tenete, tengono
Preterite: tenni, tenesti, tenne, tenemmo, teneste, tennero
Future: terrò, terrai, etc.
Conditional: terrei, terresti, etc.
Commands: tieni, tenete, tenga, tengano, teniamo
Pres. Subj.: tenga, tenga, tenga, teniamo, teniate, tengano

**uscire**  *to go out*
Pres. Ind.: esco, esci, esce, usciamo, uscite, escono
Commands: esci, uscite, esca, escano, usciamo
Pres. Subj.: esca, esca, esca, usciamo, usciate, escano

**vedere**  *to see*
Preterite: vidi, vedesti, vide, vedemmo, vedeste, videro
Future: vedrò, vedrai, etc.
Conditional: vedrei, vedresti, etc.

**venire**  *to come*
Pres. Ind.: vengo, vieni, viene, veniamo, venite, vengono
Preterite: venni, venisti, venne, venimmo, veniste, vennero
Future: verrò, verrai, etc.
Conditional: verrei, verresti, etc.
Commands: vieni, venite, venga, vengano, veniamo
Pres. Subj.: venga, venga, venga, veniamo, veniate, vengano

**vivere**  *to live*
Preterite: vissi, vivesti, visse, vivemmo, viveste, vissero
Future: vivrò, vivrai, etc.
Conditional: vivrei, vivresti, etc.

**volere**  *to want*
Pres. Ind.: voglio, vuoi, vuole, vogliamo, volete, vogliono
Preterite: volli, volesti, volle, volemmo, voleste, vollero
Future: vorrò, vorrai, etc.
Conditional: vorrei, vorresti, etc.
Pres. Subj.: voglia, voglia, voglia, vogliamo, vogliate, vogliano

# ITALIAN-ENGLISH VOCABULARY

In this vocabulary, stress is indicated with a dot under the stressed letter of the main entry only, unless it falls on the next-to-last syllable.

**a** at, to; **a causa di** because of
**abbastanza** quite, quite a lot of
**abbastanza bene** quite well
**abbellire** to decorate
**abbraccio** hug
**abitare** to live
**abituarsi** to get used to
**abruzzese** living in the Abruzzi
**accademia: Accademia delle Belle Arti** Fine Arts Academy
**accelerato** slow train
**accettabile** acceptable
**accordo: d'accordo** agreed; **essere d'accordo** to agree
**acqua** water; **un bicchiere d'acqua minerale** a glass of mineral water
**acquistare** to acquire, to buy
**acquolina: mi viene l'acquolina in bocca** makes my mouth water
**ad** to (before word beginning with vowel)
**addormentarsi** to fall asleep
**adeguato, -a** adequate
**adesso** now
**adottare** to adopt
**aereo** airplane
**aereo, -a** air
**aeronautica: Servizio meteorologico dell'Aeronautica** official weather bureau
**aeroporto** airport
**affacciarsi** to look out
**affatto** at all; **non ... affatto** not ... at all
**affetto: con affetto** affectionately
**affinché** so that
**affrettarsi** to hurry

**agenzia; agenzia di viaggi** travel agency
**aggiustare** to fix
**agnello** lamb
**agosto** August
**agricolo, -a** agricultural
**agricoltura** agriculture
**ah** ah
**ai** to the; **ai Musei Vaticani** to the Vatican Museums
**aiuola** flower bed
**aiutare** to help
**aiutarsi** to help one another
**aiuto** help
**al** to the; **al cinema** to the movies
**albergo** hotel
**albero** tree
**alcuno, -a** some
**alle** to the; **alle sette** at seven o'clock
**allegramente** cheerfully
**allegro** cheerful
**allevare** to bring up, raise
**allo** to the; **allo stadio** to the stadium
**alloggiare** to lodge
**allora** then, well
**alterato, -a** altered
**alto, -a** tall; **collo alto** turtle neck
**altrimenti** otherwise
**altro, -a** other; **chi altro?** who else? **tra l'altro** besides
**altura** height
**alzarsi** to get up
**ambasciata** embassy
**ambientamento** adjustment
**ambiente** *m.* environment
**americano, -a** American
**amica** friend *f.*
**amico** friend *m.*
**ampio, -a** wide
**ampliamento** enrichment
**analizzare** to analyze
**anche** also

**ancora** still; **non ... ancora** not ... yet
**andare** to go; **andare a cavallo** to go horseback riding; **andare al mare** to go to the beach; **andare a piedi** to go on foot; **andare con la nave** to go by ship; **andare in aereo** to go by plane; **andare in autobus** to go by bus; **andare in barca** to go sailing; **andare in campagna** to go to the country; **andare in centro** to go downtown; **andare in giro** to go around; **andare in macchina** to go by car; **andare in montagna** to go to the mountains; **andare in vacanza** to go on vacation
**andata: andata e ritorno** round trip
**anno** year
**annunciatore** *m.* announcer, news reporter
**annuncio: annuncio di matrimonio** wedding invitation; **annuncio economico** advertisement
**ansia: con ansia** anxiously
**anticipato, -a: anticipate di un anno** one year in advance
**antico, -a** ancient
**antipatico, -a** disagreeable
**aperitivo** aperitif
**appassionato, -a** passionate
**appena** just, as soon as; **appena diciottenne** just eighteen years old
**appetito** appetite
**applicazione** *f.* application
**appuntamento** appointment
**appunto** just

aprile *m.* April
aprire (aperto) to open
aragosta lobster
arancia: spremuta d'arancia orange juice
aranciata orangeade
arancione orange (color)
archeologico, -a archeological
architetto architect
architettonico, -a architectural
architettura architecture
arco arch
aria air
arrabbiato, -a angry
arrangiarsi to make do
arrecare to cause
arredamento interior decorating, furniture
arrivare to arrive
arrivederci good-by; arrivederla good-by
arrivo arrival
arte *f.* art; Accademia delle Belle Arti Fine Arts Academy
asciutto, -a dry; pasta asciutta pasta in non-liquid form
ascoltare to listen to
asino donkey
aspettare to wait for
assolutamente absolutely
assordante deafening
assurdo absurd
Atene Athens
attentamente attentively
attentato crime
attenuare to lessen
attenzione attention; con attenzione carefully; fare attenzione to pay attention
attesa waiting
attivo, -a active
attore actor
attribuire to attribute
attrice actress
attuale present; l'attuale indirizzo di governo the present government direction
attualità topic of the day

aula classroom
aumento increase
auto car
autobus bus
autocarro truck
automobile f. automobile
automobilistico, -a car-related
autore *m.* author
autorità authority
autostrada highway
autunno fall
avere to have; avere fretta to be in a hurry; avere in mente to have in mind; avere pazienza to be patient; avere ragione to be right; avere paura to be afraid
avviarsi to start out
avvicinarsi to approach
avvisare to inform
avvocato lawyer
azzurro sky blue

bagaglio luggage
bagno bath; fare/farsi il bagno to take a bath
ballare to dance
bambina little girl
bambino little boy
banca bank
bancarella stall
banco student bench
bandiera banner, flag
bar bar, café
bara coffin
barca boat; andare in barca to go sailing
barriera barrier; barriera doganale customs barrier
basso, -a short
basta che as long as
battere to beat
battuto beaten
Belgio Belgium
Belgrado Belgrade
Belle Arti Fine Arts
bellezza beauty
bellissimo, -a very beautiful

bello, -a beautiful; che cosa fai di bello? what is new? fa bel tempo the weather is nice
benché although
bene well; va bene fine, OK
benissimo very well
benzina gasoline
bere (bevuto) to drink; qualcosa da bere something to drink
bianco, -a white
biblioteca library
bicchiere *m.* glass; un bicchiere di acqua minerale a glass of mineral water
bicicletta bicycle
biglietteria ticket office
biglietto ticket; biglietto di andata e ritorno round-trip ticket
binario track
biologo biologist
biondo, -a blond
bisognare to be necessary
bistecca steak
bloccato, -a blocked, stopped
blu blue
bocca mouth; mi viene l'acquolina in bocca makes my mouth water
bollato, -a stamped; carta bollata government stamped paper
bollente boiling
bomba bomb
borsa handbag, purse
bottega shop
bottiglia bottle
braccio (braccia *pl. f.*) arm
breve brief, short; in breve tempo in a short time; corsi a breve scadenza short-term courses
brodo broth
brutto, -a ugly
bugia lie
buono, -a good; buon giorno good morning (day); a buon mercato inexpensive

**burocrazia** bureaucracy
**burro** butter
**busta** envelope
**buttare** to throw

**cadere** to fall
**caduta** fall
**caffè** *m.* coffee
**calcio** soccer; **partita di calcio** soccer game
**caldo** heat; **fa caldo** it is hot
**caldo, -a** hot
**calendario** calendar
**calmo, -a** calm
**calza** stocking
**calzino** sock
**calzolaio** shoemaker
**cambiare** to change
**camera: camera da letto** bedroom; **camera dei deputati** chamber of deputies
**cameriere** *m.* waiter
**camicetta** blouse
**camicia** shirt
**campagna** campaign, country; **campagna elettorale** electoral campaign; **andare in campagna** to go to the country
**canadese** Canadian
**cancellino** eraser
**cane** *m.* dog
**canzone** *f.* song
**caos** chaos
**capelli** hair
**capire** to understand; **non capisco proprio** I just don't understand
**capitale** *f.* capital city; *m.* money
**capofamiglia** *m., f.* head of household
**capoluogo** capital city (region)
**cappello** hat
**cappotto** coat
**cappuccino** coffee with milk

**carabiniere** *m.* police officer
**caratteristica: caratteristiche personali** personal characteristics
**carbonara: spaghetti alla carbonara** spaghetti carbonara style
**cardinale: punti cardinali** cardinal points
**carica: in carica** in charge
**carne** *f.* meat
**caro, -a** dear
**carovita** cost of living
**carrello** carriage
**carta** paper; **foglio di carta** piece of paper; **carta bollata** government stamped paper; **carta d'identità** identification card; **carta geografica** map
**cartolina** post card
**casa** house, home; **a casa** at home; **vicino di casa** neighbor
**casetta** little house
**caso: nel caso che** in case that; **per caso** by chance
**casone** *m.* big house
**cassiera** cashier
**castano, -a** brown (*hair, eyes*)
**casuale: incontro casuale** chance meeting
**catena: catena di montaggio** assembly line
**cattedra** teacher's desk
**cattivo, -a** bad; **fa cattivo tempo** the weather is bad
**causa: a causa di** because of
**causare** to cause
**cavallo** horse; **andare a cavallo** to go horseback riding
**c'è** there is; **c'è il sole** it is sunny
**censimento** census
**centigradi** centigrade
**cento** one hundred; **centouno** one hundred one; **centoventi** one hundred twenty;

**centocinquanta** one hundred fifty
**centomila** one hundred thousand
**centro** center; **in centro** downtown
**cercare** to look for
**certamente** certainly
**certificato** certificate; **certificato d'iscrizione** registration certificate; **certificato di nascita** birth certificate
**certo** certainly
**certo, -a** certain
**cessare** to cease
**cestino** wastebasket
**che: che, che cosa** what; **che cosa c'è di nuovo?** what's new?; **che cosa fai di bello?** what is new?; **che cosa fai qui?** what are you doing here?; **che ora è? che ore sono?** what time is it?; **che tempo fa?** how is the weather?
**che** who, that, which
**chi** who; **chi è lei?** who are you?; **chi altro?** who else?; **di chi?** whose?
**chiamare** to call
**chiamarsi** to be called, to be named
**chiaramente** clearly
**chiaro: verde chiaro** light green; **chiaro, -a** clear
**chiedere (chiesto)** to ask for
**chiesa** church
**chimica** chemistry
**chiudere (chiuso)** to close
**ci** us, ourselves, to us; there; **ci sono** there are
**ciao** hi, good-by
**cibo** food
**cielo** sky
**cifra** amount
**cinema** *m.* cinema
**cinico, -a** cynical
**cinquanta** fifty
**cinquantamila** fifty thousand
**cinque** five

cinquecento   five hundred
cinquemila   five thousand
cinta   enclosure
ciò   this
circa   about
circolazione: in circolazione   in circulation
circondare   to surround
ci sono   there are
città   city
cittadina   small city
classe *f.*   class
classico, -a   classical
clima   climate
coalizione *f.*   coalition
cognome *m.*   last name
colazione *f.*   breakfast, lunch; **fare colazione**   to have breakfast (lunch)
colle *m.*   hill
collo   neck; **collo alto** turtle neck
colore *m.*   color; **di che colore è ... ?**   what is the color of ... ?
colpa   fault
colpire   to impress
coltello   knife
coltivare   to cultivate
coltivazione *f.*   cultivation
come   how, like; **come stai?** how are you?; **come sta?** how are you?; **com'è complicato!** how complicated!
commedia   comedy
commercialista   graduate in commerce
commerciante   small businessman or businesswoman
commercio   commerce; **economia e commercio** economics and commerce
comodo, -a   comfortable
compito   homework
compleanno   birthday
complicato, -a   complicated; **com'è complicato!** how complicated!
complimento   compliment; **complimenti!** congratulations!
comprare   to buy

comprendere   to understand
compromesso   compromise
comune *m.*   city hall
comunità   community
con   with; **con ansia** anxiously
concentramento   concentration
concerto   concert
concreto, -a   concrete
condizione *f.*   condition
conducente *m.*   conductor
conferenza   lecture
conferma   confirmation
confinare   to border
confusione *f.*   confusion, disorder
conoscere   to know, to be acquainted with, to meet; **conoscere a fondo** to know in depth; **molto lieto di conoscerla** very glad to meet you
considerare   to consider
consigliare   to advise
consiglio: consiglio dei ministri   council of ministers
consumatore *m.*   consumer
contadino   farmer
contatto   contact
contemporaneo, -a   contemporary
contento, -a   glad
continuare   to continue
continuo, -a   continuous
conto   bill, check
contrario, -a   contrary
contrattempo   inconvenience: **è un vero contrattempo** it is a real inconvenience
contratto   contract; **contratto di lavoro** work contract
contribuire   to contribute
contro   against
conversazione *f.*   conversation
corpo   body
corso   avenue, course; **corsi a breve scadenza** short-term courses
così   such, so; **così tardi** so late

cosiddetto, -a   so-called
costare   to cost; **quanto costa?** how much is it?
costituzione *f.*   constitution
costruire   to build
costume: costume sardo   Sardinian costume; **costume regionale** regional costume
cravatta   tie
creazione *f.*   creation
credere   to believe; **credo di sì** I believe so
cristiano, -a   Christian; **Democrazia Cristiana** Christian Democracy (political party)
critica   criticism
criticare   to criticize
critico   critic
cruciverba *m.*   crossword puzzle
crisi *f.*   crisis
cucchiaio   spoon
cucina   kitchen
cucinare   to cook
cugina   (girl) cousin
cugino   (boy) cousin
cui   to (with, of, etc.) whom (which)
culturale   cultural
cuocere   to cook
curioso, -a   curious
curva   curve


da   from, by
d'accordo   agreed
Danimarca   Denmark
danno   harm
da: da parte di   on the part of
dappertutto   everywhere
dare   to give; **dare del tu** to use *tu* when addressing someone
data   date
davanti a   in front of
davvero   really
decidere (deciso)   to decide
decimo, -a   tenth
deciso, -a   decisive
dedicare   to dedicate

**delizioso, -a** delicious
**del, dell', della** of the
**Democrazia Cristiana** Christian Democracy (political party)
**dente** *m.* tooth
**dentista** *m., f.* dentist
**dentro** in, inside; **là dentro** in there
**depresso, -a** depressed
**deputato** deputy, representative; **camera dei deputati** chamber of deputies
**derivare** to derive
**descrivere** to describe
**desiderare** to desire
**destro, -a** right (side)
**di** of; **di chi?** whose?; **di fronte a** in front of
**dialogo** dialogue
**dibattito** discussion
**dicembre** *m.* December
**diciannove** nineteen
**diciassette** *m.* seventeen
**diciottenne** eighteen-year old
**diciotto** eighteen
**dieci** ten
**diecimila** ten thousand
**difficile** difficult
**difficilmente** hardly
**difficoltà** difficulty
**dimenticare** to forget
**dimettersi** to resign
**dimostrazione** *f.* demonstration
**Dio** God; **Dio solo lo sa** God only knows
**diplomato** graduate
**dire (detto)** to say, tell
**direttamente** directly
**direttissimo** (type of) train
**direttiva** direction, policy
**diretto** (type of) train
**dirigente** *m., f.* executive
**disagio** discomfort
**disco** record
**discutere (discusso)** to discuss
**disegnatore** *m.* designer
**disegno** design
**disoccupazione** *f.* unemployment

**dispiacere** to mind, to be sorry; **mi dispiace** I'm sorry; **ti dispiace?** do you mind?
**distinguere** to distinguish
**dito** (*pl. f.* **le dita**) finger
**ditta** firm
**divano** couch
**diventare** to become
**diverso, -a** different
**divertente** amusing
**divertimento** fun; **buon divertimento** have a good time
**divertirsi** to have a good time
**diviso** divided (*math operation*)
**dizionario** dictionary
**doccia** shower; **fare/farsi la doccia** to take a shower
**dodicesimo, -a** twelfth
**dodici** twelve
**doganale: barriere doganali** customs barriers
**doganiere** *m.* customs officer
**dolce** *m.* dessert
**domanda** question, petition, request; **domanda d'impiego** job application; **fare una domanda** to ask a question
**domandare** to ask
**domani** tomorrow
**domattina** tomorrow morning
**domenica** Sunday
**dominante** dominating
**donna** woman
**dopo** after
**dopodomani** the day after tomorrow
**dopoguerra** *m.* postwar
**dormire** to sleep
**dose** *f.* dose
**dottore** doctor (man)
**dottoressa** doctor (woman)
**dove** where; **dove vai così in fretta?** where are you going in such a hurry?
**dovere** *v.* to have to, must; *n.* duty

**dramma** *m.* drama
**drogheria** grocery
**droghiere** *m.* grocer
**Dublino** Dublin
**due** two
**duecento** two hundred
**duecentomila** two hundred thousand
**duemila** two thousand
**durante** during
**durare** to last

**e** and
**è** is; **è l'una** it is one o'clock
**ebollizione** *f.* boiling
**ecco** here is, here are, there is, there are; **eccolo** here it is
**ecologia** ecology
**ecologico, -a** ecological
**economia** economics; **economia e commercio** economics and commerce
**economico, -a** economic; **annuncio economico** advertisement
**ed** and (before words beginning with a vowel)
**edicola** newsstand
**efficace** efficient
**egli** he
**elegante** elegant
**eleggere** to elect
**elettorale** electoral; **campagna elettorale** electoral campaign; **scheda elettorale** voting ballot
**elettricista** electrician
**elettrodomestici** electrical appliances
**elezione** *f.* election
**eliminazione** *f.* elimination
**ella** she
**emergenza** *f.* emergency; **misure di emergenza** emergency measures
**emigrazione** *f.* emigration
**energico, -a** energetic
**enorme** enormous
**entrambi, -e** both
**entrare** to enter; **entrare in funzione** to go into effect
**erba** grass

esperto  expert
esplodere  to explode
espressione *f.*  expression
espresso  express
esse  they
essere  to be; **essere
d'accordo**  to agree;
**essere di mezzo**  to be
involved; **essere in gioco**
to be at stake; **essere in
ritardo**  to be late
essi  they
est *m.*  east
estate *f.*  summer
estero: all'estero  abroad
estivo, -a  summer
estrusco, -a  Etruscan
europeo, -a  European
evidente  evident
evitare  to avoid

fa: due giorni fa  two days
ago
fabbrica  factory
facchino  porter
faccia  face
facile  easy
facilmente  easily
facoltà  university
department
fagiolino  string bean
falegname *m.*  carpenter
famiglia  family
famoso, -a  famous
fare (fatto)  to make, do;
**non c'è niente da fare**
there is nothing to do;
**quanto fa?**  how much is
it? **che tempo fa?**  how is
the weather?; **fa bel tempo**
the weather is nice; **fa
cattivo tempo**  the
weather is bad; **fa freddo**
it is cold; **fa fresco**  it is
cool; **fa caldo**  it is warm;
**fare attenzione**  to pay
attention; **fare colazione**
to have lunch (breakfast);
**fare dello spirito**  to be
witty; **fare dello sport**  to
practice sports; **fare gite**
to take trips; **fare/farsi il
bagno**  to take a bath;

fare il numero  to dial the
number; **fare in fretta**  to
hurry; **fare/farsi la doccia**
to take a shower; **fare le
spese**  to go shopping;
**fare male**  to hurt, harm;
**farsi male**  to get hurt;
**fare una domanda**  to ask
a question; **fare una
passeggiata**  to take a
walk; **fare una telefonata**
to make a phone call; **fare
una visita**  to pay a visit;
**fare un piacere**  to do a
favor; **fare polemica**  to
be controversial; **fare fare**
to have somone do; **fare a
meno**  to do without; **fare
le valige**  to pack the
suitcases
farmacia  pharmacy
farmacista *m., f.*
pharmacist
fatto  fact
favore *m.*  favor; **per favore**
please
febbraio  February
felice  happy
femminista  feminist;
**movimento femminista**
feminist movement
fenomeno  phenomenon
fermarsi  to stop
fermata  stop
fermo, -a  closed, shut
down, stopped
ferrovia  railroad; **ferrovie
dello stato**  state-run
railroads
ferroviario, -a  railroad
fertilità  fertility
festa  party
festoso, -a  merry
figli  children
figlia  daughter
figlio  son
fila  line
filosofia  philosophy; **lettere
e filosofia**  humanities
finale  final
finalmente  finally
finanziario, -a  financial;
**ministro finanziario**
finance minister

finché  until
fine *f.*  end
fine-settimana  weekend
finestra  window
finire  to finish
fino a  until
finora  until now
fiore *m.*  flower
firma  signature
fischiare  to whistle
fisica  physics
fissare  to fix, to make
fiume *m.*  river
foglio  sheet; **foglio di carta**
sheet of paper
fondo: a fondo  in depth
fontana  fountain
forchetta  fork
formaggio  cheese
formare  to form
forse  perhaps
forte  strong
fortuna  luck; **per fortuna**
fortunately
fortunato, -a  lucky
forza Napoli  go ahead
Naples
fra  among
francese  French
Francia  France
fratello  brother
frattempo: nel frattempo  in
the meantime
freddo  cold, iced; **fa freddo**
it is cold; **tè freddo**  iced
tea
frequentare  to attend
frequenza  attendance;
**frequenza obbligatoria**
required attendance
fresco  cool; **fa fresco**  it is
cool
fretta  hurry; **avere fretta**
to be in a hurry; **dove vai
così in fretta?**  where are
you going in such a
hurry? **fare in fretta**  to
hurry; **in fretta e furia**  in
great haste
frigorifero  refrigerator
fronte: di fronte a  in front
of
frutta  fruit
frutteria  fruit shop

**fruttivendolo** fruit seller
**funzione** *f.*: **entrare in funzione** to go into effect
**furia: in fretta e furia** in great haste
**futuro, -a** future
**futuro** future

**gamba** leg
**garage** *m.* garage
**gelato** ice cream
**generale** general
**genitore** *m.* parent
**gennaio** January
**gentaccia** bad people
**gente** *f.* people
**gentile** kind
**geografia** geography
**geografico, -a** geographic; **carta geografica** map
**Germania** Germany
**gesso** chalk
**gettone** *m.* token
**già** already
**giacca** jacket
**giallo, -a** yellow; **giallorosso, -a** yellow and red
**giardino** garden; **giardini pubblici** public garden
**Ginevra** Geneva
**ginocchio** knee
**giocare** to play
**gioco** game; **essere in gioco** to be at stake
**giornalaio** newspaper vendor
**giornale** *m.* newspaper
**giornalista** *m., f.* reporter
**giornata** day
**giorno** day; **buon giorno** good morning (day)
**giovane** *adj.* young; *n.* young person
**giovanile** young
**giovedì** Thursday
**giradischi** record player
**giro: in giro** strolling
**gita** trip; **fare gite** to take trips
**giù** down
**giugno** June
**giusto, -a** just

**gli** *pl.* the; to him, to them, to you
**gomma** eraser
**gonna** skirt
**governo** government
**grado** degree
**grammo (gr.)** gram
**grande** big
**grano** wheat
**granturco** corn
**grasso** fat
**grattugiato, -a** grated
**grave** serious
**grazie** thank you
**Grecia** Greece
**grigio, -a** grey
**grosso, -a** big, large
**gruppo** group; **gruppo di pressione** pressure group
**guanto** glove
**guardare** to look at; **guardare in giro** to look around
**guardarsi** to look at oneself
**guidare** to drive

**i** *(pl.)* the
**idea** idea
**identità** identity; **carta d'identità** identification card
**idraulico** plumber
**ieri** yesterday; **ierisera** last night
**igiene** *f.* hygiene
**il** the
**imbiondire** to melt
**immediatamente** immediately
**immediato, -a** immediate
**imparare** to learn
**impazzata** craziness; **all'impazzata** like crazy
**impermeabile** *m.* raincoat
**impiegare** to employ, to take (time)
**impiegato** clerk
**impiego** job, employment; **domanda d'impiego** job application
**importante** important
**impossibile** impossible
**imprenditore** *m.* contractor

**impressione** *f.* impression
**improbabile** improbable
**improprio, -a** improper
**improvvisamente** suddenly
**improvviso: all'improvviso** suddenly
**in** in
**inadeguato, -a** inadequate
**inaspettatamente** unexpectedly
**incerto, -a** uncertain
**inchiesta** inquiry
**incominciare** to begin
**incontrare** to meet
**incontrarsi** to meet each other
**incontro** meeting, match
**incuriosire** to make curious
**indescrivibile** indescribable
**indire** to call
**indirizzo** address, direction
**industria** industry
**industriale** *adj.* industrial; *n.* industralist
**infine** finally
**infiocchettare** to tassel
**inflazione** *f.* inflation
**informare** to inform
**informazione** *f.* information; **mezzi d'informazione** news media
**infranto, -a** shattered
**ingegnere** *m.* engineer
**Inghilterra** England
**inglese** English
**ingorgo** traffic jam
**ingrediente** *m.* ingredient
**innalzarsi** to rise
**innanzitutto** first of all
**inquinamento** pollution
**inquinato, -a** polluted
**insalata** salad
**insegnare** to teach
**insieme** *n. m.* outfit, mass; *adv.* together
**insieme a** together with
**insopportabile** unbearable
**intanto** meanwhile
**intatto, -a** intact
**intenso, -a** intense
**intenzione** *f.* intention; **avere intenzione di** to have in mind, to intend

**interessante** interesting
**interessare** to interest
**interesse** *m.* interest
**internamente** inside
**internazionale** international
**intervista** *f.* interview
**intitolare** to title
**invasione** *f.* invasion
**invece** instead
**inverno** winter
**invidiare** to envy
**invitare** to invite
**io** I
**Irlanda** Ireland
**iscrizione** *f.* registration; **certificato d'iscrizione** registration certificate
**isola** island; **isola pedonale** pedestrian area
**istituto** institute; **istituto magistrale** elementary teachers' institute
**istituzione** *f.* institution
**italiano, -a** Italian

**là** there
**la** the; her
**laggiù** down there
**lago** lake
**lana** wool
**lasagna** lasagna
**lasciare** to leave
**lattaio** milkman
**latte** *m.* milk
**latteria** dairy
**laurearsi** to graduate (college)
**lavagna** chalkboard
**lavarsi** to get washed
**lavorare** to work
**lavoratore** *m.* worker
**lavoro** work; **contratto di lavoro** work contract
**le** the, to you, to her, them
**legge** *f.* law
**leggere (letto)** to read
**lei** you, she
**lentamente** slowly
**lettera** letter
**letterario, -a** literary
**letteratura** literature

**lettere: lettere e filosofia** humanities
**letto** bed; **camera da letto** bedroom
**lezione** *f.* lesson, class
**li** them
**lì** there; **lì vicino** near there
**libero, -a** free
**libraio** bookseller
**libreria** bookstore
**libro** book
**liceo** high school; **liceo classico** classical high school; **liceo scientifico** scientific high school
**lieto, -a** glad; **molto lieto di conoscerla** very glad to meet you
**limonata** lemonade
**linea** *f.* line; **linea aerea** airline
**lingua** language; **lingue moderne** modern languages
**liquido, -a** liquid
**lira** lira
**Lisbona** Lisbon
**litigare** to quarrel
**litro** liter
**livello** level
**lo** it, the, him
**locale** local
**Londra** London
**lontano** far; **lontano da** far from
**loro** you, their, them, to them, to you
**lotta** fight
**luglio** July
**lui** he
**lunedì** Monday
**lungo, -a** long
**luogo** place
**Lussemburgo** Luxemburg

**ma** but
**macchina** car; **andare in macchina** to go by car
**macellaio** butcher
**macelleria** butcher shop
**madre** *f.* mother

**maggio** May
**maggiore** bigger, major, greater, older
**maggiormente** to a great degree
**maglia** sweater
**magnifico -a** magnificent
**magro, -a** skinny, thin
**mai** never; **non ... mai** not ... ever
**maiale** *m.* pork
**male** badly; **fare male** to hurt, harm; **farsi male** to get hurt
**malgrado: malgrado che** despite
**mamma** mom
**mancanza** lack
**mancare** to lack
**mandare** to send; **mandare in onda** to show on the air
**mangiare** to eat
**manifestare** to manifest
**manifestazione** *f.* manifestation, demonstration
**manifesto** poster
**mano** *f.* (*pl.* **mani**) hand
**mantenere** to keep
**marca** brand name
**mare** *m.* sea; **andare al mare** to go to the beach, seashore
**marito** husband
**marrone** brown
**martedì** Tuesday
**marzo** March
**maschera** mask, masked character
**maschio** male
**massimo, -a** maximum
**matematica** mathematics
**matita** pencil
**matrimonio: annuncio di matrimonio** wedding invitation
**mattina** morning; **di mattina** A.M., in the morning
**me** me; **con me** with me
**meccanico** mechanic; **dal meccanico** at the mechanic's

**media** average; **in media** on the average
**medicina** medicine
**medico** medical doctor
**meglio** better, best
**mela** apple
**membro** member
**meno** less, minus; **meno ... di** less ... than; **fare a meno di** to do without; **a meno che** unless
**mente** f. mind; **avere in mente** to have in mind; **venire in mente** to come to mind
**mentre** while
**menù** m. menu
**mercato** market; **a buon mercato** inexpensive; **Mercato comune europeo** European Common Market; **ricerca di mercato** market survey
**mercoledì** Wednesday
**meridionale** southern
**meridione** m. south
**merluzzo** cod
**mese** m. month
**mestiere** m. occupation, trade
**metalmeccanico** metal worker
**meteorologico: servizio meteorologico** weather service
**metropolitana** subway
**mettere (messo)** to put; **mettersi** to put on; **mettersi a** to begin to
**mezzanotte** f. midnight
**mezzo** half; **sono le dieci e mezzo** it is half past ten
**mezzo** means; **mezzi pubblici di trasporto** public transportation
**mezzo: nel mezzo di** in the middle of
**mezzogiorno** noon; **Mezzogiorno** South
**mi** to me, myself; **mi chiamo** my name is
**mica: non ... mica** not ... really

**miglioramento** improvement; **miglioramenti salariali** wage improvements
**migliore** better, best
**milione** m. million
**militare** adj. military; **servizio militare** military service; n. military man
**mille** one thousand; **millecento** one thousand one hundred; **millequattrocentoventi** one thousand four hundred twenty
**mio, -a** my, mine
**minerale** mineral; **acqua minerale** mineral water
**minestra** soup
**minestrone** m. vegetable soup
**minimamente** minimally
**minimo, -a** minimum
**ministro** minister; **consiglio dei ministri** council of ministers; **ministro finanziario** finance minister; **primo ministro** prime minister
**minore** younger
**minuto** minute; **tra qualche minuto** shortly
**misura** measure; **misure di emergenza** emergency measures
**mite** mild
**moda** fashion
**modello** fashion model; **sfilata dei modelli** fashion show
**moderno -a** modern; **lingue moderne** modern languages
**modificazione** f. modification, variation
**modo** way; **allo stesso modo** in the same way; **in modo da** so as; **di modo che** so that
**moglie** wife
**molto** very; **molto bene** very well
**molto, -a** much
**momento** moment

**monarchia** monarchy
**mondo** world
**montagna** mountain; **andare in montagna** to go to the mountains
**monumento** monument
**morire (morto)** to die
**mostra** exhibition
**mostrare** to show
**motivo** reason, motive
**motocicletta** motorcycle
**movimento** movement; **movimento femminista** feminist movement
**municipio** city hall
**muratore** m. bricklayer
**muro** (pl. f. **mura**) wall
**museo** museum; **ai Musei Vaticani** to the Vatican Museums
**musica** music
**musicale** musical

**napoletano, -a** Neapolitan
**narrativa** narrative, fiction
**nascere (nato)** to be born
**nascita** birth; **certificato di nascita** birth certificate
**naso** nose
**natura** nature
**naturalmente** naturally
**nave** f. ship
**nazionale** national
**nazione** f. nation
**ne** of it, of them, some of it, some of them
**né ... né** neither ... nor
**neanche** even; **non ... neanche** not ... even
**necessario, -a** necessary
**negozio** store
**nel** in the
**nemmeno** even; **non ... nemmeno** not ... even
**neppure** even; **non ... neppure** not ... even
**nero, -a** black
**nervoso, -a** nervous
**nessuno** no; no one, anyone, none; **non ... nessuno** not ... anyone
**neve** f. snow
**nevicare** to snow

**niente** nothing; **non ho niente da fare** I don't have anything to do; **non … niente** not … anything; **non c'è niente da fare** there is nothing to do about it; **niente di speciale** nothing special

**noi** we

**noioso, -a** boring, annoying

**nome** *m.* name, noun

**non** not; **non c'è male** not too bad; **non troppo bene** not too well

**nonna** grandmother

**nonno** grandfather

**nono, -a** ninth

**nord** *m.* north; **nord-est** north-east

**nostro, -a** our

**nota** note; **nota culturale** cultural note

**notizia** news

**novantamila** ninety thousand

**nove** nine

**novecento** nine hundred

**novembre** *m.* November

**novità** novelty

**nulla** nothing, anything; **non … nulla** not … anything

**numero** number

**numeroso, -a** numerous

**nuotare** to swim

**nuovo, -a** new; **che cosa c'è di nuovo?** what's new?

**nuvoloso, -a** cloudy

**o** or

**obbedire** to obey

**obbligatorio, -a** required; **frequenza obbligatoria** required attendance

**occidentale** western

**occorrere** to be necessary

**occupazione** *f.* occupation

**offrire (offerto)** to offer

**oggi** today; **oggi pomeriggio** this afternoon

**ogni** every

**ognuno** everyone

**oh** oh

**Olanda** Holland

**oliva** olive; **olio di oliva** olive oil

**olivo** olive tree

**onda: mandare in onda** to show on the air

**opera** work

**operaio** laborer, worker

**opinione** *f.* opinion; **opinione pubblica** public opinion

**opporsi** to oppose, object

**opuscolo** pamphlet

**ora** hour, now; **che ora è?** what time is it? **a che ora?** at what time?; **ora di punta** rush hour

**orario** time table; **orario scolastico** course schedule

**orecchio** ear

**organizzare** to organize

**organizzazione** *f.* organization

**originale** original

**originario, -a** original

**orizzontale** horizontal, across

**ormai** now

**orologio** clock, watch

**ospedale** *m.* hospital

**osteria** country restaurant

**ottanta** eighty

**ottavo, -a** eighth

**ottimismo** optimism

**ottimo, -a** excellent

**otto** eight

**ottobre** *m.* October

**ottocento** eight hundred

**ovest** *m.* west

**pacco** package

**padre** father

**paese** *m.* country, town

**pagare** to pay

**paio** pair

**palazzo** building, palace

**pallacanestro: giocare a pallacanestro** to play basketball

**pallone** *m.* ball; **giocare a pallone** to play soccer

**pancetta** bacon

**panchina** bench (park)

**pane** *m.* bread

**panetteria** bakery

**panettiere** *m.* baker

**panino** sandwich; **panino al prosciutto** ham sandwich

**panna** cream

**panorama** *m.* view, panorama

**pantaloni** *m. pl.* pants

**papa** pope

**papà** dad

**parcheggiare** to park

**parcheggio** parking lot (space)

**parco** park

**parecchi (f. parecchie)** several

**parere** to seem

**parete** *f.* wall (inside)

**Parigi** Paris

**parlamento** parliament

**parlare** to speak

**parmigiano** Parmesan cheese

**parola** word

**parte** *f.* role, part; **fare parte di** to belong; **da parte di** on the part of

**partecipare** to participate

**particolare** particular

**partire** to leave, depart

**partita** game; **partita di calcio** soccer game

**partito** party (political)

**passaggio** ride

**passaporto** passport

**passare** to pass, to spend

**passeggero** passenger

**passeggiata** walk; **fare una passeggiata** to take a walk

**passo** step

**pasta** macaroni; **pasta asciutta** macaroni in a non-liquid form

**patata** potato

**patente** *f.*: **patente di guida** driver's license

**pattinare** to skate

**pattino** skate
**patto: a patto che** provided that
**patrizio, -a** patrician
**paura** fear
**pazientemente** patiently
**pazienza** patience; **avere pazienza** to be patient
**pedonale** pedestrian; **isola pedonale** pedestrian area
**peggio** worse (*adv.*)
**peggiore** worse (*adj.*)
**pendice** *f.* slope
**penna** pen
**pensare** to think
**pensiero** thought; **al solo pensiero** just at the thought
**pepe** *m.* pepper
**per** for, by; **per favore** please
**pera** pear
**perbacco** by Jove
**perché** why, because, so that
**perdere (perso)** to lose
**periodo** period
**permettere** to allow, to permit
**però** but
**persona** person
**personale** *adj.* personal; *n. m.* personnel
**pesca** peach
**pesce** *m.* fish
**pescheria** fish market
**pescivendolo** fish seller
**petrolio** petroleum
**pezzetto** small piece
**pezzo** piece
**piacere** *n.* pleasure; **per piacere** please; **fare un piacere** to do a favor; *v.* to like
**piacevole** pleasant
**piano: pian piano** little by little
**pianta** plant
**piatto** dish, plate
**piazza** square, plaza
**piazzale** *m.* area, courtyard
**piccolo, -a** small
**piede** *m.* foot; **a piedi** on foot

**Piemonte** Piedmont
**pieno, -a** full
**piovere** to rain
**piscina** swimming pool
**pittore** *m.* painter
**pittoresco, -a** picturesque
**più** plus, more; **più tardi** later; **più di** more than; **non ... più** no longer
**pizzico** pinch
**poco** little; **in poco tempo** in a short time; **un po'** a little; **tra poco** shortly
**pochi** few
**poesia** poetry
**poi** secondly, then
**polemica: fare polemica** to be controversial
**politica** politics
**politico, -a** political; **scienze politiche** political science
**pollo** chicken
**poltrona** armchair
**pomeriggio** afternoon; **di pomeriggio** P.M., in the afternoon; **oggi pomeriggio** this afternoon
**pomodoro** tomato
**popolarmente** popularly
**popolare** popular
**popolo** people
**porgere** to give, hand
**porta** door
**portare** to bring, to wear
**Portogallo** Portugal
**possedere** to own
**possibile** possible
**possibilità** opportunity; **avere la possibilità** to have the opportunity
**postale** postal; **ufficio postale** post office
**posto** seat, place
**potenza** power
**potere** to be able
**povero, -a** poor
**pranzo: sala da pranzo** dining room
**pratica** practice, paper work
**prato** field, meadow
**precedente** preceding

**preciso, -a** precise
**preferibile** preferable
**preferire** to prefer
**preludio** prelude
**prendere (preso)** to have (drink, food), to take
**prenotazione** *f.* reservation; **ufficio prenotazioni** reservation office
**preoccupare** to worry; **preoccuparsi** to worry
**preparare** to set, prepare; **preparare la tavola** to set the table
**prepararsi** to get ready
**preparazione** *f.* preparation
**presentare** to submit, to introduce
**presidente** *m.* president
**pressione** *f.* pressure; **gruppi di pressione** pressure groups
**prestare** to lend
**presto** early; **un po' presto** a little early, soon
**prevalentemente** mainly
**prevedere (previsto)** to expect, to forecast
**previsione** *f.*: **previsioni del tempo** weather forecast
**prezzo** price
**prima** at first; **quanto prima** as soon as possible
**prima: prima di** before
**primavera** spring
**primo, -a** first; **per la prima volta** for the first time
**principale** main
**principalmente** mainly; essentially
**privato, -a** private
**probabile** probable
**probabilmente** probably
**problema** *m.* problem
**prodotto** product
**produrre** to produce
**produzione** *f.* production; **produzione in serie** mass production
**professione** *f.* profession
**professore** (male) professor, teacher

**professoressa** (female) professor, teacher
**profondamente** soundly
**programma** *m.* program; **che cos'è in programma?** what are they showing?
**progresso** progress
**pronto** hello, ready
**pronuncia** pronunciation
**proporre (proposto)** to propose
**proprio** really, just
**proprio, -a** one's own
**prosciutto** ham; **panino al prosciutto** ham sandwich
**proseguire** to continue
**prossimo, -a** next
**protesta** protest; **in segno di protesta** in sign of protest
**provare** to try
**psicologo** psychologist
**pubblicamente** publicly
**pubblico, -a** public; **mezzi pubblici di trasporto** public transportation; **giardini pubblici** public garden; **opinione pubblica** public opinion
**pulire** to clean
**punta: ora di punta** rush hour
**punto** point; **punti cardinali** points of the compass
**purché** provided that
**pure** also; **faccia pure** go ahead
**purtroppo** unfortunately

**quaderno** notebook
**qualche** some; **qualche volta** sometimes
**qualcosa** something
**qualcuno** someone
**quale** which
**quando** when
**quanto** how much; **quanto fa 2 più 3?** how much is 2 plus 3?; **quanto prima** as soon as possible; **da quanto tempo?** how long
**quanto, -a** how much;

**quanti anni hai?** how old are you?
**quantunque** although
**quaranta** forty
**quarto** quarter; **è l'una e un quarto** it is a quarter past one
**quarto, -a** fourth
**quasi** almost
**quattordici** fourteen
**quattro** four
**quattrocento** four hundred
**quattromila** four thousand
**quello, -a** that
**questionario** questionnaire
**questo, -a** this
**quest'ultimo** the latter
**questura** police station
**qui** here
**quindi** then
**quindici** fifteen; **da quindici giorni** two weeks
**quindicimila** fifteen thousand
**quinto, -a** fifth
**quotidiano, -a** daily

**radio** *f.* radio
**radiologo** radiologist
**ragazza** girl
**ragazzo** boy
**ragazzone** big boy
**ragione** *f.* reason; **avere ragione** to be right
**rapido** (fast) train
**rapprendere (rappreso)** to set
**rappresentante** *m., f.* representative
**rappresentare** to represent
**raramente** rarely
**ravioli** kind of pasta stuffed with cheese or meat
**reale** real
**recarsi** to go
**recente** recent
**regalo** present, gift
**regionale: costume regionale** regional costume
**regista** *m., f.* (film, theater) director

**regnare** to reign
**regno** kingdom
**regolarmente** regularly
**relazione** *f.*: **in relazione a** in relation to
**rendere** to render
**rendersi conto** to realize
**repubblica** republic
**residenza** *f.* residence
**restare** to remain
**restituire** to give back, return
**ricco, -a** rich
**ricerca: ricerca di mercato** market survey
**ricercato, -a** sought after
**ricetta** recipe
**ricevere** to receive
**richiedere** to request
**ricordare** to mention
**ricordarsi** to remember
**ridurre** to reduce
**riforma** reform
**riformare** to reform
**rigatoni** kind of pasta
**rimandare** to return, send back, to postpone
**rimanere (rimasto)** to remain
**ringraziare** to thank
**rinviare** to postpone
**ripasso** review
**riposare** to rest
**riso** rice
**risolvere** to solve
**risparmiare** to save
**rispondere (risposto)** to answer
**ristorante** *m.* restaurant
**risultato** result
**ritardo** delay; **essere in ritardo** to be late
**ritenere** to think
**ritirare** to pick up
**ritmo** rythm
**ritornare** to return
**ritorno: andata e ritorno** round trip
**riuscire** to succeed
**rivedere** to see again
**rivenditore** *m.* seller
**rivista** magazine
**romano** *a* Roman
**romanzo** novel

rosa pink
roseo, -a rosy
rosso, -a red
rumore *m.* noise

sabato Saturday
saggistica non-fiction
sapere to know; sai you know; lo so I know it
sala da pranzo dining room
salariale wage; i miglioramenti salariali wage improvements
salato, -a salty
sale *m.* salt
salotto living room
salumeria delicatessen shop
salumiere *m.* delicatessen seller
salutare to greet
salutarsi to greet each other
salute *f.* health
salvaguardare to protect
salve hi
santo, -a saint, holy
saporito, -a tasty
sardo: costume sardo Sardinian costume
satira satire
sbalordire to amaze
sbattere to beat
scadenza expiration; corsi a breve scadenza short-term courses
scampi shrimp
scarpa shoe
scarpone *m.* ski boot
scegliere (scelto) to choose
scendere (sceso) to descend, get off
scheda: scheda elettorale voting ballot
scherzare to joke
sci ski
sciare to ski
scientifico, -a scientific; liceo scientifico scientific high school
scienza science; scienze politiche political science

scioperare to strike
sciopero strike; sciopero a singhiozzo work stoppage
scolastico, -a school; orario scolastico course schedule
sconfitta defeat
scopo purpose
scorso, -a last, past
Scozia Scotland
scritta caption
scittore *m.* writer
scrivere (scritto) to write
scriversi to write to each other
scrupolo scruple
scuola school; scuola media unica middle school; scuola elementare elementary school
scuro, -a dark; verde scuro dark green
scusa excuse
scusare to excuse
sé oneself
se if
sebbene although
secolo century
secondo according to
secondo, -a second
sede *f.* seat
sedere to sit
sedersi to sit down
sedia chair
sedici sixteen; alle sedici at 4 P.M.
segno sign; in segno di protesta in sign of protest
segretaria secretary
segreteria registrar's office
seguente following
seguire to follow
sei six
seicento six hundred
seimila six thousand
sembrare to seem
sempre always, still
senato senate
senatore senator
sentimento feeling
sentire to hear, to feel
senza without

sera evening; di sera in the evening, P.M.
serata evening
sereno, -a clear; è sereno the sky is clear
serie *f.* series
serio, -a serious; sul serio seriously
servire to serve, to need
servizio service; servizio militare military service; servizio meteorologico weather service
sessanta sixty
sesto, -a sixth
settanta seventy
settantamila seventy thousand
sette *m.* seven; alle sette at seven o'clock
settecentesco, -a eighteenth (century)
settecento seven hundred
settembre *m.* September
settentrionale northern
settentrione *m.* north
settimana week
settimo, -a seventh
settore *m.* sector
sfilata: sfilata dei modelli fashion show
si himself, herself, themselves, yourself
sì yes
sicuro, -a certain
significare to mean
significato meaning
signora Mrs.
signore Mr.
signorina Miss
silenzioso, -a quiet
simile similar
simpatico, -a nice, pleasant
sindacato labor union
singhiozzo: sciopero a singhiozzo work stoppage
sinistro, -a left (side)
situato, -a located
situazione *f.* situation
soffriggere (soffritto) to sauté
soffrire (sofferto) to suffer
sogliola sole (fish)

**soldi** *m. pl.* money

**sole** *m.* sun; **c'è il sole** it is sunny

**solito, -a** same old; **più del solito** more than usual; **di solito** habitually

**solo** only; **non ... solo** not ... only

**solo, -a** alone; **da solo (sola)** alone, by oneself

**soluzione** *f.* solution

**sondaggio** poll

**sorella** sister

**sorellina** little sister

**sorprendere** to surprise

**sorte** *f.* fate

**sosta** stop

**sovraffollamento** overcrowding

**sovraffollato, -a** overcrowded

**sovrappopolazione** *f.* overpopulation

**spaghetti: spaghetti alla carbonara** spaghetti carbonara style

**Spagna** Spain

**speciale** special

**specializzato, -a** specialized

**specialmente** especially

**spedire** to send, to mail

**spendere (speso)** to spend (money)

**sperare** to hope

**spesa** shopping; **fare le spese** to go shopping

**spesso** often

**spettacolare** spectacular

**spettacolo** show

**spiegare** to explain

**spinaci** spinach

**spirito** wit; **fare dello spirito** to be witty

**splendido, -a** splendid

**sport** sport; **fare dello sport** to practice sports

**sportivo, -a** related to sports

**spremuta** juice; **spremuta d'arancia** orange juice

**spuntare** to appear

**squadra** team

**stabile** stable

**stabilimento** plant, factory

**stabilire** to establish

**stadio** stadium

**stagione** *f.* season

**stamattina** this morning

**stanco, -a** tired

**stanza** room

**stare** to be, to stay; **stare ad aspettare** to be waiting; **stare per** to be about

**stasera** this evening; **a stasera** till this evening

**statale** state

**Stati Uniti** United States

**stato** state

**stazione** *f.* station; **stazione di servizio** service station

**stesso, -a** same; **allo stesso modo** in the same way; **lo stesso** just the same

**stomaco** stomach

**storia** story

**storico, -a** historical

**strada** street

**straniero, -a** foreign; **Università per Stranieri** University for Foreigners

**strumento** instrument

**struttura** structure

**studente** *m.* student

**studentessa** (girl) student

**studiare** to study

**studio** study room, study

**su** on

**subito** right away

**successivo, -a** following

**successo** success

**sud** south

**suggerire** to suggest

**suo, -a** his, her, your

**suonare** to play (an instrument), to blow

**svegliare** to awaken

**svegliarsi** to wake up

**svendita** sale: **in svendita** on sale

**sviluppare** to develop

**Svizzera** Switzerland

**svolgere** to do, develop

**tabellone** *m.* board

**tagliare** to cut

**tale** such

**tardi** late; **più tardi** later

**tardo, -a** late; **tarda sera** late evening

**tavola: preparare la tavola** to set the table

**tavolo** table

**tazzina** small cup, demitasse

**tè** tea; **tè freddo** iced tea

**teatro** theater

**tecnologia** technology

**teglia** pan

**telefonare** to telephone

**telefonata** telephone call; **fare una telefonata** to make a phone call

**telefonico, -a** telephone

**telefono** telephone

**televisione** *f.* television

**televisore** *m.* television set

**temere** to fear

**tempaccio** very bad weather

**temperatura** temperature

**tempo** time; **allo stesso tempo** at the same time; **in poco tempo** in a short time; **da quanto tempo?** how long?; **a tempo pieno** full time

**tempo** weather; **che tempo fa?** how is the weather?; **fa bel tempo** the weather is nice; **fa cattivo tempo** it is bad weather

**tenere** to keep

**tennis: giocare a tennis** to play tennis

**tentativo** attempt

**teoria** theory

**terzo, -a** third

**testa** head

**Tevere** Tiber

**ti** you, yourself, to you

**tifo** rooting

**tifoso** fan

**timido, -a** shy

**tipico, -a** typical

**tipo** type

**tirare** to blow; **tira vento** it is windy

**tornare** to return

**torpedone** *m.* motorcoach

**Toscana** Tuscany

**totale** total

tovaglia  tablecloth
tovagliolo  napkin
tra  between, among; **tra l'altro**  besides; **tra poco** shortly
traffico  traffic
tram  trolley
tranquillo, -a  tranquil
trasmissione *f.*  program
trasportare  to transport
trattarsi  to be about
trattativa  negotiation
trattato  treaty
tre  three
trecento  three hundred
tredicesimo, -a  thirteenth
tredici  thirteen
tremila  three thousand
treno  train
trenta  thirty
trentuno  thirty-one
triste  sad
tristemente  sadly
tromba  horn
troppo  too; **non troppo bene**  not too well
troppo, -a  too much
trovare  to find
trovarsi  to find oneself
tu  you
tuo, -a  your
turismo  tourism
turistico, -a  tourist
turno: **turno di lavoro** work shift
tutti  everyone
tutto, -a  all

uccello  bird
ufficio  office; **ufficio postale** post office; **ufficio prenotazioni**  reservation office
ultimo, -a  last; **quest'ultimo**  the latter
umanità  humanity
umano, -a  human
Umbria  a region
umbro, -a  Umbrian
un, un', una, uno  a, an
undicesimo, -a  eleventh
undici  eleven
unione *f.*  union

unirsi  to unite
università  university
universitario, -a  unversity
uno  one
uomo (*pl.* uomini)  man
uovo *m.* (*pl. f.* uova)  egg
urbanistico, -a  urban
usare  to use
uscire  to go out
uscita  exit; **senza via d'uscita**  without a way out
uso  use
utile  useful
uva  grape

va bene  fine, OK
vacanza  vacation
valigia  suitcase
valle *f.*  valley
vecchio, -a  old
vedere (visto)  to see
vedersi  to see each other
velluto  velvet
velocemente  rapidly
vendere  to sell
vendita  sale
venerdì  Friday
venire (venuto)  to come; **venire alla mente**  to come to mind
ventesimo, -a  twentieth
venti  twenty
ventidue  twenty-two
ventiduesimo, -a  twenty-second
ventitreesimo, -a  twenty-third
vento  wind; **tira vento**  it is windy
ventotto  twenty-eight
ventunesimo, -a  twenty-first
ventuno  twenty-one
veramente  really
verbo  verb
verde  green; **verde scuro** dark green
verdura  vegetables, greens
vero, -a  real, true; **non è vero?**  isn't it true?
versare  to pour
verso  toward

verticale  vertical, down
vestiario  clothing
vestirsi  to get dressed
vestitino  pretty little dress
vestito  dress, suit
vetro  glass
vi  you, yourself, to you, to it; there
via  street; **via d'uscita** way out
viaggiare  to travel
viaggio  travel, trip; **buon viaggio**  have a good trip
vicinanza  neighborhood
vicino  near; **lì vicino**  near there; **vicino a**  near to
vicino di casa  neighbor
vigore: **in vigore**  into force, into effect
villa  elegant house
villeggiatura  vacation, resort
vino  wine
visita  visit; **fare una visita** to pay a visit
visitare  to visit
vista: **in vista di**  in view of
visto  visa
vita  life
vite *f.*  vine
vitello  veal
vittima  victim
vocabolario  vocabulary
voi  you
volentieri  certainly
volere  to want
volo  flight
volta  time (in sequence); **qualche volta**  sometimes; **per la prima volta**  for the first time; **una volta per tutte**  once and for all
volume *m.*  volume
vongola  clam
vostro, -a  your
votare  to vote
voto  vote

zero  zero
zia  aunt
zio (*pl.* zii)  uncle
zona  zone
zucchero  sugar

# INDEX

## Credits

ART: George Ulrich

MAP: p. 8 Dick Sanderson

REALIA: Ferdinando and Franca Merlonghi

PHOTOS:

Dietz, Donald: pp. 67, 129

Editorial Photocolor Archives/Mondadori Press: pp. 1 (right), 18, 112, 137, 264, 279 EPA/SEF: p. 244

Agenzia Corbetta p. 245

Fotocolor E.N.I.T. Rome, Monte Mofuolno: p. 151

Guidotti/Grimoldi: pp. 1 (left), 4, 9, 29, 184, 199, 209, 220, 226, 239 Gucci/Grimoldi: pp. 186, 304; Cassina/Grimoldi: design insets #1 and 5; M. Bellini/Grimoldi: design inset #3

Korab, Balthazar: p. 202

Kramer, Joan: p. 48

Magnum Photos Inc.: Mark Riboud: p. 94; Burt Glinn: p. 173; Michelangelo Durazzo: p. 294; Bruce Davidson: p. 297; Mary Ellen Mark: p. 299; David Seymour: design insert #2

Merlonghi, Ferdinando: pp. 6, 66, 105, 107, 234

Photo Researchers Inc.: Bajande: p. 5 (left); Georges Viollon: pp. 10, 17, 231; C. Santos: p. 38; Paolo Kock: p. 47; Linda Solomon: p. 54; Photo Tholy: p. 116; Allan Cash: p. 117; Louis Goldman: p. 127; Margaret Durrance: p. 149; John G. Ross: p. 175; Ciccione: p. 223; Fritz Menle: p. 268

Rizzo, John: pp. 7, 86, 286

Stock Boston: Peter Menzel: p. 5 (right); Owen Franken: pp. 21, 27, 31, 75, 178, 198, all scenic insets

Wide World Photos: pp. 57, 208, 230, 255, 280, design inset #4